U0819604

江西财经大学信毅学术文库

企业员工二元创新的心智模式：构念、测量与机制

熊 立 著

中国财经出版传媒集团
中国财政经济出版社

图书在版编目（CIP）数据

企业员工二元创新的心智模式：构念、测量与机制／熊立著．--北京：中国财政经济出版社，2021.11
（江西财经大学信毅学术文库）
ISBN 978－7－5223－0825－8

Ⅰ.①企…　Ⅱ.①熊…　Ⅲ.①企业创新－创新管理－研究－中国　Ⅳ.①F279.23

中国版本图书馆CIP数据核字（2021）第195838号

责任编辑：彭　波　　　　责任印制：史大鹏
封面设计：王　颖　　　　责任校对：胡永立

企业员工二元创新的心智模式：构念、测量与机制
QIYE YUANGONG ERYUAN CHUANGXIN DE XINZHI MOSHI：GOUNIAN CELIANG YU JIZHI

中国财政经济出版社 出版
URL：http：//www.cfeph.cn
E－mail：cfeph@cfeph.cn
（版权所有　翻印必究）
社址：北京市海淀区阜成路甲28号　邮政编码：100142
营销中心电话：010－88191522
天猫网店：中国财政经济出版社旗舰店
网址：https：//zgczjjcbs.tmall.com
北京财经印刷厂印刷　各地新华书店经销
成品尺寸：170mm×230mm　16开　15印张　247 000字
2021年11月第1版　2021年11月北京第1次印刷
定价：68.00元
ISBN 978－7－5223－0825－8
（图书出现印装问题，本社负责调换，电话：010－88190548）
本社质量投诉电话：010－88190744
打击盗版举报热线：010－88191661　QQ：2242791300

总　序

书籍是人类进步的阶梯。通过书籍出版，由语言文字所承载的人类智慧得到较为完好的保存，作者思想得到快速传播，这极大地方便了知识传承与人类学习交流活动。当前，国家和社会对知识创新的高度重视和巨大需求促成了中国学术出版事业的新一轮繁荣。学术能力已成为高校综合服务水平的重要体现，是高校价值追求和价值创造的关键衡量指标。

科学合理的学科专业、引领学术前沿的师资队伍、作为知识载体和传播媒介的优秀作品，是高校作为学术创新主体必备的三大要素。江西财经大学较为合理的学科结构和相对优秀的师资队伍，为学校学术发展与繁荣奠定了坚实的基础。近年来，学校教师教材、学术专著编撰和出版活动相当活跃。

为加强我校学术专著出版管理，锤炼教师学术科研能力，提高学术科研质量和教师整体科研水平，将师资、学科、学术等优势转化为人才培养优势，我校决定分批次出版高质量专著系列；并选取学校“信敏廉毅”校训精神的前尾两字，将该专著系列命名为“信毅学术文库”。在此之前，我校已分批出版“江西财经大学学术文库”和“江西财经大学博士论文文库”。为打造学术品牌，突出江财特色，学校在上述两个文库出版经验的基础上，推出“信毅学术文库”。在复旦大学出版社的大力支持下，“信毅学术文库”已成功出版两期，获得了业界的广泛好评。

“信毅学术文库”每年选取10部学术专著予以资助出版。这些学术专著囊括经济、管理、法律、社会等方面内容，均为关注社会热点论题或有重要研究参考价值的选题。这些专著不仅对专业研究人员开展研究工作具有参考价值，也贴近人们的实际生活，有一定的学术价值和现实指导意义。专著的作者既有学术领域的资深学者，也有初出茅庐的优秀博士。资深学者因其学术涵养深厚，他们的学术观点代表着专业研究领域的理论前沿，对他们专著的出版能够带来较好的学术影响和社会效益。优秀博士作为青年学者，他们学术思维活跃，容易提出新的甚至是有突破性的学术观点，从而成为学术研究或学术争论的焦点，出版他们学术成果的社会效益也不言自明。一般而言，国家级科研基金资助项目具有较强的创新性，该类研究成果常常在国内甚至国际专业研究领域处于领先水平，基于以上考虑，我们在本次出版的专著中也吸纳了国家级科研课题项目研究成果。

"信毅学术文库"将分期分批出版问世，我们将严格质量管理，努力提升学术专著水平，力争将"信毅学术文库"打造成为业内有影响力的高端品牌。

王　乔

2016 年 11 月

前　言

随着世界格局发生剧烈变化以及新旧产业的持续更替，企业组织和员工都时刻面对着变革创新与可持续发展的抉择悖论，比如柔性还是效率，突破还是渐进，创造还是维持，激情还是规则等等，在权衡过程中很容易产生资源冲突和思维困扰。特别是研发创新人员，他/她们承担着技术突破和延续更新这两类看似冲突的创新考验，有些人能很好地克服考验，另一些却大失方寸。正是为此，二元性理论（Ambidexterity Theory）在企业各领域及各层面得到了愈加广泛的应用。通过采取不同均衡机制，二元性理论有助于化解组织因环境变化而滋生的各种探索与开发的行动悖论，甚至可能带来交互增益的效应。团队层以上的二元性研究已取得了丰硕的研究成果，正如一些学者预言的，二元性理论已成为组织研究的一种新范式。

相比之下，个体层二元性研究仍处于探索阶段，许多研究才刚刚起步。不过近年来国外研究开始快速发展起来，二元性研究大有溯本归源之势。个体二元性（Individual Ambidexterity）的概念起源于组织二元性的情境学派观点，认为通过设计绩效管理与社会支持结合的组织情境可以诱导员工自行配置和协调从事探索与开发所需的资源，“自下而上”地驱动组织二元性。这也正是情境二元性遗留的重要问题：究竟个体拥有何种素质，才能自觉并有效地从事多种看似矛盾的活动？迄今学者们分别从认知灵活性、风险容忍等认知素养，或是个体动机、工作设计、领导示范、人力资源管理实践等视角入手来解释个体二元行为的发生前因，普遍重视外因影响，对个体二元认知的诠释相对抽象和零散，亦未开发相应量表。换言之，为二元个体挖掘更为系统的认知基础一直是理论研究亟待解决的重要问题。此外，以往研究多数采用定量实证或实验方法检验个体认知对其二元行为的直接效应，对这种效应产生的中介机制和调节机制解释不足，更缺少个体认知如何共享并汇聚转化为组织行为的研究，这样就限制了组织对个体二元认知能力的培养，以及这种能力的效用发挥。

那么，有鉴于上述理论与实践的双重需要，本书基于二元性理论、心智模式理论和社会认知理论等，以中国企业创新员工为样本，探讨能同时从事探索新领域与开发现有技能的创新人员应具有何种认知素质，这些素质又如何作用于创新活动的问题。首先本书认同矛盾理论观点，认为探索与开发存在谐和均衡，具有交互增益潜能，不必舍此求彼，而人的认知是有能力进行处理的——这也是本书的核心观念假设；其次，根据国外多位学者针对二元个体提到的“心智模式转换”“多样心智模式”等认知特征的观点，本书选择从心智模式视角入手，挖掘有助于企业员工二元创新的心智模式构念，称之为“二元创新的心智模式”（The Mental Model for Ambidextrous Innovation），包含多维度整合的认知素质体系。本书分为四项研究，分别旨在发掘基础特性、开发测量工具、探究作用机制和演绎共享机制。

研究一基于扎根理论（Grounded Theory）的质性研究方法，深入五家科技型企业进行案例访谈调查，并经过积极观察、分析和记录，使用三级编码方式对收集到的原始资料进行归纳和筛选，最终得出企业员工二元创新的心智模式是由自我超越信念、矛盾创新思维和互惠共享信念三个主范畴（包含 8 个副范畴）合成。三个主范畴分别化解了创新员工在“稳健与激进”“发散与聚合”“利己与利他”三方面的认知悖论，彼此间也有较为紧密的互补联系，能合理地构成一个高阶构念，对应着高水平认知转换能力，以实现个人探索与开发的谐和均衡。

研究二通过问卷实证方法，从定量视角对二元创新的心智模式的构念维度进行新的审视。根据质性研究收集的原始资料和一些文献基础，设计出原始问卷，分两批总共发放给 860 名创新员工，有效回收 337 份和 352 份，分别进行了探索性与验证性分析。此项研究最终佐证了质性研究得出的三维度构念，并开发出 11 题项的测量量表。

研究三采用结构方程方法和回归分析，继续探讨二元创新的心智模式对员工二元创新行为的作用机制问题。本书认为二元创新的心智模式是积极认知心理，能指导员工进入平衡和良好的工作状态，进而促进二元创新行为；员工感知的人脉和权力距离都在二元创新的心智模式与两种创新行为之间产生必要的调节作用。综合起来，本部分构建了基于二元创新的心智模式、网络知识异质性、权力距离、工作沉浸和二元创新行为的五因子“认知—行为”传导模型。412 名创新员工的问卷调查表明：二元创新的心智模式对员工二元创新行为产生整体的激励作用，对探索式与开发式创新也均有直接激励作用；员工工作沉浸在二元创新的心智模式对员工创新的激励作用中产生部分中介效应；二元创新的心智模式三维度均对员工二元创新产生积极影响，但各自对探索式与开发式创新的单独影响存在一定差异；员工的网络知识异质性（人脉因素）在二元创新的心智模式与探索式和开发式创新之间分别起到正向和负向的调节作用；员工感知的上级权力距离（阶级因素）在二元创新的心智模式与探索式创新之间起到负向调节作用，却不显著调节二元创新的心智模式对开发式创新的影响。本部分揭示了二元创新的心智模式是如何激励员工二元创新的，包括它作用的边界条件。

研究四基于共享心智模式理论、组织学习理论和二元性理论的基本逻辑，运用理论演绎法构建了二元创新情境下创新团队共享二元创新的心智模式的机制和过程。研究发现二元创新团队的共享心智存在多组悖论，并在此基础上建立起两组选择性耦合机制：①统一抽象层的二元创新的心智模式匹配自由沟通、互补任务和同质知识模式的共享；②统一抽象层的二元创新的心智模式匹配具体层规范沟通、相近任务和异质知识模式的共享。然后推导出基于“感知—加工—内化—修正—沟通”的团队心智共享过程。

以上研究延伸了二元性理论、心智模式理论、沉浸理论等的理论边界，将一些重要视角关联了起来，做出了以下贡献：（1）整合前人观点，将个体层二元性研究系统地引入国内，推进了其认知前因方面的研究，使我们能更为系统地认识到个体开展二元行为的认知素质基础。二元创新的心智模式的三维度内涵结构既呼应了前人对二元个体的认知前因的猜想和论证，又蕴含着更深层的相互关联，为未来研究继续探索打下了良好的基础。（2）突破了企业竞争力的传统观点，提示企业家和员工应改善其创新发展观，培养更为积极而灵活的矛盾认知素养，“自下而上”地通过认知特征来构建新型的组织动态能力。较为创新的是，本书揭示了基于二元性认知素质的工作幸福感及其行为后效的产生过程，同时发现二元性认知对二元行为的效用受到个体的人脉和阶级感知的影响，这就更为细致地诠释了个体二元行为的内生机制。（3）二元理念与中国道家哲学的“阴阳”“无为”“中道”等思想有着诸多呼应，从某种程度上讲，二元创新的心智模式构念的开发可能代表着中国创新领域的“善为道者”的可操作内涵，这无疑为加强中西方管理理论的交融共建做出了一定的贡献。（4）对双创时代的本土企业人性化管理和新型人才素质开发有一定的指导意义，比如帮助员工提升内在动机，更加快乐地工作。

最后，本书就二元创新的心智模式的培育和发挥效用提供了一系列管理对策，并阐明了研究的局限性和未来研究的展望。

目　　录

1 绪　论

1.1 研究背景

正所谓“互补与共生，和谐与平衡”，二元性理论（Ambidexterity Theory）已成为21世纪管理哲学及组织竞争力领域的重要研究范式（Gupta et al.，2006；刘洋等，2011）。自20世纪90年代起，人们开始意识到在愈加复杂多变却又强调可持续发展的世界格局中，诸如种群生态观、产业竞争理论、资源基础理论以及核心能力理论等传统的“一元”竞争和管理理念容易让组织面临“顾此失彼”的生存状态，从纵向历史趋势看，很可能逐步陷入危机之中。随着21世纪的原子能、生物科技、人工智能等高科技产业的蓬勃发展，加上新旧产业的频繁更替，当今世界的竞争法则愈加变幻莫测，随之而来的便是曾经的企业界巨头相继倒下。它们的失败与固有的战略指导理念都脱不了干系。从早期像RCA和SEIKO这样的电子巨头，到近些年来陆续出现危机或衰亡的诺基亚、摩托罗拉、柯达、通用汽车、硅谷系企业等，均凸显出受制于核心能力而堕入“成功陷阱”的窘态（March，1991）。例如，诺基亚在2008～2011年走下坡路期间，仍过度留恋既有核心能力“塞班系统”，失去了三年关键的能力转折期，彻底走向失败（陈佳乐，2015）；通用汽车过分依赖传统的流水线生产理念，在人们愈加重视环保节能的时代仍旧大规模生产大排量的汽车，人力成本又持续走高，最终导致破产重组（刘宗巍等，2017）。正如Tushman & O'Reilly Ⅲ（1996）早先就点明的：“成功也可以是失败之母”。很显然，科技改变了人的生活方式，促使需求瞬息万变，过去的商业模式和竞争优势很快就被市场淘汰了，但核心刚性却使很多大企业无法迅速转型，最终导致企业失败。

不过，恰恰相反的是，尽管新的商业模式如“互联网 +”、科技创新等理念培育出了大量具有快速反应能力的中小创业型企业，但多数只是昙花一现。很多企业把“速度经济”误读为赚快钱、搞噱头，甚至打着创新的旗号欺诈顾客，轻视持久能力的构建，不知不觉地走向了另一个极端。据有关调查统计，中国光 2016 年宣布倒闭的电商、交通和本地生活企业就超过 800 家（王寅等，2016），其中新兴技术 Virtual Reality 的本地制造商从 2015 年迸发出的 500 多家到 2018 年底已经倒闭 90% 以上（王海花等，2019）。如今随着小黄车的惨淡收场，又引发了各界舆论对摩拜等共享单车企业的生命力的广泛质疑。很显然，它们同样受到了“一元”指导理念的影响，盲目追逐突破创新。过度创新和过度依赖现有技术一样，都会导致企业堕入“陷阱”，不利于可持续发展（March，1991）。上述现象的大量存在，催生了理论界与企业界对二元性理论的愈加重视。组织二元性（Organizational Ambidexterity）是用于化解探索（新的创造）与开发（现有完善）活动之间悖论的一种机制，是组织生存与发展的辩证逻辑，有助于组织权变地协调和转换于多样活动之间，直接指向组织的可持续发展（Junni et al.，2013；Papachroni & Loizos Heracleous，2020）。时至今日，有关二元性的国内外文献已多达数百篇，形成了由多学派、多层次构建的成熟的理论体系。在企业中的实践应用也十分广泛，诸如苹果、联想、海尔等国际级成功企业都在运行着“二元组织”（Heracleous，2013；王凤彬等，2008；欧阳桃花等，2016、2018）。

研究已表明，通过采取不同均衡机制，二元性理念对企业同步探索新领域和维持现有绩效产生了积极的作用（Turner et al.，2019）。目前主导的均衡（前因）机制包括结构机制、情境机制和领导机制。结构机制主要依靠分隔负责探索与开发的单元来实现组织二元性；领导机制主要依靠高管的整合与协调能力实现组织二元性；情境机制则主要依靠塑造特定文化氛围来激励同一单元的内部员工自觉配置资源来处理二元活动（熊立等，2016）。目前绝大多数研究都集中在团队及以上的组织层面，并且结构和领导机制受到了不少学者的质疑和批判，主要归因于它们“自上而下”的传递路径，把员工置于被动的配置地位，很难从根源上激发组织二元性的长远功效。相反，情境二元性提出了一种基于“规则，伸展，支持，信任”交互作用的组织情境，激励员工自觉地调节开发与探索行为，反过来上升聚合成企业整体二元创新能力（Gibson & Birkinshaw，2004）。正因为它将化解探索与开发悖论的聚焦点转移到个体思维转换能力上来，符合国内外人性化管理的组织实践，便愈加受到学界的重视。Kauppilla et al.（2016）认为，情境中的个体二元行为离不开个体的心理认知基础，这是比任何外生机制都要稳健的二元性实现机制。那么，作为情境二元性的理论根茎（Kauppilla et al.，2016；Klone et al.，2020），“一群善于自我调节和配置探索与开发资源的组织员工”（Gibson & Birkinshaw，2004）究竟形态如何，拥有何种认知素养，成为近年来国外研究开始着重探讨的前沿话题，被称为个体二元性研究（Individual Ambidexterity）①。尽管有关个体二元性的内涵、测量及前因后果的探析已初现轮廓，不乏见刊于国际顶级刊物上的文献，但研究普遍相对零散，多数对个体均衡协调探索与开发的内生机理的认识还不够系统，远无法媲美组织层研究体系。因此，要追根溯源地研究二元性理论，就要探析“自下而上”的个体层机制是如何产生及发挥作用的，也即员工“认知二元性”的具体轮廓。

面向中国创新实践，随着“双创”和“共享经济”的大潮涌起，中国人的自主创业创新已成为关键的话题。习近平总书记在鼓励全国青年“创客”快速成长时特别指出：“创新是社会进步的灵魂，创业是推动经济社会发展、改善民生的重要途径……要把创新成果变成实实在在的创业活动，而不是有名无实的炒作、赔本赚吆喝……双创是激发全社会创新潜能和创业活力的有效途径。”创新的基础在探索，创业的实质在开发，既不该做有创新无创业的投机者，也不能做有创业无创新的落伍者，而自主创业创新归根于人的创新心智的提高，个体创新二元性的培育就显得至关重要。二元创新是指探索式与开发式创新活动的均衡实施（Abernathy & Clark，1985），2018 年美国埃隆·马斯克就为二元创新者树立了楷模：让“重型猎鹰”运载火箭飞向太空的埃隆·马斯克自 12 岁起的太空游戏软件、在线金融、电动跑车、火箭计划等无数“疯狂”探索的背后，实质上

① 根据 Mom et al.（2009）的定义，个体二元性指“个体在一定时期内能同步开展探索与开发活动的多维度行为能力”，一般被应用于创新研发、认知学习和行动能力等领域的研究。例如在创新领域，个体二元性被形容为员工的二元创新行为，一般测量的是均衡开展探索式和开发式创新的行动水平。

是坚持了近30年的不断开发的绿色太空梦想，他具有强大的二元创新调节管理能力，能把崭新的探索一次次地印证在长效的开发上。正如 Andriopoulos & Lewis（2009）在“*Organization Science*”中指出的，当代企业员工应把自己看成“现实艺术家”，处理好日常工作中“激情”与“规则”之间的矛盾，能否均衡地调节探索与开发行为已成为许多美国企业衡量员工素质的关键指标。Parker（2014）的实证调查也表明，当代工作环境下的员工急切需要工作角色多样化和主动创新精神，探索与开发交融的二元创新行为可以丰富员工职业意义，显著提高员工在变化环境中的工作绩效。

综上可知，揭示具有二元性的个体认知构造已成为理论研究和企业实践中亟待解决的问题。诚然，个体层协调探索与开发绝非以易事，个体受资源限制、认知限制和环境多变的多重影响，比组织层更难在纵向过程中均衡处理相悖的任务活动（Gupta，2006），一时不慎就可能堕入“急功近利”或“墨守成规”的陷阱之中，需要强大的认知操控能力。整理文献发现，个体二元创新的认知前因研究才刚刚起步，并迅速发展，一般着眼于技能或心理资本等方面。心理资本主要涉足自我效能（Kauppilla et al.，2016）、二元认知风格（Lin et al.，2014）、认知灵活性（Good & Michel，2013）、风险容忍（Chang & Hughes，2012）等解释变量，学者们的思考仅停留在哪些内生因素可能影响个体二元性水平，并未将认知系统当作整体来看待，也未开发适用于量化研究的量表，抑或是使用了过于抽象的名词概括。技能方面像多面手、持续学习能力（Mom et al.，2009）、社会技能等（Lee et al.，2016），都是外显特征，更无法解释个体二元创新产生的认知根源。要更为清晰、系统地研究个体二元创新的认知前因，必须选择较为稳健和系统的高阶社会认知变量。鉴于前人有多项研究暗示过或提及个体心智模式在复杂创新情境中可能具有转换性、多样性和动态性（Parker，2014；Kostopoulos et al.，2015；Bidmon & Boe – Lillegraven，2019），本书决定以此为切入点，继续发掘这种心智模式的内容结构和作用机制。心智模式是一种系统长效的社会认知基础，是人用于诠释世界事物的行为导向的认知加工体系（王鉴忠，2015）。结合当前二元性特征较为突出的中国创新环境，本书提出“二元创新的心智模式”这个构念，代表从事二元创新的员工应具有的相应心智素养，这种心智模式可能具有多维度内涵，共同指向员工探索式与开发式创新活动的谐和并进。那么，二元创新的心智模式的内涵该如何表征，又如何测量，就成为本书最基本的研究内容。

除此之外，二元创新的心智模式究竟如何作用于员工创新行为，又如何在团队中共享以便产生组织层面绩效，是本书的后半部分“机制”研究的内容。关于作用机制研究，首先，其最主要的理论基础就是社会认知理论的交互决定论，认为员工的二元创新水平是由他/她的认知和所处的工作环境共同决定的，从而细致地观测心智对行为的影响过程。选择员工创新工作中的网络知识异质性和权力距离为调节变量，因为两者是创新中不可剥离的重要工作环境因素，又是最具中国文化特征的环境变量（人脉与阶级），借此能构建更科学合理的交互决定机制。其次，参考自我决定理论，本书较为创新地提出了工作沉浸作为作用机制的重要中介变量，认为有助于二元创新的心智模式是积极而平衡的自我认知，具有这种心智模式的员工会引导自己进入良好的工作状态，进而激励其二元创新行为，也就是“认知—状态—行为”路径。归纳可知，人脉与阶级影响二元创新的心智模式对创新行为的作用效果，工作状态诠释二元创新的心智模式对创新行为的作用过程。关于共享机制研究，其最基本的理论假设就是心智模式可以在团队以上层面共享，而这种共享需要考虑外部情境和内在共享机制的契合。本书将以文献演绎方法为主，针对二元创新情境来推演二元创新的心智模式如何在创新团队中共享，即二元创新团队的共享心智模式研究。本书将分为共享心智模式的悖论分析、共享机制构建和共享过程演绎三部分。

总而言之，本书将个体二元性的认知前因问题引入国内组织研究中，结合社会认知理论、心智模式理论和自我决定理论等，在中国创新实践背景下进行二元创新的心智模式的构念和测量工具开发，实证检验其对员工二元创新的作用机制以及在团队中共享的问题，为未来相关研究打下一定的基础。

1.2 研究意义

1.2.1 理论意义

（1）拓宽了个体二元性的认知前因研究的路径。近年来，尽管学者们陆续认可了个体二元性作为二元性理论根茎的观点（Mom et al.，2009；Klone et al.，2020），但对其内涵及内生机理的认知仍略显零散。国外学者诸如Mom et al.（2009）、Lee et al.（2016）都仅从个体技能层面解释二元个体应具备的能力，Lin et al.（2014）、Kauppilla et al.（2016）也只是涉足了一部分心理认知因素，他们提议的认知特征仍停留在技能或局部抽象层面，均无法系统地表达个体二元性的认知前因构念，也未开发整合测量工具。要追根溯源地研究二元性理论，就应选择更为系统和深入的理论视角"自下而上"地探析个体层机制的产生及效用。借鉴Parker（2014）、Kostopoulos et al.（2015）以及Bidmon & Boe - Lillegraven（2019）的理论观点，把有助于个体二元创新的心智模式的内涵结构作为研究切入点，提出"二元创新的心智模式"这种特定的心智模式假设，探究其完整的思维和信念体系，在继承前人理论观点的基础上更清晰地构建出二元个体认知轮廓。心智模式是一种较为系统稳定的社会认知基础（曹元坤和熊立，2020），能更加准确地诠释个体二元性的内生前因，并且，交互决定框架下的员工创新作用机制很好地解释了同样组织情境中的员工创新绩效差异的原因。

（2）将国外个体二元性研究引入中国企业创新领域的组织行为研究中。个体二元性是一个崭新的议题，截至2018年底，国外直接相关的理论与实证文献仅50余篇，但呈快速增长状态，国内几乎是空白。正如Gupta et al.（2006）所言，因为个体比组织更难在同一单位下实现二元性均衡，所以更加值得学者们探析。组织二元性的驱动机制靠政策、文化和规范（"自上而下"），个体二元性则靠的是意识的提升，以及"自下而上"的汇聚，这使之成为未来二元性研究的主攻方向。本书在国内引入个体二元性的相关议题，提出企业员工二元创新的心智模式这个构念，涉及它在创新领域中的内容结构、测量、作用机制和共享机制等基础性问题，可以为国内未来研究打下重要的基础，也为深入追溯二元性的理论本源做出一定的贡献。本书与国内目前较为前沿的组织行为研究方向如"新生代工作价值观""认知资源与健康型组织""职业使命感""双元型领导"等也都具有一定的内在联系。

（3）本项研究具有哲学意义。二元性理论与中国道家的"阴阳"哲学思想颇有异曲同工之妙。道家管理思想根植于黄帝的"天人合一"理念，

《国语·周语》中提及："天地之气，不失其序，若过其序，民乱之也"，认为人类的管理逻辑必须遵从自然规律，与天地相融合，而天地的运行法则就是阴阳平衡，失衡则致生态紊乱。无独有偶，Junni et al.（2013）基于大量二元性实证研究做了元分析，发现二元性对组织可持续成长的绩效影响远大于纯经济绩效。老子在《道德经》中就指出"万物负阴而抱阳，冲气以为和"；学者祝彩云（2005）针对个体层提出阴阳是"各守其位、互施互变、相谐相和"的，人最理想的生存状态就是"欲望适度，无为而无不为"。这些观点都能巧妙地反映在探索与开发之间的均衡关系上。进一步说，道家讲究的"无为而无不为""守和而不避新"等做人理念，近似于西方管理学对个体二元性的特征要求，如多面手、冲突包容和自我调节等。那么，如果选定一个研究领域（本书为创新领域），从人的心智模式的角度展开探讨，可以诠释出在该领域中"善为道者"更加清晰的可操作内涵，也为构建科学规范、普遍性强的中国管理理论体系添砖加瓦。

（4）对组织竞争力理论有所贡献。本书与二元性理论的动态能力观点相契合，认为二元创新的心智模式是二元创新行为（动态能力）的个体认知根源。二元创新的心智模式并非简单的"两种心智模式"并存或取舍，而是个体善于化解行动悖论，并使之协同共进的认知素质的整合表现。在这个假设框架下，选择与动态能力极为契合的创新领域，研究带来这种二元素质的思维和信念构造，以及它们对员工二元创新的影响机制，旨在帮助组织从微观层面建立新型的竞争优势源。换言之，这种心智模式构念的开发可能从根本上拓宽企业竞争优势理论的着力点，随着企业将动态能力下放至每个员工身上，组织层面的权变理论思想及其必然产生的协调成本将不复重要，一群善于自我管理的员工将成为企业的新型心理资本和动态能力。

1.2.2 实践意义

（1）迎合了变革时代对中国企业员工创新的素质需要。在中国当前的共享、创新、绿色生态发展的主导理念下，几乎所有企业都涉及或多或少的创业创新活动，这就对企业员工提出了更高的素质要求。新时代背景下的员工既不能墨守成规地工作，也不能急功近利地盲目创新，需要具备高水平自我管理的认知素养。那么，探究能同时从事全新领域探索与现有技能开发的创新人才具有哪些社会认知素养，如何测量，以及这些认知素养对创新的作用和共享机制是什么，都具有较大的社会价值。进一步说，研究的结论有助于创新人才二元性的自我培养和发挥功效，并为企业人力资源管理设置相应的甄选、培训和激励考核制度提供了理论依据，为开发二元创新的心智模式，激励其对员工创新发挥积极效果提供了策略参考。

（2）为许多企业家及员工改良其创新发展的思想观念带来一定的启发。Papachroni et al.（2015）提出用矛盾理论来看待个体二元性的本质。他们指出，所有看似矛盾的事物都是共生共存的，当人善于用矛盾思维诠释事物时，会使看似竞争性的事物转化为协同性的事物，并良好地发挥它们交互提升的积极效应。也就是说，探索与开发可能不仅不是冲突的，而且还是和谐共生的。我们发现，在企业实践中，许多企业家及员工并不能有效做到探索与开发行为兼容，甚至不少在观念上否认多样任务同步进展的可行性。本书核心构念的提出和验证能帮助当代企业及员工树立“矛盾”意识，正确乐观地看待工作中的冲突，不盲目地回避或焦虑，能意识到过分关注探索或开发一元行为的危害性。正如 Fjeldstad et al.（2012）在“*Strategic Management Journal*”中提出的“角色导向型组织架构”，强调未来企业员工都要有强烈的参与意识，每个参与者的自我管理对企业成功将有决定性的影响，企业的角色转变为一个支持性的资源共享平台，设置流程和基础设施来鼓励员工自主创新又通力合作。这个观点有力地佐证了个体二元能力对未来组织发展的重要意义。

（3）研究为企业人性化管理提供了一条新的参考路径。在“双创、共享”政策的引导下，网络互联时代的“人”的因素对推动社会经济发展起到愈发重要的作用，基于个体特征差异的影响力显著提升。人性化管理从本质上说就是针对员工思想的“稳定和变化”同步管理的新型管理模式，强调激发人的潜能，充分发挥基层员工的创造性和能动性，其终极目标就是追求人性的全面发展和自我解放（胡宇辰，2014）。目前人性化管理理念亟待解决的关键问题就在于“人性”的拔高，而非“管理”的设计。这意味着，施行人性化管理的前提就是员工的自我管理，释放员工的创新意识和自我调节潜能，组织负责提供协调和便利。反过来说，低素质人员组成的“人性化管理”组织只会加快组织的衰亡。本书探索的是具有自我管理、团队协作和创新意识的高素质创新人才素养，并解读其如何使人“快乐地工作”，这与人性化管理理念高度契合，能完善未来人性化管理在中国本土的实施。

1.3 研究目标

为使本书的目标满足具体明确、切实可行的要求，研究者选择中国企业的创新团队成员作为样本，针对二元创新的心智模式在员工创新领域的应用进行研究。本书把个体二元性定性为行为特征（二元创新行为），二元创新的心智模式为社会认知（心理）特征，基于二元性理论、社会认知理论和心智模式理论等，从个体层微观视角入手来开展较为深入的心智模式开发研究。首先通过多企业样本的质性探索和实证检验，重点研究个体二元性的心理认知基础，也即二元创新的心智模式的构念与测量；然后立足微观，详细检验它对员工创新的作用机制。具体目标分为以下三点：

（1）质性和量化研究方法相结合，较为系统化地揭示个体二元性的心理认知基础，即二元创新的心智模式，在组织创新中的内涵结构及测量工具，这也是本书的核心目标。为达成此目标，拟使用扎根理论的质性研究方法，加上心理学量表开发的科学程序，在中国企业创新员工和领导中寻求答案。最终得出这种心智模式具体由哪些信念和思维方式构成，并开发实用的测量工具，这样可以更准确地认识到当前动荡复杂的环境下需要同时从事探索与开发活动的创新员工应具备什么样的认知素养。

（2）基于社会认知理论和自我决定理论，实证检验二元创新的心智模式在特定中介和调节因子影响下对二元创新行为的作用机制。开发二元创新的心智模式的构念和测量工具之后，最关键的便是理解它对员工二元创新的作用机制，这也是该构念的核心理论价值所在。本书将通过实证检验这种心智模式的高阶整体价值、对二元创新行为的直接效应以及通过工作沉浸、网络知识异质性和权力距离这些中介和调节因子所产生的间接效应，综合构建一个“心智—行为”的整合作用框架。这种方式的目的在于：①比前人研究更为系统完整地解释个体二元性的前因机制，开发系统的测量工具；②延伸二元创新的心智模式的作用价值，试图解释某些员工工作沉浸感更强的内在原因，映射出工作满意度和幸福感等方面的价值；③通过介入必要的环境边界条件来提议如何更好地发挥二元创新的心智模式对创新的预测效用。

（3）基于共享心智模式理论和组织学习理论，从理论上演绎出员工二元创新的心智模式的共享机制及过程。在研究出二元创新的心智模式的作用机制后，如果更进一步地探讨其如何在团队中共享，可以延展这种心智模式的组织层效用价值。本书认为人的行为共享可以源于心智的共享，如果说员工二元创新的心智模式是个体二元性的前因，那么这种心智模式若能在创新团队中有效地共享，便会直接促进团队的二元创新行为，也即实现情境二元性。那么是否简单的心智叠加共享即可达到效果呢？本书将构建二元创新团队的共享心智模式机制的理论模型，分析其共享过程，以求再次完善情境二元性的理论建构。

1.4 创新之处

本书主要有以下三点创新之处：

（1）比前人更为系统地研究了个体二元性的认知前因问题。过去研究多数集中在二元性的团队以上层面，个体层研究提出的概念较为抽象化，系统性不足，更未开发测量工具。本书另辟蹊径，借用心智模式视角系统化地探讨创新中个体二元性的认知前因体系，称为“二元创新的心智模式”。本书认为这种心智模式是以一系列信念与思维方式作为表征的高阶抽象构念，并探讨了其内容结构、测量方法及作用机制等基础性问题。本书在个体二元性的研究领域提出全新的理论构念，创新地引入扎根理论方法，并通过与量化方法相结合，为个体层二元性的未来研究打下了一定的基础。

（2）通过心智模式视角将西方组织行为科学与东方管理的辩证哲学有效地关联起来，对后续的中国“阴阳”管理研究的科学建构有一定的启发。本书对二元创新的心智模式的构念开发十分符合中国的“阴阳”哲学思想和中国人的“中道”处世理念。道家哲学早已尝试描绘顺应自然规律、善于掌控人生的“善为道者”的人格特征：“与兮，若冬涉川；犹兮，若畏四邻……”（《道德经》第十五章），但其略显抽象，映射范围甚广。而本书立足个体创新视角，尝试用西方管理科学的扎根理论和定量方法来探析当代创新人才中的“善为道者”，所得出的认知体系可以诠释出创新人才的认知二元性特征。

（3）本书分别从自我决定和社会认知的视角解释了二元创新的心智模式影响个体二元行为的作用方式和边界条件，提出这个机制是个体认知传导的过程，如把员工二元创新的心智模式看作其二元知识创造的土壤，网络知识异质性、感知的权力距离和工作沉浸则在认知传导过程中分别扮演了知识吸收、知识转化和知识利用的角色。这种思路和分析将对未来实证研究有较多的帮助，并通过个体二元性这个纽带搭建起二元创新的心智模式与团队层的二元情境、二元企业文化之间（Wang et al.，2014；Rafailidis et al.，2017；Sadeghi et al.，2020）的研究桥梁。

1.5 结构安排

本书一共包括九章，各章内容概括如下。

第1章：绪论。本章先介绍了研究的理论和实践背景、研究意义及主要目标，然后说明结构安排和创新之处，展示书中研究的技术路线图（见图1-1）。

第2章：文献综述。本章的理论文献回顾分为三个部分，先专门对个体二元性的相关研究进行了述评，包括二元性理论基础的回顾、个体二元性的内涵、理论脉络、测量、认知前因和其他影响因素、作用效果以及值得进一步探讨的地方；再对心智模式与创新相关的理论与实证研究进行了归纳整理，包括心智模式的概念内涵、测量、员工创新理论、心智模式与创新的相关实证研究以及研究局限性和展望；最后简述了社会认知理论的交互决定论，用于解释整体假设模型的重要理论基础。

第3章：研究设计。本章承上启下地概括了各项子研究的主要内容、理论框架（包括整体研究模型）、研究样本和研究方法，明确研究中的关键概念、理论立足点和彼此间的内在关系，整理出清晰的研究思路。

第4章：二元创新的心智模式构念的质性研究。二元创新的心智模式是基于个体二元性理论和心智模式理论相结合而产生的全新构念，尚未有探索相近构念的前人研究。鉴于此，本章先对心智模式的二元性问题做了广义的理论分析，然后聚焦员工创新情境，使用扎根理论方法对有助于企业员工二元创新的心智模式的内涵体系进行调研，主要采取定性研究方法（如深度访谈、焦点小组讨论等）和三级编码程序，对这种心智模式的内容结构做初步的界定，进行理论评价与分析。

第 5 章：二元创新的心智模式量表开发与检验。本章延续第 4 章的结论，采用问卷调查的量化方法对二元创新的心智模式构念进行实证检验，并开发测量工具。首先，基于前一阶段调查所得到的原始资料和一些相关文献进行原始量表设计，对小样本进行预测试；其次，使用精炼的量表做大样本探索性调查，进行探索性因子分析再次精炼问卷；再次，进行大样本的验证性因子分析，检验量表的信效度和模型拟合优度，确立最终测量工具；最后，做样本差异性检验和预测效度检验，完成对该构念量表的科学性和有效性的验证。

第 6 章：二元创新的心智模式对员工创新的作用机制：理论假设。基于社会认知理论的交互决定论，本章构建起一个基于自因变量、调节变量的交互作用框架。同时参考自我决定理论，介入了中介变量来探析自因变量的作用过程机制。本书认为，员工的积极心理认知可以改善其工作状态（沉浸感），进而提高其行为绩效；而且工作沉浸是否能诱导员工实施均衡创新也值得探索。另外，员工的人脉和阶级因素产生必要的环境调节效应。首先，本章提出了二元创新的心智模式对员工二元创新的直接激励作用假设；其次，将工作沉浸看作中介变量，探讨其在二元创新的心智模式与二元创新之间的中介作用，包括二元创新的心智模式对工作沉浸的积极影响，以及工作沉浸对二元创新的积极影响；最后，提出网络知识异质性（人脉）和权力距离（阶级）两个调节变量，分别论证它们在二元创新的心智模式与探索式和开发式创新之间的不同调节效果。本部分总共提出了 8 个总假设和若干子假设。

第 7 章：二元创新的心智模式对员工创新的作用机制：实证检验。本章主要对第 6 章提出的所有假设进行实证检验。选取了新的创新员工样本，并把员工的性别、年龄、教育程度、所属行业和工龄五个因素视为控制变量，采用 SPSS 和 AMOS 统计软件，做结构方程模型来检验直接效应和中介效应，用回归分析检验调节效应，验证上述假设是否成立。

第 8 章：二元创新的心智模式的团队共享机制。本章主要聚焦于如何将个体层二元创新的心智模式在创新团队中共享的问题，包括共享悖论、机制和过程的理论演绎，构建系统的共享模型。

第 9 章：结论与展望。本章总结了全书的研究，阐述了本书的主要结论、理论贡献和管理对策，然后具体提出了一些本书的不足和未来研究展望。

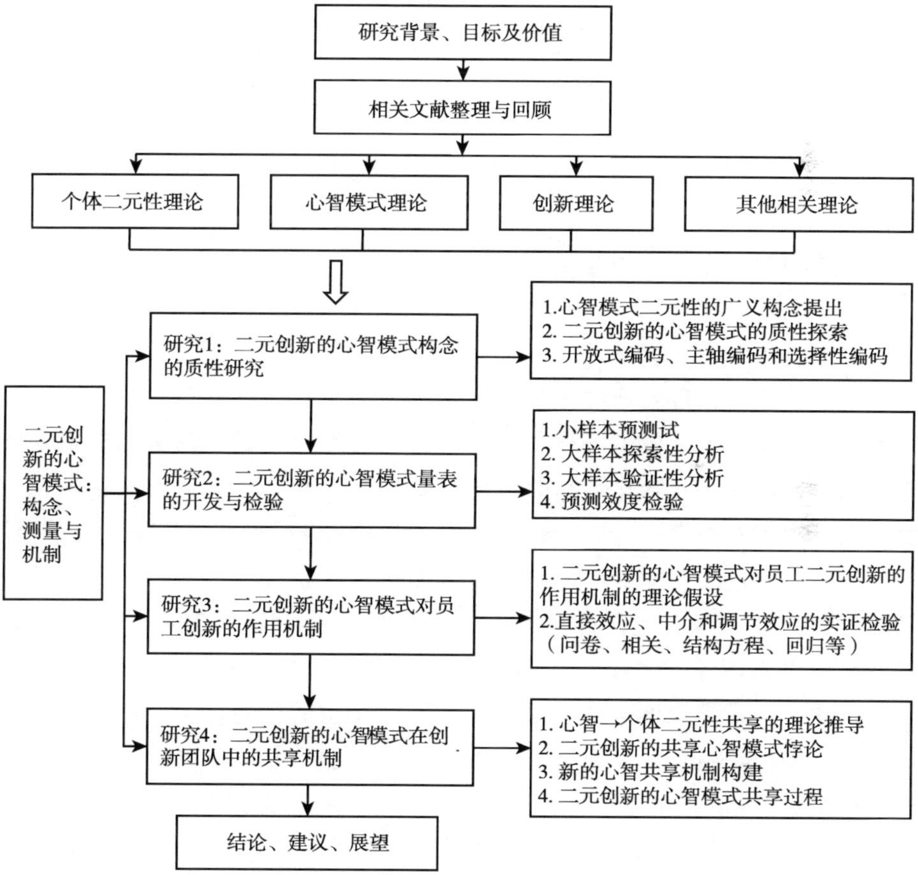

图 1－1 本书的技术路线

2 相关研究回顾及述评[①]

2.1 个体二元性的研究现状

2.1.1 二元性理论背景

（1）二元性理论的缘起。

二元性理论源自人们对相互矛盾的事物和谐共存的认识和关注。二元性理论认为，组织系统中广泛存在着悖论，一方面要尝试均衡相悖事物的重心以避免过度单向强化带来的损失；另一方面还需要积极挖掘这两种事物可能带来的互补效应（Gupta et al.，2006）。Birkinshaw & Gupta（2013）定义组织二元性为组织能够同步处理好那些紧密相关却似乎难以兼顾的事务的一种能力。事实上，首个提出二元性理论的学者是 Duncan（1976），在其著作中使用了"Ambidextrous Organization"这个词汇，代指一种双核组织结构，这种结构便于企业同步开展不同类型的创新任务。在接下来的20年里，该理论几乎未受到任何的关注。直到 Tushman & O'Reilly Ⅲ（1996）在"*California Management Review*"中再度提到"Organizational Ambidexterity"，并聚焦探讨企业如何同时管理渐进式和颠覆式的变革过程，学术界才开始重视这一话题。与此同时，世界经济格局也正在发生快速的变化，企业纷纷意识到兼顾创新和效率的重要性。终于，在理论和实

① 本章2.1节主要内容发表于《管理评论》2018年第4期。

践的双重趋势引领下，二元性理论迎来了后续20多年的丰富而热烈的讨论。一些学者认为，二元性理论已成为管理学和竞争力研究的一种重要的新范式（Raisch & Birkinshaw，2008；刘洋等，2011）。

二元性的英文原意指“两手同样灵活的人”，如一手画圆、一手画方，并能够很好完成的人。在Tushman提出该概念之后，学术界很快便将它应用到组织进化、组织学习、科技创新和战略选择等诸多领域，提出了多组二元悖论。例如，从战略领域上说，就是企业开始关注创新变革与核心能力的共存，以及如何指向可持续发展的问题。从科技创新领域上说，就是研究企业突破式和渐进式创新如何均衡开展的问题。由于学者们视角繁多，观点丰富，先后出现了诸如柔性与效率（Abernathy，1978）、探索与开发（March，1991）、协同与适应（Gibson & Birkinshaw，2004）、颠覆与渐进（Benner & Tushman，2002）、搜索与稳定（Rivkin & Siggelkow，2003）、突破与利润（Andriopoulos & Lewis，2009）、开放与聚焦（Zacher & Rosing，2015）等不同的名词来形容二元悖论。不过它们的本质内涵是一致的，都是用来比喻容易产生矛盾的工作目标及行动，需要组织二元性来化解这些悖论，维持组织高绩效成长。

事实上，基于探索与开发的广博内涵（March，1991；Birkinshaw & Gupta，2013），它们几乎可以概括企业面临的所有事物的悖论。组织学习理论指出，探索与开发是人作为信息加工载体每日需收发的两大类社会信息，包容了千变万化的事物类别，人无论处理哪种、多少种事务，实质上都可概括为利用现有知识和探索新知识两个方面（March，1991；Birkinshaw & Gupta，2013；Cho et al.，2020），因此探索与开发并非在探讨两个事物之间的矛盾，而是两类看似矛盾的知识之间的加工问题。Birkinshaw & Gupta（2013）曾明确指出，探索与开发已成为研究二元性理论的概念基石。

（2）探索与开发的悖论。

March（1991）认为探索与开发是人类活动反映出的一对基本行为类型，探索指搜寻、变化、实验、创新等活动，开发指精炼、效率、完善、执行等活动，它们均包含丰富多样的实践表象，如探索式技术创新和开发式技术创新、突破导向战略和利润导向战略、搜索活动和改进活动等。这两种活动有着完全不同的协调机制，可能争夺资源，相互掣肘，因而早期学者们都认为它们是不可兼得、必须取舍的。然而，探索与开发均隐含了自我强化属性。探索会带来更频繁的探索，逐渐使企业在失败风险中重蹈覆辙，绪论中提到的创新创业型企业常常陷入这种局面；开发则带来成功经验，从而诱导企业进一步强化开发，逐渐形成路径依赖，面临长期发展的危机，绪论中的那些传统工业巨头便遇到了这种情况。因此，如果过分偏向一种活动，必然损害企业绩效。March（1991）率先指出，要增强企业可持续发展能力，必须妥善处理两种行为的关系。Gupta（2006）则进一步指出，探索与开发可能产生交互作用，如 A 的探索会形成 B 的开发，个体的探索会运用于组织的开发，组织的探索又源于个体的开发；等等。随着组织二元性理论与 March 的观点相契合，学者们就探索与开发到底是正交的共存关系还是连续的取舍关系，抑或是顺序的切换关系，以及哪些机制可以成功实现二元性进行了热烈的讨论。

目前，有关二元性的国内外研究文献已从 20 世纪 90 年代的寥寥数篇，发展到 2005 年以前的数十篇，再到 2019 年的累计数百篇，其中国际顶级刊物上发表的论文也超过百篇，这种“井喷式”的研究热潮绝非偶然。Birkinshaw & Gupta（2013）提出二元性之所以如此受学界青睐，除了代表人类管理思想的前沿以外，还因为它所具有的“通用性”（Versatility）。二元性的广阔应用范围吸引了众多学者在不同领域里的探索。但也正因为如此，学者们对它的内涵、测量、形成机制和研究层面等诸多方面都存在着不小的争议。以下将先从演化视角简析几个主流学派的核心观点，以便更加清晰地解读二元性的内涵和研究脉络。

（3）不同学派及层面的梳理。

纵观二元性的文献研究，有些学者认为二元性是一种结构，有些又认为是一种能力，还有些将其定性为结果。基于这种区别，学者们逐渐形成了以结构、情境、领导、能力和网络为视角的五大主流学派。

①结构学派及其视角。

结构学派产生于早期的 Tushman & O'Reilly Ⅲ（1996）等学者的组织进化观，是学界对二元性最初的定性。组织进化观将组织都视为开放的有机体，依照“适者生存”的大自然法则，有机体适应环境的方式就是调整其组织形态，形成刚柔并济的结构模式，既能适应高速变革的环境，又能适应平缓渐变的环境（Duncan，1976）。Tushman et al.（1996）指出，所谓二元性代表着组织拥有双核结构设计，一边是具有高灵活性和差异性的单位，另一边是具有高紧密性和规范性的单位。前者从事探索创新活动，后者从事开发延续活动。Levinthal（1997）和 Christensen（1998）都指出探索与开发一旦并存便会争夺资源、损害绩效，需要将两种单位完全隔离，称为分块均衡方法（Simsek et al.，2009）。另有学者提出探索与开发还可以按时间序列开展，以避免并存带来的问题，称为间断均衡方法（Gupta et al.，2006）。组织二元性意味着能同步处理好这两种结构的并行运转（Benner & Tushman，2003；Kaplan & Henderson，2005）。

②情境学派及其视角。

部分学者对结构二元性是否准确解释了二元性的内涵，以及这种机制是否化解二元悖论的最佳方案产生了怀疑。Gibson & Birkinshaw（2004）以一篇发表在“*Academy of Management Journal*”上的经典论文对结构学派进行了批驳。他们认为结构分隔会导致部门协调成本上升，并可能增加部门的技能刚性。尤其在高动态环境下，负责探索与负责开发的部门要想做到频繁高效的过渡转换是十分困难的。因此他们提出了情境二元性这个构念，认为探索与开发是可以在同一单位下共存并产生增益效果的，企业应塑造一种特定的二元组织情境，以鼓励员工自行调节探索与开发所需的时间、精力和智慧，借此提升环境反应速度（Gibson & Birkinshaw，2004）。这篇文献提出“规则，伸展，支持，信任”的特征情境，认为企业应通过培训和其他手段来引导员工遵守纪律的同时主动超越承诺，并且通过人性化管理来支持和信任员工，营造团结互助的组织氛围（Gibson & Birkinshaw，2004）。简言之，绩效管理和社会支持两种机制的并存可以通过培育员工二元能力来实现组织二元性。情境二元性重视人的行为的改变，Simsek et al.（2009）将其形容为单位层面的周期均衡以及谐和均衡。其意思是：在二元情境机制的作用下，员工能够有效地同步或顺序开展二元行为，无须进行结构分隔。从情境视角带来了重要的理论贡献：一是暗示了二元性是行为产生的效果；二是指出了员工个体心理认知调节的重要性，突出了个体主观能动性的向上作用。

Gibson 等学者的研究是基于团队层面的，实证验证了二元情境与组织成长绩效的正向关系，后续诸如 Cegarra – Navarro et al.（2007）、Clercq et al.（2013）、Hill & Birkinshaw（2014）、Prieto – Pastor & Martin – Perez

(2015)、Wang & Rafiq (2014)、Revilla et al. (2018)、赵晨等 (2015)、熊立等 (2017) 均通过实证表明了情境二元性与组织学习、技术创新、经济绩效以及转型升级等方面的正向关系。

③领导学派及其视角。

领导学派主张把二元性定位到企业高管层面。Simth & Tushman (2005)、Jansen et al. (2009) 均指出高管的整合活动在实现组织二元性过程中起到关键作用，具体表现在高管的协调和正式交流两个方面。领导学派十分重视高管的引领作用，认为员工的二元性受到领导二元性的显著影响，例如，领导在感知中必须先认可矛盾事物的广泛存在，然后通过感知矛盾的区分和整合，用协调和平衡并重的方式来影响组织二元性绩效。Lin & McDonough Ⅲ (2011) 的实证研究探析了二元特质领导、企业文化与创新绩效之间的关系，发现"有限授权式"领导可以同时激励渐进式和突破式创新，二元混合文化呈中介作用。"有限授权式"领导正好表现出员工导师和创新冒险家的二元特质，通过培育有利于二元创新的企业文化来发挥作用。

领导学派首次将二元性理论投射到了个体层面，强调人的矛盾思维的积极作用，推进了个体二元性的发展。然而，由于研究局限在高管层面，直到近几年员工层面的二元性才为人们所重视。

④能力学派及其视角。

基于情境和领导视角的前人研究基础，部分学者主张将二元性看作一种动态能力，在激烈变化的环境下，要求组织具有一种同步开展并灵活协调探索与开发行为的均衡能力 (Benner & Tushman, 2003)。以 Simsek 为代表的学者们看重二元性的现实效果，称为"已实现二元性"，把实现过程看作无形的动态能力作用过程，实现机制是潜移默化的，可能是多种复杂机制的作用结果。例如，同步实施两种行为所测出的整合行为水平较高，就可以理解为动态能力较强。Rothaermel & Alexandre (2009) 指出，二元性与动态能力之间有许多相似内涵，研究二元性的根本目的是探究其交互作用效果，而非探索与开发本身，它们如何共同转化而产生利于组织成长的能力才是我们研究的重心，因此这是稀缺的、难以模仿的一种动态能力。后续研究越来越多地认可了这种观点，并在测量二元性构念时，选择了能力视角的测量方式，也得到了广泛的验证，多数为团队以上层面研究，也有少数关注个体能力层面（Simsek et al.，2009；Mom et al.，2009；张晓棠等，2015；Kauppilla & Tempelaar，2016；Bidmon & Boe – Lillegraven，2019）。

⑤网络学派及其视角。

随着企业战略联盟和全球价值网的兴起，组织间关系研究逐渐流行起来。网络学派认为组织除了依靠内部作用机制来实现二元以外，还可能通过构建二元的价值关系网络来实现组织间的整体二元性（Tiwana，2008）。这方面研究涉及了供应链、创新联盟、社会网络等各种组织关系领域。网络视角的产生是社会组织生态系统理论的典型表现，其本质上也是把单个组织嵌入更广阔的组织网络当中看待，构建多组织功能交织的复杂二元组织实现机制（Lo & Sun，2013；Lucena & Roper，2016；Ojha et al.，2018）。网络视角研究反映出当代经济局势下企业大量使用代理机制以谋求长远发展的现状，不过，这个层面的理论体系仍远不够清晰。

归纳上述学派及视角，年代上基本呈现一个递推状态，学者们从结构分隔的观点，演进到基于行为和思维的二元性解释，再到能力构建和外部网络延伸，整个二元性研究体系已然倍显丰足。不过，个体层和网络层研究是相对薄弱的领域，值得拭目以待。

（4）“二元性”究竟是什么？

在二十多年的二元性研究历程中，陆续产生了多个理论学派以及分块均衡、周期均衡、谐和均衡和交互均衡等多种观点，不同的实证测量应用也都得出过积极的印证。然而“二元性”究竟该如何界定？众多研究背后是否存在统一的内涵？研究者通读对比了最具权威性的数篇国外综述类和元分析文献（Gupta，2006；Simsek et al.，2009；Junni et al.，2013；Papachroni et al.，2015；Fourné et al.，2019），发现学者们虽然研究视角不同，方法迥异，看待探索与开发能否和谐共存的观点也不一，但最终目标都是能在一定时期内开展并处理好这两种活动之间的关系，提升组织绩效。那么，研究者尝试就二元性的本身、前因和后果做以下三点归纳：

①二元性本身，好像既可以理解为一种客观现象或结果，又可以理解为一种信息加工能力。不过无论何种视角，二元的内涵都应当超越“两个”或“数量”，而是组织各层面存在的多样矛盾事物的总和（Tempelaar & Rosenkranz，2017）。关于这点，矛盾理论给予了我们重要的启示（Lewis，2000；Papachroni et al.，2015）：世间万物都是矛盾共生的，也即事物的本体是二元的，如阴阳、男女、善恶、供求等。倘若不能良好地均衡这对关系，就会对生态系统健康发展产生不利影响，如凡是久求而无供的事物，必将走向衰亡，道家思想和进化论的"适者生存"观都反映出了这一原理。这就是说，二元首先存在于万物本体当中，它们是相悖的，如果缺乏特定的能力去协调这种矛盾关系，就会降低该事物的持久生存能力；反之处理得当则增强之。从企业组织系统来看，企业中的探索与开发活动是天然相悖的，企业只有具备了均衡调节探索与开发的动态能力（即二元性）才能激发出两者交互增益的一面，带来可持续发展（Smith & Lewis，2011；Solís – Molina et al.，2018）。据此，本书将"二元"和"二元性"区分开来，二元是组织广泛存在的本体属性，二元性则是用以满足二元长期均衡而存在的一种动态能力，是由探索与开发的交互行动水平来表达的，本书研究的个体二元性（二元创新行为）就是这种行动水平。

②二元性存在于组织系统的各个层面，也被应用于诸多领域，上至社会宏观层面，下至个体层面，二元性的前因机制自然千差万别。只不过，结构和网络学派对分块均衡和交互均衡的认识以及领导和情境学派对谐和均衡和周期均衡的认识最终都殊途同归，作用于二元性的实现。这意味着，不论采用哪种协调方式，哪种计量方法（正交或连续），只要在一定范围和周期内产生了二元性，就能有效地提升组织绩效（Turner et al.，2013）。

③关于二元性对组织绩效的影响，涉及了经济绩效、创新绩效、运营绩效、组织学习、竞争优势等诸多方面，但多数研究均为横截面数据，难以解释其他潜在控制变量的影响，也缺乏纵向观测。Junni et al.（2013）的文献元分析显示，研究层面和计量方法均对二元性与组织绩效关系产生影响，但总体上二元性对组织成长方面的绩效影响远大于对经济绩效（如利润率）的影响。这与国内学者焦豪（2011）发表在《管理世界》上的实证研究结果十分相似，他发现创新二元性与短期财务绩效呈显著正相关，与长期竞争优势呈显著正相关，反过来的关系却并不显著。可见二元性关键作用于组织可持续发展，不仅仅是短期的财务回报。这也解释了为何许多企业在短期内过分依赖创新或原始路径却未受到显著影响的原因，倘若从长远来审视，这些企业都不免受制于二元失衡带来的恶果。

当前研究绝大多数都集中在组织或高管层面，然而随着二元性理论研究的不断深入，其中一个必然的趋势就是“溯本寻源”，回到二元性产生的基本单位：个体。以下将聚焦个体二元性的文献前沿，阐释个体二元性研究的理论背景、内涵辨析和相关实证研究的现状及展望。

2.1.2 个体二元性的理论基础

个体二元性（Individual Ambidexterity）是组织个体整合进行探索与开发活动的行动能力（Kauppila & Tempelaar，2016），多位学者明确将其喻为组织二元性形成的根茎，强调个体二元性研究不光是为了理解个体在矛盾行动中的自我调节机制，更是为了“自下而上”地推进组织二元性的产生（Gibson & Birkinshaw，2004；Smith & Tushman，2005；Lee et al.，2016）。个体二元性研究衍生于情境二元性研究，情境学派认为应设计二元情境机制来激励员工自主分配探索与开发的时间和精力，具备权变处理规则与柔性间转换的能力，反过来汇聚影响组织二元绩效（Gibson & Birkinshaw，2004）。这就暗示了个体塑造情境的基础地位。另一个产生的主要原因就是能力学派的理念，Simsek（2009）、Rothaermel & Alexandre（2009）等学者对二元共同转化而产生“已实现二元性”的解释很快将后人视线引到了个人素质和能力上来。早在 Gupta et al.（2006）在探讨探索与开发的交互关系时，就已阐释了两种行为之间“似非而是”的共生逻辑。探索指向变化和全新价值的搜索，一般会诱导个体发散思维，而开发指向对现有知识结构的完善应用，往往要求个体目标专注。这看似十分矛盾，然而有效协调两者关系却能带来增值的绩效。员工的二元性主要体现在联合探索与开发的水平上，进一步解释就是同时执行矛盾目标和多样任务时不会产生心理焦虑、绩效下滑的自我管理能力（Raisch & Birkinshaw，2009）。用 Felin et al.（2009）的话来说，这是一种人力资本异质性，可以通过某种聚合机制作用于组织绩效。

目前个体二元性研究已涉足创新研发、认知学习、行动能力等领域，但无论从质量还是数量上说，尚缺乏对个体二元性权威的、系统化的解释。为整理出高质量的文献研究脉络，研究者于 2019 年重点搜索了 EBSCO、Web of Knowledge、Wiley Online Library、Elsevier ScienceDirect、

Springer LINK、Science Online、ESI 等国际权威外文数据库，以及中国知网（CNKI）数据库。输入“Ambidexterity”为主题或标题的关键词后，检索出的国外社科类文献累计超过 600 篇。再输入“Individual Ambidexterity”“Employee Ambidexterity”或“Ambidextrous Employee”筛选发现，文献量骤减至 81 篇。阅读摘要筛选出关联度较强的实证研究有 52 篇。国内研究则凤毛麟角，搜索知网 CSSCI 论文发现，直到 2018 年才出现两篇综述（熊立等，2018；吴赛赛，2018），还有管理者二元性的综述一篇（李悦，2018），个别实证研究（如王双龙，2018；宋锟泰等，2019），与二元领导相关的有 23 篇（一般被归入高管团队层研究，如罗瑾琏等的系列研究）。鉴于此，研究者重点检索和分析了 Academy of Management Journal（3 篇），Organization Science（5 篇），Strategic Management Journal（3 篇），Journal of Management Studies（4 篇），Human Resource Management（8 篇），California Management Review（3 篇），The Journal of Applied Behavioral Science（1 篇），Academy of Management Review（3 篇），European Management Journal（4 篇），Leadership Quarterly（2 篇）等国际主流权威刊物上发表的文献。从文献分布可以看出，个体二元性研究主题涉猎广泛，但均初窥门径，尚未有国际刊物重点刊登相关研究成果，比起组织二元性文献而言，仍处于萌芽状态。不过数据也表明，国外研究在 2014 年后数量激增，2015 ~ 2019 年文献量居多。由此可见，国外个体二元性研究正处于快速发展的态势，而国内研究刚刚起步，存在着巨大的勘探空间。为了更准确地理解个体二元性，以下将首先对它的理论基础进行辨析。

（1）二元性还是二元论?①

要准确理解个体二元性的概念本源，就要从两个对立的本体论假设谈起：二元性假设（Duality）和二元论假设（Dualism）。二元性假设认为事物（组织）的本体都是二重交合的，即两面性相对共存的一个整体，如男和女、利和弊、稳定和变化、柔弱和刚强，那么探索和开发就如“硬币的两面”，之间呈现正交关系（Orthogonality），甚至交互增益（Papachroni et al.，2020）。二元论则持相反观点，认为事物的本源都是二元分离的，如

① 由于个体二元性研究有多种哲学假设和理论视角，本书立足“二元性”哲学假设和矛盾理论视角进行探讨。

物质与意识是相互独立存在的，探索与开发也是对立矛盾的，是连续统一体（Continuum）的两端，只能以“零和博弈”的形式竞争性共存（Poole & Van De Ven，1989）。个体二元性的理论演进实质上就是二元论向二元性假设的演进过程，对这些观点进行脉络梳理和辨析，有助于更清晰地解读个体二元性的发生根源（见表2－1）。

①组织进化理论。二元性理论最早根植于组织进化理论，是20世纪90年代起的结构学派的基本立论点。依照“优胜劣汰”的组织进化观点，环境会动态地产生颠覆式和渐进式两种演进，人需要在时间或空间上做出行动调整，以适应环境变化。由此便产生了二元的分块均衡和交互均衡机制——人们通过专业分工、程序分工、地点分工来从事探索或开发活动（Simsek et al.，2009）。这个理论显然是基于二元论假设背景提出的，认为个体的探索与开发是矛盾的两极，会相互争夺资源，必须隔离开来。因此，个体应专注一种活动，另一种由他人代理来形成二元性（Caniëls et al.，2016）。

不过，作为最传统的二元性实现路径，结构学派在理论与实践的检验下广受批评，是因为它难以摆脱较高的组织协调成本和技能刚性（Gibson & Birkinshaw，2004），忽视了在现实中所有职能的员工都无法避免从事混杂的工作，因而遏制了他们的潜能。

②组织情境理论。组织情境理论是情境学派产生的基础。2004年，Gibson & Birkinshaw提出的二元情境机制是对结构学派方法上的一个突破，主张构建一种文化属性的组织情境，在同一单位下激发个体自觉平衡探索与开发活动。他们认为通过塑造“规则，伸展，支持，信任”的特征情境，可以激励员工在不同时间和场合下自行优选探索或开发行为。理论上讲，情境二元性既可以产生周期均衡，又可以产生谐和均衡（Simsek et al.，2009），但部分学者对其应用价值持怀疑态度（Good & Michel，2013），指出虽然该理论否定了探索与开发是矛盾的两极，但仍将它们看作独立的两极，个体在单个时间点内只能关注一种行为。因此，该理论仍反映出二元论本源，倾向于实现同一单位下的周期（断点）均衡（Gupta et al.，2006），只不过周期可能较短。

尽管情境学派与结构学派持相反的观点，但由于过去研究收集的都是横截面数据，难以测量员工在动态环境下一定时期内的行为变化，也就无法解释员工在两种行为间的调节转换能力。Good & Michel（2013）提出高动态环境下二元情境机制或许只能实现二元的断点均衡，无法实现谐和均衡。这意味着情境学派的研究更多地关注个体在任务间的行为转变，而非在同一任务下的行为转变（Raisch & Birkinshaw，2009），自然对二元谐和均衡缺乏有力的解释。

③矛盾理论。矛盾理论初期被应用于领导学派，反映在企业高管的矛盾思维能力上。Smith & Tushman（2005）强调高管是推动组织二元性的主导作用机制，而这种机制源自高管对矛盾事物的深刻感知，从而使他有能力采取区分和整合处理的后续行动。近期研究扩充到了员工个体层面，是因为学者们发现基于组织设计思想的结构学派和情境学派无法进一步解释同源建构下的个体为何会产生行为上的偏好和绩效差异，而这种差异应立足更微观的层面来分析：个体认知差异。Lewis（2000）将这种认知特征称为“矛盾思维”，理论依据就是矛盾理论。矛盾理论又被称为“似非而是”（Paradox）理论，将矛盾定义为“看似矛盾而又紧密相连的事物，这些事物看似不符合逻辑却又常常同时出现”。简言之就是认可组织内部广泛存在着看似冲突却同源共生的因素，如自主和控制、集体和个人、封闭和开放、稳定和变化等（Papachroni et al.，2015），这是典型的二元性假设。矛盾理论认为探索与开发本质上并非冲突的，而是谐和共生的两极，探索中有开发，开发中有探索，就像中国哲学中讲的“阴阳两气”一样，彼此交融，可以产生谐和均衡（Simsek et al.，2009）。Greenberg et al.（2013）提出认知二元性的概念，包括预测性逻辑和创造性逻辑，分别支持开发与探索决策。在这个基础上，2015 年 Papachroni 等正式呼吁用矛盾理论来研究个体二元性，指出当人善于用矛盾思维诠释事物时，会使看似竞争性的事物转化为协同性的事物，将本来严格冲突的两极变成灵活交融的两极。矛盾从本质上可以说是一种二元共生的世界信念。Andriopoulos & Lewis（2009）、Heracleous & Wirtz（2014）、Papachroni et al.（2020）均指出企业管理者应具备矛盾思维能力，首先认可工作中普遍存在的矛盾性，能同时开展看似矛盾的活动，并尝试超越矛盾，激发其交互增益的绩效潜能。以此推之，二元个体应具备同步开展多样任务、频繁调节行为方式的思维和能力。

矛盾理论学派有益地补充了情境学派在动荡环境下的理论缺陷，可以说是情境学派在研究上的一个完善。矛盾理论学派指出，越是高动态水平的环境，对组织个体二元调节能力要求越高。情境学派假设在动态环境下个体的探索与开发行为能完美和谐地更替，这不太符合实际。随着环境变化加速，个体不得不频繁地面对复杂任务和矛盾决策，经常性地在探索与开发中转换，甚至同步展开（He & Wong，2004）。就连 Gupta et al.（2006）也认为，当环境足够简单明晰之时，组织才适合专业化从事单一活动，将另一活动交由社会系统（其他组织）代理。这也同样适用于个体情形。Templelaar & Rosenkranz（2017）借鉴认同理论视角，实证表明员工对所处岗位角色的识别、选择和担当的心态调节过程直接影响他的矛盾转化能力，角色分离者会有意识地排斥其他角色任务，而角色整合者具有较高的个体二元性。可见环境复杂动荡时，假如个体缺少矛盾思维，仅靠情境机制是无法有效地获得二元谐和均衡的。正因为如此，不少该学派的学者都十分关注矛盾心理认知对个体二元性的根本影响，如多样心智模式、认知灵活性和矛盾思维等（Lewis，2000；Good & Michel，2013；Parker，2014；张柏楠等，2020）。

那么，个体二元性的理论脉络走向代表了什么？正如 Simsek et al.（2009）、Kauppilla et al.（2016）所主张的，个体作为最基层的组织系统，不光受到外界因素刺激，更受到个体内在特质的显著影响，其个体二元性应该更多地反映为同时同地的谐和均衡，而矛盾理论是从组织行为视角来解释个体二元性的，比前两个阶段更为深入，因此得到了当前主流学者的认同。Gupta et al.（2006）和 Turner et al.（2013）均指出，个体层二元性更多的是表示开展探索与开发的熟练度对等，而非行动量对等。从微观和短期层面看，个体可能仍只从事一种活动，看似服从二元论的观点。但从更宏观和远期的层面看，探索与开发必然在纵向周期内呈现共存。不过 Gupta et al.（2006）仅从理论上假设个体层难以实现二元正交，不具有足够的说服力。后续 Mom et al.（2009）、Lee et al.（2016）以及 Kauppilla et al.（2016）多个研究都从认知能力视角反证了个体层谐和均衡存在的可能性。另外，在实践中员工确实经常出现两种活动相互掺杂的现象，同时面临着多重压力。就如 Farjoun（2010）所强调的，二元性的本质就是探索与开发的互靠，它们看似矛盾却彼此增益。他还明确指出，员工在从事任何常规性工作时都会遇到或多或少的探索性工作，而从事任何创造性工作时也都难免存在一定程度的规范性。因此，从研究趋向可以看出，个体二元的理论定性愈加偏向一种权变调节、谐和共生的矛盾行动水平，这种行动水平背后隐含着一种维持“生态均衡”的动态能力（O'Reilly & Tushman, 2011）。

表 2-1　　个体二元性的主要理论视角及其假设

理论视角	基本假设	解决方法
组织进化理论	二元论 探索与开发是矛盾的两极	专业结构或周期上的隔离
组织情境理论	二元论 探索与开发是独立的两极	员工自主调整行为重心，合理更替探索与开发的周期
矛盾理论	二元性 探索与开发是谐和共生的两极	员工善于同步处理探索与开发，超越矛盾，实现交互增益

资料来源：根据本书的参考文献整理。

（2）个体二元性的定义及分类。

尽管国外个体二元性研究刚刚起步，一些文献已然尝试赐予其学术定义。Mom et al.（2009）把个体二元性定义为“在一定时期内能同步开展探索与开发活动的多维度行为能力”；Bledow et al.（2009）更系统地定义其为“个体能够同时进行探索与开发，并通过自我调节功能将两者有效整合以实现创新成功的能力”；Good & Michel（2013）则定义个体二元性为“在动态环境下帮助有效转换探索与开发行为的心理认知能力”。比较这三种定义，Mom et al.（2009）和 Bledow et al.（2009）均将其定性为个体行为特征，Good & Michel 则认为个体二元性是心理特征，是一种基于特定认知的行为预期。纵览多数现有实证文献可知，个体二元性最常用的是行为量表（Mom et al., 2009；Lee et al., 2009；Stoke et al., 2015；Hong et al., 2018），可见学者们用以测量个体二元性的操作变量更多地具有行为属性，而心理特征被广泛归纳为它的生成因素，或者称为认知基础。当然也有研究把个体二元性看作由心理和行为特征组成的高阶构念（Yu, 2010），认为员工能力由心理和行为两个层次共同组成。

关于个体二元性的应用分类，迄今主要涉及创新研发、认知学习和行动能力等方面。创新研发方面，个体二元性被称为个体的二元创新行为，一般测量的是同步开展探索式和开发式创新时的行为水平；认知学习方面，个体二元性体现在认知二元性上，关注个体在二元学习及认知能力上的均衡提升；行动能力方面，个体二元性又称为行为/胜任力二元性，代指个体有效处理矛盾任务结构的胜任力水平。上述研究在后续文献梳理中会有进一步的阐释。

2.1.3 个体二元性的结构与测量

对个体二元性的结构与测量进行分析，不仅有利于深入理解个体二元性的内涵，也有助于在企业实践中识别和训练这些行为能力。首先需要指明两点：一是因为学者们对个体二元性是行为还是心理特征、是二元正交还是二元连续尚存争议，他们开发的测量工具有所不同，计量方法也存在差异；二是所有测量工具的目的却是一致的，都是为了检测同步开展探索与开发的行动水平。

目前，个体二元性的结构划分和测量工具并不多见，其中以 Mom et al.（2009）划分的双维结构最为常用。他们的操作方法是将个体二元性看作两种行为共同转化的结果，借鉴的是前人组织层面的划分方法（Gibson & Birkinshaw，2004；He & Wong，2004），直接将其分为工作中的探索行为和开发行为：前者指向个体探索有关产品、服务和市场新机遇的行为，学习全新技能的行为，以及突破现有工作方法、适应环境变化的行为；后者指向个体积累经验、改良工作效率的行为，实现短期目标的行为，以及运用已有知识解决常规问题的行为。将两种行为测度后交叉乘积，得出个体二元性水平。他们针对中基层管理者开发了量表，具体开发过程为：先使用理论演绎法归纳出 14 个题项的测量问卷，探索与开发行为各 7 项，然后经过科学的量表开发程序（包含深度访谈、半结构性问卷、小样本预测试、大样本探索式分析和验证性分析等），验证了该测量工具的信效度，再作为因变量放入实证研究中，测量哪些结构和人际因素对其产生差异性影响。尽管 Mom 等的量表是基于管理者开发的，后续多数研究也沿用此量表和计算方法做员工层的测量。除此之外，西班牙学者 Pireto – Pastor et al.（2015）将员工的行为二元性划分为创造行为与合作行为，前者代表员工对建言献策和探索新机遇的行为投入，后者代表员工在团队中彼此互助合作的行为投入。他们开发的创造行为 5 个题项来自 Janssen（2000），合作行为 4 个题项来自 Subramanian & Youndt（2005），所有题项结果相加得出行为二元性的得分。Lee et al.（2016）则借鉴了 Mom et al.（2009）以及 Kostopoulos & Bozionelos（2011）关于团队学习的量表，为知识型员工提出了知识探索与知识开发两维度的内涵结构，探索与开发各 4 个题项，同样采用交叉乘积方法来计算行为二元性的水平。Lee et al.（2016）的量表重点测量员工在知识创新方面的胜任力表现。

Rogan & Mors（2014）也将管理者二元性划分为探索与开发两个维度，但他们的观点明显与其他学者不同。首先，所谓探索与开发行为指的是管理者与合作伙伴开展新业务或现有业务的执行水平。其次，二元行为的测量方法使用的是相差绝对值法（二元连续假设）。还有 Sok et al.（2015）将研发高管的个体二元性形容为创造点子和关注细节两种行为的交互均衡，并开发了 6 个题项的双维度量表。使用了两种计量方法，测量个体层的联合二元采用的是交叉乘积，测量平衡二元采用的是减法绝对值。该量表侧重于比较和解释高管在新产品开发中的二元特征及其作用。

从表 2－2 可以看出，尽管学者们对个体二元性的内涵结构及测量方法尚未达成一致，但呈现出很明显的共性。第一，双维度结构已成为主导的内涵解析，同时多数研究认可交互增益的计算方法（交叉乘积法）；第二，研究普遍根据二元性的应用领域对其维度及题项进行语义编辑，如知识领域、合作领域、创新领域等，但本质上都是测量探索与开发两个方面；第三，总体上讲，个体二元性的测量较为简单，都是基于 He & Wong（2004）以及 Mom et al.（2009）的内涵结构及测量工具进行权衡编辑，并无太大的争议可言。

表 2－2　　个体二元性的主要结构与测量研究

代表学者	内容结构	代表性测项
He & Wong（2004） Mom et al.（2009） Kauppilla et al.（2016）	探索行为、开发行为	探索行为： • 寻找关于产品、流程或市场可能的新机会 • 学习全新的知识和技术 开发行为： • 从事已经积累了丰富经验的活动 • 改良现有产品或服务来满足现有顾客的活动

续表

代表学者	内容结构	代表性测项
Pireto - Pastor（2015）	创造行为、合作行为	创造行为： • 员工尝试用不同方法解决问题 • 员工有能力探索新的工作方法和技巧 合作行为： • 员工愿意分享信息，相互学习 • 员工会和来自组织各方的同僚们分享交流
Lee et al.（2016） Kostopoulos &Bozionelos（2011）	知识探索、知识开发	知识探索： • 寻找用于解决工作难题的新点子和新办法 • 对新方法进行试验 知识开发： • 主要依靠过去的经验解决问题 • 完善现有的知识和技能
Sok et al.（2015）	创造点子、关注细节	创造点子： • 优选能激发创造力的任务 • 喜欢用新颖的方法做事情 关注细节： • 长时间细致地处理问题 • 很擅长完成注重细节的任务

资料来源：根据本书的参考文献整理。

2.1.4 个体二元性的认知和技能前因

心理认知和个体技能既是个体二元性形成的重要内在诱因，也可以视为关键影响因素。围绕个体二元性能否产生正交增益的谐和均衡，学者们一般都选择了矛盾理论的社会认知视角，探讨心理特征、环境因子与行为能力之间的交互关系。

首先，社会认知被认为是个体二元性能够产生谐和均衡的心理基础。Yu（2010）、Kauppilla et al.（2016）均指出员工自我效能感对激发其二元行为起到显著作用。自我效能指的是个体从事特定任务的自我认识，在很大程度上影响个体对多重任务完成度的自信水平。Kauppilla 等强调自我效能决定了个体承担风险的水平以及组织承诺感，可以通过个体学习导向来影响二元行为；同时 Yu 发现角色压力会减弱这种关系，表现为员工感知的角色模糊性和冲突性。由此可知，强大的自我意识（自信）在个体二元性提升中扮演不可或缺的重要角色，而定位模糊、工作压力过大均不利于个体二元性。有关管理者心理认知的研究中，Chang & Hughes（2012）提出风险容忍和适应性两大心理特征，并验证了它们对高管及组织二元性的正向影响。类似的有 O'Reilly & Tushman（2011）的研究，用容忍和解决冲突来形容高管的两种管理方式，用于化解探索型和开发型部门之间的矛盾。无独有偶，Miron - Spektor et al.（2011）通过实验表明，拥有矛盾思维的人能同时处理好冲突意识和整合复杂性两个认知方面，从而增强创造力。以上研究均隐射了能有效加工看似矛盾的认知图式的个体思维是个体二元性的认知根源。近些年来的心理认知研究愈加趋向于揭示哪些特定的认知思维特征整合能带来个体二元性。Good & Michel（2013）通过仿真消防游戏实验，测试了大学生的三种心理认知能力：发散思维、关注细节、认知灵活性。结果表明，除个体智商外，这三种认知均解释了对个体二元性的额外增益。这个研究为二元个体的认知生成机理研究带来了不小的启示。之后 Lin et al.（2014）研究了独立认知风格、反思认知风格和二元认知风格分别对研发团队内外部学习的影响，其中二元认知风格的个体持有正视矛盾，接纳多样知识的观念，能整合内外部学习来推动自身二元性创新。Scheepers et al.（2018）的研究表明，女性企业家的认知二元性受到职业生涯和集体主义观念的显著影响，而能同时操控效果逻辑和因果逻辑的女性能产生更高的创业绩效。

研究者梳理众多研究发现，仍有一个不容忽视的社会认知视角有待考察，即心智模式。早在 1992 年 Barr 等就在“*Strategic Management Journal*”中提出动态环境下企业管理者的心智模式转换能力是技术变革的关键，管理者需要持续地调整心智模式，接受全新机遇。二元性理论成为主流研究范式后，Gibson & Birkinshaw（2004）、Kostopoulos et al.（2011）以及 Parker（2014）先后指出能有效同步开展探索与开发的员工都具备多样心智模式，或在不同心智间转换的思维能力。熊立等（2016）也提出二元组织文化是由一群拥有特定心智的员工共享汇聚而成的。不过尚未有学者对这种心智模式的具体构念和作用机制进行解释。

鉴于心智模式是一种相对固化的心理认知加工程序，直接影响着人对世界的看法及行动（Rouse & Morris，1986），继续这一领域的研究应该有重要价值。

其次，技能方面，学者们着眼于探索二元个体应具备何种能力素养。最具代表性的便是 Mom et al. （2009）为管理者划分的三种能力素养：多面手、冲突容忍、持续学习。多面手比喻管理者能同时高效地完成多重任务的能力，更多地充当通才而非专才角色；冲突容忍比喻一种内在的矛盾思维，能同时容纳来自多种渠道的观点与立场；持续学习比喻能够同时改善和更新现有知识的能力，愿意进行多样学习和持续进步。后续有研究提出员工妥善应对工作压力来满足绩效要求和建立良好的社会支持氛围的技能对其二元性有显著影响（Zhang et al.，2018）。Lee et al.（2016）的研究则从认知、信息和社会技能三个胜任力维度探讨个体二元性的形成机制。他们认为二元的知识型员工应在认知技能方面注重认知转换能力，能承担矛盾的任务要求，也提及多面手和矛盾思维字眼；信息技能方面应注重显性和隐性知识的交替加工，交互强化；社会技能方面应注重维持相对均衡的社会网络关系，以便同时获取探索和开发使用的二元知识。相关研究还有 Kostopoulos et al. （2015）关于智力资本对团队二元性绩效的影响研究，实证表明人力和社会资本正向影响团队二元性，组织资本负向影响团队二元性。这项研究暗示了一群拥有多样知识技能、善于维护合作型社会关系的员工可以反过来对组织产生积极影响。

综上研究对比不难发现，关于认知和技能因素构成的探析，尽管有些零散，却都存在以下共性：①关键词内涵的相似性，如自我效能、多面手与独立认知风格，冲突容忍与冲突意识，反思认知风格、适应性与持续学习，等等。②特征维度间均隐含相似的交互作用关系——学者们大多强调二元个体需有清晰独立的自我认识（如自我效能、独立认知、关注细节），畅通的知识交流网络（如冲突容忍、社会技能、发散思维），加上熟练调节前两者的思维技能（如整合复杂性、认知转换、认知灵活性）。那么结合前面所解析的“二元性”的哲学内涵，二元性并非简单的数量概念，而是探索与开发谐和均衡下生成的一种动态能力（Simsek et al.，2009）。就像中国哲学中“阴阳”两气生成的“和气”能够滋养万物、带来生态系统平衡一般，西方学者通过实验和实证得出的特征维度恰到好处地反映出了这一原理。不过，像前面谈及的认知因素是否具有系统代表性，又如何激励二元的行动能力，这些因素间有何交互联系，都值得本书和后续研究进一步探索。这种思考可以使我们对个体二元性的内生基础有更深刻的领会。

2.1.5 个体二元性的其他影响因素

归纳现有国外实证文献得知，有关个体二元性的其他影响因素主要涉及个体背景、领导行为和人力资源管理机制几个方面。

（1）个体背景。

已有对个体背景因素的研究主要包含职业背景、经验、网络关系、目标导向等方面。有关职业背景，Stokes et al.（2015）发现员工的专业背景直接影响其二元行为能力及意愿，如规范性较强的财务或机械类专业员工比起营销或人力资源类专业员工更不情愿从事探索性工作。Ambos et al.（2008）则发现行业资历会影响个体二元性。项目团队中在本行业就职时间较短、职位较低的员工反而更容易产出二元性绩效。而 Chang et al.（2009）实证得出员工先前的技术经验可以提高其二元性。有趣的是，Mom et al.（2009）实证表明，管理者的组织资历可以提高他的二元性，技能资历却削弱这种关系。这似乎与 Chang 等的研究有矛盾之处。不过 Chang et al.（2009）所指的先前技术经验是组织外部引进的技术成果，Mom et al.（2009）则指向组织内部（管理者）的技术成果，这暗示了知识获取渠道与个体二元性有密切的关系。

有关目标导向，Yu（2010）的研究表明员工的“目标学习导向”（获取新知识和改善现状的意愿）可能促进其二元行为，而“目标规避导向”（回避明确的学习目标和改善方向）则减少二元行为。他指出特别是高绩效导向员工可能因害怕失败而规避风险任务，从而损害了二元均衡。另外，Andriopoulos & Lewis（2009）聚焦“内在驱动力”来解释个体目标导向对二元性的影响。规则驱动力可以加强开发行为，热情驱动力可以加强探索行为，两者整合则加强二元行为。Stoke（2015）也指出员工的职业生涯期望越高，越容易主动地探索创新来制衡长期的开发工作，而安于现状的员工往往只重视开发工作。由此可知，开放导向的个体更容易接受多样思想，积极从事二元行为；封闭导向的个体更容易规避挑战和墨守成规，遏制其二元性。Hong et al.（2018）的实验研究表明，需要二元技能的工作任务不仅可能不会弱化员工行为绩效，反而会激发他们的二元性潜能，只不过这些与员工的风险意识和紧张度有关。这进一步暗示了个体二元性是可以经过训练而改善的。

（2）领导行为。

矛盾理论最早就应用于领导的矛盾思维，认为领导特定的行为（包括风格）可能对员工二元性产生激励作用。Nemanich & Vera（2009）实证表明变革型领导对所属团队二元性产生显著的正向影响。变革型领导能够悉心关照下属，树立激动人心的愿景，以身作则地引导团队成员从事二元创新活动。Yu（2010）则进一步指出，变革型领导还是员工特征变量的重要调节因子：增强员工目标导向与其二元性的正向关系，减轻员工任务冲突感与其二元性的负向关系。另有学者提出“矛盾思维领导”“有限授权领导”等概念（Lewis et al.，2014；Lin & McDonough Ⅲ，2014；Alghamdi，2018），认为具有二元特征的领导能显著促进所属团队成员的二元创新行为。Gasda et al.（2016）的研究同样很好地反映出这点，他们认为领导是员工的示范，领导可以采用关系契约和社会交换法则来增加与员工的互动，使员工通过模仿领导行为来提高二元性。

在Havermans et al.（2015）的研究中，他们更详细地介绍了领导激励团队成员二元行为以及构建情境二元性的一系列手段和策略。总体上讲，领导分别通过提高和降低反应复杂度来激励员工探索和开发行为，反应复杂度中包括信念复杂度和行动复杂度两个方面，然后在两种行为之间适时地转换。相呼应的是，王朝晖（2018）的研究发现，二元领导通过赋予员工心理安全感和工作繁荣感来激励他/她们的二元行为。

（3）人力资源管理机制。

人力资源管理（HRM）可以通过一系列适用于所有员工的激励机制来提高个体及整体二元性。研究者拟从单一激励机制和系统激励机制来阐释。

首先，单一机制指某项特定激励办法可能产生的影响。Chang et al.（2009）提及对科技员工颁发成果专利和许可证可以激励其二元创新行为，进行知识产权相关培训也可提升员工二元性。Yu（2010）强调员工感知的赏罚机制公平性对其二元行为有一定的影响。Parker（2014）则关注工作设计与员工士气之间的关系，试图从心智模式改善的视角来解释员工二元性的提升。这些研究揭示了HRM与二元性千丝万缕的联系，许多看似无关的HR工具很可能间接影响员工对探索与开发行为的认知，从而激励其二元行为。因此，HR工具作用于个体认知、动机及态度的过程机理仍需要更多研究的深入补充。

其次，HRM系统的影响。现有研究一致认同高投入HRM能正向提升员工的二元性。例如，Ahammad et al.（2015）实证表明高投入HRM采用事前和事后奖励，同时作用于银行员工的生产力和士气，最终正向影响他们的行为二元性。Prietor – Pastor et al.（2015）指出高投入HRM为员工二元创新学习提供了良好的平台，如灵活的工作设计和频繁的团队协作给予了员工多样学习和共同解决问题的机会，细致的人员甄选和培训项目使团队二元理念和凝聚力不断加强，等等。还有研究发现，e – HRM在二元人力资源管理与银行人才管理之间发挥正向调节作用（Alkerdawy，2016），这又将信息化管理与当代企业员工二元性关联起来。近两年的研究多数是案例方法，尤其部分学者提倡以AMO（Ability Motivation Opportunity）框架为指导，分别从能力导向、动机导向和机会导向三种类型来定性HR实践操作，这样能分类别探讨不同HR实践对二元个体及情境的激励作用（Jørgensen & Becker，2017；Mom et al.，2018；Papachroni & Heracleous，2020），只不过这些案例的最终落脚点都在情境二元性上，对个体二元性的形成机制未做清晰的验证。

综合以上两节内容可知，有两大趋势值得关注：第一，学者们对个体二元性的心理认知基础表示出最浓厚的兴趣，可见将心理学引入二元性研究是大势所趋。但学者们的见解未达成统一，有些提出变量的方法和依据也不够科学，概念偏抽象化，未能通过科学测量方式系统地提出一个认知体系，这使后续研究受阻。第二，各方面研究都处于起步阶段，研究层面单一，对影响因素之间的内在关系也缺乏认识，部分研究的结论也未达成一致，可见尚存巨大的后续勘探空间。

图2 –1整合展示了当前有关个体二元性影响因素的直观框架。

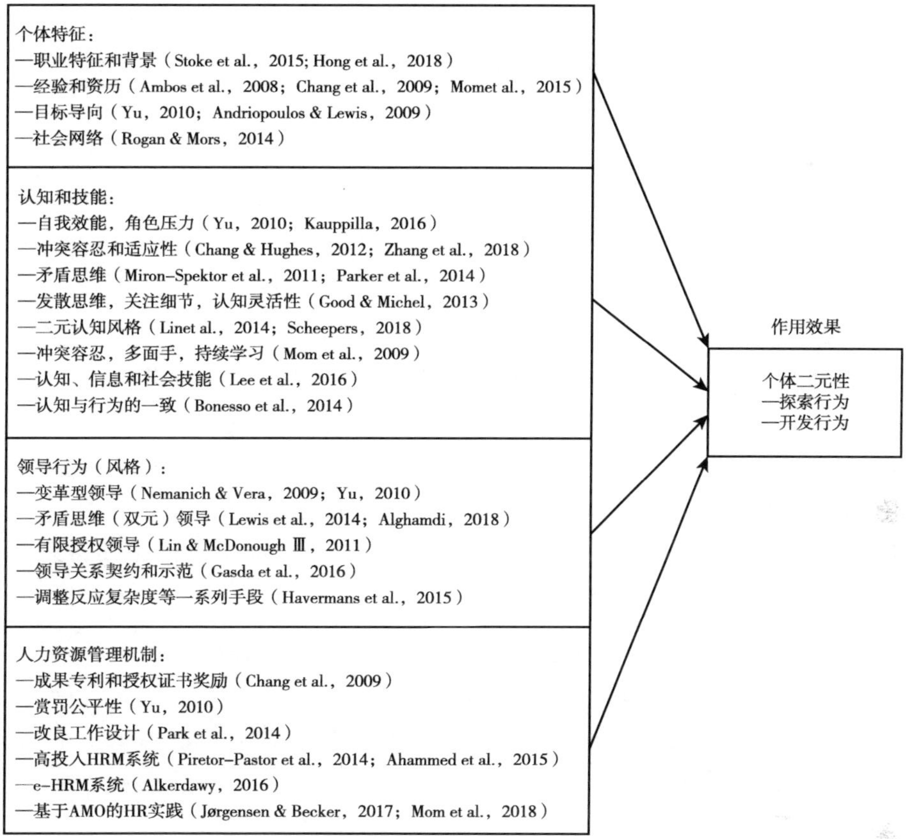

图 2－1 个体二元性影响因素研究的整体框架

资料来源：根据本书的参考文献整理。

2.1.6 个体二元性的作用效果

就传统而言，二元性理论在团队以上层面的作用效果研究主要集中在经济绩效、创新绩效和组织运行绩效上，如投资回报率、新产品回报、市场满意度、运营成长绩效等方面（Gibson & Birkinshaw，2004；Simsek et al.，2009；He & Wong，2004；Jansen et al.，2012），已得到了大量的验证。或许是因为二元性对组织各种绩效的积极作用已显得有些“约定俗成”，个体层的研究也均未脱离过去组织层的主流范式，并常作为辅助性变量来研究个体二元性的影响前因。归纳文献，目前主要涉及对个体的创造力、创新绩效和工作绩效以及对组织的学习绩效、创新绩效和新产品开发等方面的研究。

（1）对个体的作用效果。

创造力方面，Miron – Spektor et al.（2011）认为创造力应同时具有创新性和实用性，矛盾思维下的二元创新能力是员工提升创造力的重要形式，并通过实验证实了这一点，二元创新能力同时提升员工创造力的创新性和实用性。创新绩效方面，Good & Michel（2013）同样采用实验方法发现了个体二元性能够带来更好的适应性任务绩效，使创新更具活力。另外，Sok et al.（2016）对研发团队领导的实证研究也发现自身均衡调节创造点子与关注细节两方面的能力时，联合两种能力的正交关系比非此即彼的连续统一体关系更能带来领导创新绩效的最大化，这说明了个体二元应该是矛盾共生的关系。工作绩效方面，已验证的个体二元性作用效果有：银行人员售卖金融产品时的销售绩效（Ahammad et al.，2015）、二元领导的管理绩效（Luu，2017）和商业客服人员的服务绩效（Jasmand et al.，2012；Koryak et al.，2018）。例如，Luu（2017）先后发现，管理者的二元性对其工作完成度、效率、运作水平和任务绩效均有积极影响，企业家导向起到中介作用，组织社会资本起到调节作用，工作经验起到前因作用。

（2）对组织的作用效果。

企业中个体二元性的最终作用价值是组织绩效，许多研究都着眼于这种跨层面的影响效果。组织学习方面，Prieto – Pastor et al.（2015）通过聚合方法统计发现企业员工的二元性正向影响企业二元学习能力，而这种二元性由合作行为与创造行为并存产生。该研究凸显了“自下而上”的组织作用机制，与 Gibson & Birkinshaw（2004）开创情境二元性的研究相互映衬，他们所采用的也是聚合计量方法，指向企业组织绩效。创新绩效方面，Zacher & Rosing（2015）提出二元领导风格产生于开放式和聚合式两种行为的交互作用，善于把握这两种行为的领导可以有效地影响团队成员的二元创新行为，最终作用于团队创新绩效。另外，Lin & McDonough Ⅲ（2014）的研究则立足创新团队成员视角，检验不同成员认知风格对团队二元创新绩效的差异化影响，认为团队成员二元的认知风格改善了团队信息加工程序，促使团队创新呈现独特风格，既广泛吸收团队外信息，又充分交流团队内信息。新产品开发方面，Karhu et al. (2016) 的研究视角十分独特，他们引入了类比思维这个概念，进行多企业访谈后，提出创新团队成员的认知二元性可以通过提升三种类比思维来影响新产品开发绩效。他们将类比思维看作是接近、绘制和转换的知识加工过程，而新产品开发绩效则分为全新和更新产品的开发。该研究为个体二元性的作用过程机制开辟了新的视野。目前尚未搜索到直接探讨个体二元性如何上升影响情境二元性的研究，仅有部分案例研究间接涉及 (Jørgensen & Becker, 2017)，还有少数有关高管层的交互记忆和认知多元性对情境二元性的影响研究 (Heavey & Simsek, 2017)，至于二元性员工如何行动汇聚，又受到何种条件的调节，都期待继续探索。

综上所述，个体二元性作用效果的研究面普遍集中，尚未脱离组织二元性的相关研究范畴，且各方面的文献数量较少，应该说普适性和精确性有待更多的考证。当然，现有实证研究一致表明，个体二元性对员工及组织的创新、工作和成长等多方绩效均呈现积极的作用，这是非常值得欣慰的现象。

2.1.7 值得进一步探讨的地方

基于以上理论前沿的述评，我们发现个体二元性研究仍存在博大的勘探空间，结合本书的聚焦点，研究者尝试提出以下未来值得研究的方向。

(1) 关于个体背景方面，目前研究只初步触及了个体职业、经验、目标等较宽泛的概念，未能深入研究其中究竟，未来可以进一步探索较为具体的因素影响。例如，职业背景方面，个体过去所学专业和学历的多样性 (如双学位等)，对个体二元性是否有影响？过去经验方面，个体曾经的生活阅历 (包括海外经历)、文化背景甚至不同民族特征会否导致个体二元性呈现规律性的差异？网络结构中的强弱关系是否会发生不同的作用效果 (韩炜和杨婉毓，2015)？

(2) 关于个体社会认知和技能方面，Kauppilla et al. (2016) 最新发现，研究样本中超过 85% 的个体二元行为都是由个体心理特征差异所导致的，并非受制于组织机制。这一重要发现准确地解释了个体二元性的研究现状，即个体认知和技能研究占据主流，也将是未来关键的研究方向。在此，研究者提出几点建议：

①不遗余力地引入心理学概念和研究方法来探索个体二元性产生的心理认知根源，如智商、情商、情绪等因素可能产生的线性或非线性影响——高智商显然可以提高个体同步处理矛盾结构任务的认知水平，但智商过高会否导致过虑和思维紊乱，反而降低二元能力？情绪又是另一个值得关注的变量，积极情绪和消极情绪对个体二元性有何差别影响？最后相对稳定的智商和相对动态的情绪之间如何交互作用，进而影响个体二元性？这些都值得探索。

②Kostopoulos et al.（2015）的实证彰显了员工人力资本和社会资本的正面价值，但未深入了解这种能有效处理二元悖论的资本来源，因此建议加入心理资本进行研究，或能得到更有力的解释。

③加入其他心理学变量展开研究。例如，团队成员的交互记忆可能通过彼此心智和知识的共享来帮助提升每位成员的二元性；又如，团队心理安全感，过高的心理安全感可能导致成员轻视探索活动，反之，过低的心理安全感可能导致成员无法集中精力进行开发。

④借用心理学家班杜拉的观点，个体二元性还可以通过观察学习来实现。就如多个实证研究共同表明的，二元/矛盾思维领导能显著影响团队成员的二元性（Mom et al.，2009；Gasda et al.，2016；Kauppilla et al.，2016），其中的机理便是领导的“示范”作用。并且，员工会因为观察到其他同事的二元行为以及受到的绩效奖励而学会改变自己的行为，也期望获得同样的奖励。那么，这种基于观察学习的“认知—行为”变化过程究竟如何，值得继续研究。

⑤如前所提及的，学者们在构建个体二元性的心理认知基础上，几乎都隐射了心智模式这个概念。心智模式是由特定的思维方式和信念组成的世界认知图式（王鉴忠等，2015）。前人研究已用矛盾思维、发散思维等名词来形容二元心理认知，这就反映出了思维方式维度。接下来还可以继续探析信念对个体二元性的影响。本书正是选择这条路径，尝试用扎根理论在特定组织和群体中进行科学的探索，归纳和验证出形成个体二元性的心智模式基础，探测其与二元创新之间的内在作用机制，为后续研究开辟新的路径。

总而言之，从心理认知基础看待个体二元性是既长远又根本的二元性研究方法，用 Simsek et al.（2009）的话来说，这将成为组织竞争力的新型来源（Tempelaar & Rosenkranz，2017）。

（3）跨层面的研究。除了前面五点思考外，还可以尝试跨层面的研究。现有研究基本都是单一层面研究，然而个体与组织是如何互动产生相互影响的，是一个难以回避的现实问题。过去普遍认为个体无法影响组织，主要归咎于测量难度太大，但并不能否认个体可以通过某种机制来影响组织。例如，团队中的二元个体可能通过某种机制相互影响而改善彼此的心智模式，然后通过某种机制共享心智模式，并逐渐形成团队/企业文化，进而影响绩效。这方面研究十分具有开拓性。

（4）个体二元性的影响效果研究。目前，实证研究几乎全部侧重在影响因素上，影响效果只是辅助性变量，因而可以拓宽个体二元性作用效果的范围，如个体的工作满意度、幸福感、角色绩效和离职率等，也可以理解二元性为同时扮演多个角色的心智转换能力，如个体同时是领导和追随者、员工和丈夫/妻子，这便可以测量二元性对“上下级关系”和“工作—家庭关系”这类双重角色绩效的影响。

2.2 心智模式与员工创新的相关研究

本部分重点梳理了心智模式与员工创新相关的国内外文献，先分别对心智模式和员工创新的基础理论进行了回顾，然后将两者相关的实证研究分不同层面和变量关系展开了述评，最后提出了一些研究不足和展望。这部分为本书从心智模式视角入手探析个体创新二元性提供了铺垫。

2.2.1 心智模式的相关概念基础

（1）心智模式的概念。

Senge（彼得·圣吉）在他的畅销著作《第五项修炼》（1990，2006）中指出：“好的想法难有好的结果是因为人的心智模式存在问题。”改善心智模式作为建立学习型组织的重要法则之一，曾风靡欧美企业界，而心智模式这个名词也引发众多学者的研究兴趣。不过，首先提出心智模式（mental model）概念的是苏格兰认知心理学家 Craik（1943），在他的著作《解释的本质》里，心智模式被定义为一种人脑对客观世界的模拟表征，通过对外界事物进行动态的转换解析，并经由一系列符号来展开推理和产生反射行为，是人类构建的“小型模式”。心智模式的基本功能便是描述、解释和预测世界，帮助人做出相应的互动（Mathisen et al.，2004），具体讲就是人用于描述客观世界，解释自我存在价值以及处理系统事件、预测系统未来的机制。概念提出之后，仅有零星研究对其内涵进行拓展，直至 1980 年以后才开始陆续涌现出一批批学者从不同角度和应用学科展开争鸣，从心理学、管理学、经济学、教育学到医学、语言学乃至信息科学诸多学科。研究者搜索了篇名含关键词“mental model”的国外文献，在 *EBSCO*、*Web of SCI*、*ProQuest*、*SpringerLink* 等 30 多个外文数据库中共找到 1572 篇 SCI/SSCI 文献，科技（含医学）与社会科学领域占 50% 以上，哲学约占 21.5%，自然科学约占 15.7%，剩下是语言学等其他科学。近十年研究数量总体呈上升态势，2017 年以 319 篇占最多数，其中历年与创新相关研究超过 80 篇。国内文献方面，在知网搜索篇名含“心智模式”的核心期刊以上文献共 70 篇，搜索“心智模型”（同义）找到 98 篇，2008 年后文献总体呈上升趋势，年均量较平稳，超过 40 篇与创新有关。

目前，心智模式已逐渐成为探析组织、团体以及个体心理认知与行为的重要工具之一。通过归纳各时期学者在不同视角下的代表性定义，可使心智模式的概念类别更加清晰（见表 2－3）。

表 2－3　　国内外学者不同视角下的心智模式定义

学者	视角	概念归纳
Craik（1943），Veldhuyzen et al.（1977），Rouse & Morris（1986）	控制系统	一种记忆机制，或者说知识储存和控制系统，其中包含完整的系统运行程序，目的是影响人解释和预测世界的行动
Norman（1983），Johnson－Laird（1989）	经验学习	由长期经验积累、经验解释和经验内化而产生的相对固定的思维认知和行为习惯，具有明确的知识结构和图像表征，是与外界互动的心理基础

续表

学者	视角	概念归纳
Senge（1990，2006），吕晓俊（2003），Greca & Moreira（2000）	交互作用	一个相对持久的动力系统，通过表征外界信息，经过系统扭曲加工，归纳出知识和信念，最终形成决策和行为反射。心智模式决定了人对世界的看法，同时不断改变着他与世界的互动结果
王鉴忠（2015），熊立等（2016）	行为结构	隐藏在人心中的相对稳定而又渐变的世界认知模式，包含对世界的假设、解释和预测，是动态行为信念和思维方式的整合。行为信念概括了人对世界的主观成见和预期，思维方式概括了认知控制系统的加工程序

资料来源：根据本书的参考文献整理。

由表2-3可见，20世纪80年代以前的学者大多把心智模式看作静态的知识加工系统，是固有的结构模型，而20世纪八九十年代学者逐渐承认心智模式的渐变性特征，会随着人的经验汲取不断完善。这个观点逐渐演变为21世纪的主流动态视角，认为心智模式可以与外界互动并产生新的认知效应，可以不断扩展、更替和转换，并逐渐形成了清晰的结构轮廓：知识和行为结构。以Veldhuyzen et al.（1977）和吕晓俊（2002）为代表的学者强调了已有知识对心智模式的基础性影响，知识结构是由人长期受到的教育和文化洗礼所沉淀而成，并由此产生信念，信念决定了人对客观事物的行为态度。而Senge（2006）、王鉴忠（2015）、熊立等（2016）更多关注心智模式的行为本质，认为心智模式之所以重要，是因为它会显著影响人的行为及其后果，仅仅研究知识结构缺乏实际意义。这些学者将心智模式进一步分为信念和思维方式两个维度，强调心智模式指导着人的行为方式，并依赖一定的路径向前延伸，这突出了它与行为科学的紧密联系。

Norman（1983）指出了心智模式的六点特征：不完备性、局限性、不稳定性、边界模糊性、不科学性和简约性。这些特征说明了人的心智模式往往是基于有限理性生成的，整个系统加工程序中可能产生信息不完整、行为能力受限、概念模糊、遗忘、主观扭曲等现象。Franco & Colinvaux（2000）则提出了四点特征：生产性、默会性、合成性和观念性。生产性说明心智模式会产生新的思维以及行为预测；默会性说明人对自己的心智模式无法清晰解读，也无法探知它的作用过程机理；合成性代表了心智模式对客观事物的简化表征过程；观念性指的是心智模式在很大程度上受持有者的世界观的影响。可见，没有所谓的“最好的心智模式”，它同样离不开特定情境及个体其他特质因素影响，如民族文化、教育程度、年龄、世界观、风险忍受度等。那么，根据 O'Connor & Medermott（1997）的观点，心智模式经由个人经验、替代经验和口头说服三种管道输入，通过删减、建构、曲解和泛化四步程序加工效应使人得以持续生存在“自我想象”的世界当中（见图 2－2）。

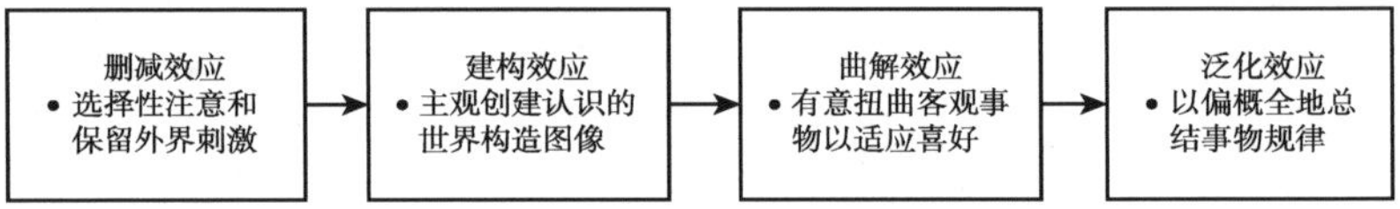

图 2－2　心智模式的作用机理

（2）心智模式的内涵结构与测量。

关于心智模式的内涵结构，最初被认定为一种知识的载体，是人的认知方法，由陈述性和程序性的知识组成（Carrol & Olsen，1998）。国内对心智模式的结构定义较多。例如，王庆宁等（1999）认为心智模式由思维、品质、知识和品德四个方面合成，优质的心智模式离不开这四个方面的历练。吕晓俊（2002）通过扎根方法调查归纳出心智模式的两大维度，即知识和信念。知识维度包括获取信息、组织体制、同伴、硬件设施知识，信念维度包括差异与多元化工作、冲突、工作需要满足、人际关系和工作风险性信念，一共 9 个因子。这个结构初步揭示了心智模式的信念和知识属性，已广泛被中国学者采纳，但测量时由于维度过多而显得难度较大，且因子之间有内容重复之嫌。另一个较有代表性的是王鉴忠（2015）的方法，将其分为信念和思维方式两个维度，这项研究将心智模式定性到了抽象精神层面，认为人对世界的整体信仰、观念和思考方式决定了他对待一切事物的行动取向，而知识具有高流动性，就如每日活动中的大量网络信息一样，数量多却频繁更替，并不能成为根深蒂固的心智模式组成部分（赵辉等，2020）。

尽管上述两种划分最具借鉴价值，但彼此仍存在重大分歧，即知识是否应该纳入心智模式的结构范畴中。相比之下，王鉴忠（2015）的看法得到更多的赞同。当然，不否认知识维度在心智模式中占据的重要地位，只不过我们应当更立体地看待这三个维度。何自力等（2008）认为心智模式是一个组织系统，指出它涵盖了不同层次的网格。最高层是人的思想信念和三观要素，非最高层则代表人的各种世界知识要素。这个观点给予了本书很大的启发，我们可以由此推演出心智模式的双层实质内涵（见图 2－3）。

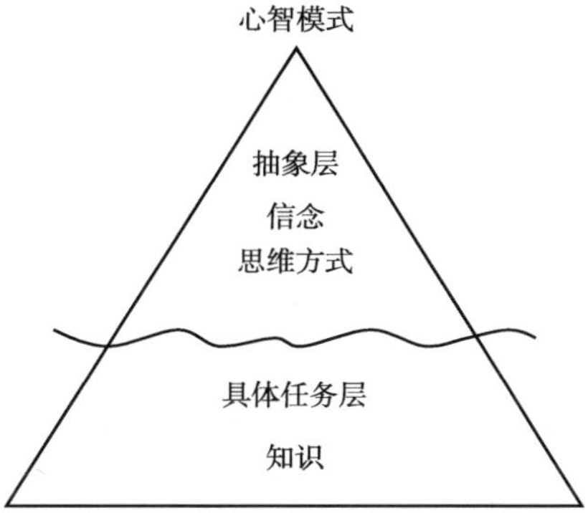

图 2－3　心智模式的双层内涵结构

首先，根据吕晓俊（2002）对知识维度的描述，我们发现知识始终是嵌入情境的，就像组织体制、硬件设施、同伴等方面的知识，都必然与特定工作情境紧密相连，离开了情境这些知识的价值就不复存在。然而信念与思维方式维度是人对待万事万物的认知模式，是抽象的精神意识，具有普遍性和稳定性，几乎是不以情境变化为转移的，很适合用于理论拓展。因此可以推导，个体的心智模式首先由信念和思维方式构成，这代表了心智模式的广义抽象内涵，它影响着人对待世界的所有行为取向；然后心智模式在发挥任务效能时，必须嵌入某种情境当中，这时才触发了具体行动的任务知识，由于任务知识各自不同，就可能导致知识维度不具备理论普遍性，不能构建精确的、质化的测量指标。换言之，心智模式整体上呈现双层的立体结构，但研究个体时应以抽象心智模式为内涵依据，探析其对个体行为的通用性影响。就像何自力等（2008）所诠释的，如果把信念和思维方式也看作是一种经长期积累和内化而生成的知识，那么吕晓俊（2002）等学者眼中的知识二字指的就是与情境相关的任务知识，而王鉴忠（2015）、曹振杰等（2013）描述的信念和思维方式才是相对稳定的“抽象知识”。那么，由于具体知识模式主要在共享任务情境时发挥理论价值，而要更准确地把握心智模式在二元性研究中的实证应用，并增加其普遍性，应该采用信念和思维方式的抽象心智概念作为基础，所以本书探讨的心智模式的定义为："在人们心中相对固化而又渐变的、直接影响人们对世界的假设、解释和预测以及相应行为的思想信念和思维方式。"

关于心智模式的测量，方法多种多样。在管理学领域中，吕晓俊（2002）、王鉴忠（2015）、齐义山（2010）、曹振杰等（2013）分别开发了个体层面心智模式的测量量表，一般都以信念、知识和思维方式中的两项为测量维度，各自包含多个具体指标，这是典型的问卷测量方法（Questionnaire）。其中，吕晓俊测量的是一般企业员工心智模式，问卷信度为0.841；王鉴忠测量的是职业生涯中的成长型心智模式，问卷信度为0.712；齐义山测量的是影响员工创新的心智模式，问卷信度为0.714；曹振杰测量的是员工和谐心智模式，问卷信度为0.859。还有针对团队以上层面的问卷设计，如Rentsch（1998）、Webber et al.（2000）、Mathieu et al.（2000）关于团队共享心智模式等方面的问卷。另外，在心理学、教育学等领域还涉足路径搜索法（Path finder）、认知地图法（Cognitive mapping）、多维标度法（MDS）、卡片序列法（Card Sorting）等，因与本书关联较低，此处略。

方法各有优劣，使用时应尽可能地因地制宜。本书实证部分所开发和使用的二元创新的心智模式量表采用了问卷调查法，它的优点就是性价比高，能同时测量大量样本，且匿名测评能更加真实地反映测量结果，还可以在样本间比较，适用于管理学理论与概念的创新。当然，其缺点主要就在于相对固化的测量结构，无法避免主观意识的题项开发和应答，横截面测量无法深入理解变量之间的因果关系，以及会有一定量的数据丢失。

2.2.2 员工创新理论概述

自从Schumpeter在1912年首次使用"创新精神"来形容一种新的企业竞争优势，学术界开始了对创新（innovation）长达一个世纪的热烈探讨。随着学习型组织理论、全面质量管理理论、流程管理、平台经济等现代化管理理论的发展，创新被应用在诸多领域和各个组织层面（包括个体）上。Rogers（1962）认为当一个新的想法或实物被创造出来、被使用者认定为新颖时，就可谓之创新。Tushman & Nadler（1986）从企业视角赋予其新的定义：创新就是企业从事新的产品、技术、服务或流程的生产活动。一些学者加入了组织预算和时间因素，用新点子的创造频率和应用价值来衡量创新（Gebert et al.，2010）。如今，企业中的创新不仅指依照企业战略对现有产品技术和流程进行改良，还可以是行政、文化以及商业模式上的变革，创新已成为企业全员性的工作，直接指向经济绩效和可持续发展。

员工创新是组织创新的个体层根源。个体创新是一个从创造到应用的过程（Gebert et al.，2010），因此常与认知学习过程相联系。Arunhosa et al.（2008）早先就指出个体创新是新知识的创建、利用和重组，通过产品创造的形式来满足市场变化的需求。杨芬芳（2012）也提出个体创新是复杂的形成新思想并付诸应用的过程。依照学者们的观点，创新起始于个体的创造力，即新奇而实用的想法产生，然后涉及了个体对创意想法的实施行动，再到反向推动组织创新行为和绩效的过程。在创新传递过程中，个体的创新行为起到关键的衔接作用（Woodman et al.，1993）。Zhou et al.（2001）指出个体创新行为是对创意的解释、推广和方案实施，其中，创意产生是它的内隐阶段，行为表现是它的外显阶段。刘云等（2010）将创新行为表述为组织成员在工作中产生和应用对组织有益的新颖想法和事物的过程，如开发新技术、改善现有组织流程、提升工作效率等行为。正如 Woodman et al.（1993）所描述的，研究微观层的员工创新行为至关重要，因为企业中大量有价值的新产品、新构想、新发明和新管理方式都来源于员工的创新行为。因此，本书的实证研究也就选取了这一层面。

有关员工创新的类型，除了按内容划分的产品创新、技术创新、市场创新、流程创新和服务创新等外，最具代表性的便是按程度划分的二元性创新。Abernathy & Clark（1985）把创新分为探索式和开发式两种类型，前者源于探索式学习，是对现有产品和流程的根本性颠覆，产生变革性的影响；后者源于开发式学习，是对现有产品和流程的微小改进，产生渐进性的完善。企业对两种创新的同等需求在当今复杂多变而又强调持续发展的动态环境下显得尤为重要。孙婧和沈志渔（2014）指出探索式创新是组织学习的前端，开发式创新是组织学习的后端，均衡调节两者关系有助于提升组织创新绩效。探索新知识需要从个体到组织的创造力，创造力是对新产品或工艺技术的想法，而创新加入了对这些想法的进一步开发和实施过程（Reuveni & Vashdi，2015），可见，探索是开发的起始，是其必要条件而非充分条件，反过来开发让探索的价值最大化。用于探索的创造力除了源于个体思维天赋以外，还存在信念、习惯和外部知识吸收等因素的影响（Amabile，2016），可见创造力也是一种思维和信念优化的结果，是一种特定的认知心理。简言之，创造力产生创新构想，再通过创新行为来付诸实践，产生绩效，这也诠释了创新的完整作用机理：从水平视角看，包括构想和付诸行动，行动再产生绩效的过程；从垂直视角看，包括个体创造力和创新行为上升至组织创新行为和绩效的过程。

陶咏梅（2013）把个体创新分为构想和执行两大块，其中构想就包括认知搜索、分析和评估试验三步，这暗示了员工的心理认知结构与创新过程有极大的联系。Amabile（2016）指出，人或组织的内在认知因素是创新产生的核心作用机制，极大地影响着个体及组织对创新的观测、解释和执行。那么，究竟个体通过何种心理认知系统来加工创新构想呢？迄今，众多学者采用心智模式、个性、洞察力等心理学名词来阐释这种心理认知系统，并开展了不同视角和层面的研究。接下来，本书将聚焦心智模式这个视角进行文献分析。

2.2.3　心智模式与员工创新的关系研究述评

（1）“心智—创新”关系的理论基础。

首先，系统动力学说与心智模式定义和创新理论相得益彰，很好地反映了心智模式与创新之间的必然联系。Rouse & Morris（1986）阐述了心智模式的三大关键功能：描述、解释和预测。创新构想作为创新过程的开端，受到个体特质（如创造力）和创新氛围（如团队）的双重影响，而这些本质上都以心智模式为传送纽带。从系统动力视角看，心智模式是一种持久的、可测量的结构性心理机制，通过描述创新产生的意义和所处情境，解释创新产生的原因，进而预测创新发生后的价值及连带变化，最终形成特定创新行为的实施动机。反之，创新也可能经过结果检验和累积，潜移默化地修正或强化原有心智模式的运行程序（赵辉等，2020）。其次，社会心理学中的交互决定论研究个体内在特征、环境因素和行为后果之间的交互作用（Bandura，2013）。心智模式作为人脑对世界的认知加工系统，是人用于理解世界的思维方式与信念假设，是影响创新的个体特征，经过自我调节来诱导个体的心态、动机及行为。创新离不开创造性的知识、思维和精神信念，反过来也通过环境来改造人的心智模式，形成持续交互作用的框架。

Amabile（1993）曾明确指出，内在认知是个体创造力生成的最核心因素，而心智模式是内在认知的主要表现形式，极大地影响着个体的创新特质、创新理解与创新意义。Senge（2006）也提出了组织“创新心智系统”是组织创新中最关键的推动因素，而组织成员心智就是这种心智系统形成的原始因子。

（2）相关研究的分类述评。

经过文献搜索和分析发现，与员工创新相关的心智模式研究主要集中在团队和个体两个层面上，并有着不同的内涵和重心。团队层面研究约占文献量的65%以上。从变量关系看，多数把心智模式视为前因来研究，约占文献量的58.6%。鉴于此，本书拟从这两个层面为文献归类，再将心智模式按变量角色细分来展开分析，以便更清晰地反映心智模式与创新关系的内在知识结构。

研究者将近年来一些代表性文献的分类以及核心观点归纳在表2－4中，接着对它们进行了分类评价。

表2－4　心智模式与员工创新的相关文献梳理

研究层面	变量特征	学者	核心观点
个体层	前因变量	Nyilasy et al.（2013）	广告策划人员的心智模式结构图式解析：从实质模式、发展模式到有效模式。实质模式描绘了他的创造思维及其辩证结构，发展模式概括了他通过外界交流产生的创造技能和创意；有效模式则解释创意转化为市场绩效的过程。（访谈）
		Mumford et al.（2012）	个体主客观心智模式特征均与创意解决方案的品质、原创性和精致性积极相关。（实验＋实证）
		曹振杰等（2015）	员工心智模式的和谐水平与创新绩效正相关，组织公平呈现积极调节作用。（实证）

续表

研究层面	变量特征	学者	核心观点
个体层	前因变量	孙宁娜和张露（2018）	新产品设计中可以采用四种心智模式应对策略：填补、合并、拆分和变异。这四种策略分别适用于不同的产品类型，帮助产品设计师有效地关联客户思维，更准确地满足客户需要。（实证）
	中间变量	Barrett et al.（2013）	对广告策划方案应用的战略思维培训可通过提高人员创新的心智模式来改善方案质量。（实验 + 实证）
	结果变量	齐义山（2010）	知识型员工的柔性创新导向心智模式包含了创新的知识经验、求异的思维方式、对他人准确的感知、职业信念、创新精神自我实现愿望、强大自信等结构要素。应通过良好的创新氛围和文化、加大培训和自我管理来实现。（理论）
团队层	前因变量	Bierhals et al.（2007）	开发设计团队的子团队内共享心智模式才与创新绩效正相关，这个过程通过成员技能共享和沟通共享来产生作用。（实证）
		Mathieu et al.（2000）	用时间段来做动态调查，发现团队和任务心智模式相聚合可以通过团队进程来提升团队绩效。（实证）
		Davison et al.（2016）；Lee – Kelley（2005）	团队心智模式不仅需要内部共享，还需要开放系统的信息交流，成员具备应变意识，不然共享心智可能导致心智封闭而损害创新绩效。（案例、理论）
		Guchait（2015）	共享心智模式通过与交互记忆系统互动，再通过知识分享和团队效能来提升团队创新绩效。（实证）
		Li et al.（2017）	谦卑型领导风格有助于提升创新团队的共享心智模式，进而帮助团队有效学习。（实证）
		李泊洲等（2013）	共享心智模式通过改善组织学习空间的知识结构来推动团队创新绩效。（实证）
		龙飞等（2008）	共享心智模式中的隐性知识和内在价值信念两种结构的互动交融可以提升创新知识成果在组织内的传播效率。（实证）
		周双喜（2018）	检验了科研实践共同体的共享心智模式对团队创新绩效的积极影响。（实证）

续表

研究层面	变量特征	学者	核心观点
团队层	中间变量	Santos et al.（2015）	团队的时间和任务心智模式相似度正向中介团队学习与创新绩效的关系，而团队心智模式相似度却无显著影响。（实证）
		Curseu et al.（2016）	研究少数派异议相关的心智模式变化，对比中国和荷兰创新团队，发现激励发散思维的团队更容易正面评价少数派异议，从而提升团队创造力；但只能激励个体主义团队的少数派异议行动，不能激励集体主义团队；因此对需要发散思维的任务而言，集体主义团队的创造力往往比不上个体主义团队。（实证）
		Huang et al.（2015）	非正式网络通过任务和团队共享心智模式对研发团队创造力产生倒“U”形影响。（实证）
		Reuveni et al.（2015）	共享心智模式中介跨学科团队的专业异质性与创新的关系，其中团队模式发生作用，任务模式无作用，而变革型领导减弱专业异质性对团队模式的正向影响。（实证）
		许科等（2016）	信任是创新团队绩效的重要影响因素，而快速信任需要基于共享心智模式的质量来影响团队绩效。（理论）
		聂峰英（2017）	提出团队环境、团队领导、团队结构、团队过程四种关键的心智共享效能指标，建议基于这四个方面来构建高质量的团队心智模式，以提高团队创新绩效。（理论）
		王黎萤等（2010）	团队管理的任务、领导、成员和过程四种机制以共享心智模式作为中介对团队创造力产生显著影响。（实证）
	结果变量	Scott et al.（2016）	分析了创新团队的心智模式建设实验班采用的几种机制，发现边界对象方法与员工记忆评价最一致，是最好的心智模式建设机制。（实验 + 访谈）
		Schmidtke（2017）	实证表明团队虚拟化程度显著提高了共享心智模式的复杂程度，意味着团队成员的交互监控、支持和适应性下降。最后提出心智培训方法来缓解这些问题。（实证）
		施杨等（2007）	立足团队互动性视角，从团队沟通水平、平台、机制和文化等方面来构建有效的团队心智模式，提升创新绩效。（理论）

资料来源：根据本书的参考文献整理。

①个体层面。

目前对员工个体层的心智模式与创新相关的研究稀缺且集中。Nyilasy、Barrett 以及 Mumford et al. （2012，2013）专门聚焦广告策划人员的心智模式展开了系列研究，提出广告方案的品质、原创性和精致性三大衡量指标，对应主观（信念假设）和客观（知识基础）的心智模式要素，就其创新影响机理、改善机制等进行了剖析。例如，Nyilasy （2013）提出心智模式中的思维结构是产生创意的根本，对外交流动机是产生创意的途径，然后通过应用转化来产生创新行为绩效。还有研究将设计思维喻为价值创新的一种心智模式，定义设计思维为一种以解决方案为导向的逆向推导创新的心智模式：大脑中先存储特定方案的心智图式，再根据现实创新情境所需的各种元素，以积极的创新信念（立场）来触发和重构持续的知识创意（工具），形成崭新的设计，同时熟练掌握的特定图式又可以反过来影响原有图式和创意（经验）（Leavy，2010）。

国内学者诸如齐义山（2010）、曹振杰（2015）、张琴（2013）、孙宁娜和张露（2018）等研究的都是特定心智模式对创新的影响。齐义山侧重于分析“心智—创新”交互作用过程，揭示了描述、归因和预测三大心智功能的加工程序以及创新的反馈机制，构建了柔性创新导向型心智模式。张琴则主要基于研发人员特征和心智模式内涵结构开发出创新导向型心智模式，包含创新知识储备、怀疑精神、自我实现愿望等 8 个一阶因子项。两者构建的创新心智模式都隐含了创新知识、经验、自信和自我实现等积极心理因素。曹振杰（2013）提出的和谐心智模式代表着员工的一种互惠共赢、积极交流心态，是一种乐观自信的心理资本，可以通过丰富的知识互动来提升创新绩效。但和谐心态只能部分解释心智模式对创新的影响，对未来研究颇有启发，却广度不足。孙宁娜和张露（2018）的研究侧重用户心理和行为领域，以“亲和图”方法为基础，对用户任务—行为流程进行深入的分析对比，以期更好地把握用户需要。整体上说，学者们建议创新导向的心智模式可能影响个体在动机、情绪和态度等方面的选择，进而影响创新行为，但仍缺乏实质性的构造与检验，应该说国内外研究还处于继续摸索阶段，有待大量研究来进行补充。

②团队层面。

尽管团队层的研究相对丰富，但大量研究都聚集在研发团队共享心智模式上。实证研究大多聚焦于揭示影响创新过程的中介或调节因子，目前主要涉及成员知识和技能分享、专业异质性、团队敏捷性、领导风格、交互记忆（内部因素）以及外界信息交流、非正式网络等（外部因素）（见表2-4）。这些研究均暗示了共享心智模式的实质作用机理：持续互动产生新的知识资本。Santos et al.（2015，2016）做了三项基于时间段的纵向研究，先是着眼于共享心智模式和团队学习、冲突以及创造力之间的关系，后又发现共享心智模式的准确度不足时，相似度无法正向影响团队学习，也即不准确的心智共享可能导致团队认知封闭。这是一个很好的补充，与 Davison et al.（2016）的前期研究观点相吻合。以上学者们反复印证了两点：一是高相似度的团队心智模式未必有利于创新，需要对准确度和外界信息交流加以考虑；二是团队心智模式的类型及影响因子均较多，对创新的影响自然呈现权变状态，这也为研究提供了多元的空间。

归纳可以发现，团队层的心智模式对创新影响主要关注的是团队成员心智间的共享效果，而不再是心智模式本身。异质学科、互惠交流、知识互补、非正式网络等诸多过程机制均暗示了团队开放性对激励创新的重要作用。另外，团队心智模式往往经过团队学习过程来实现创新的促进，可见团队层“心智—创新”过程需要更长时间的积累，也更为持久。

③两层面的区分和共性。

从区分上看，很明显各层心智模式的研究着力点不同。个体层着重于探索心智模式作为一种认知基础对个体创新的影响过程机理，以及这种心智模式的特征轮廓。团队层多数把共享心智模式看作整体变量，侧重研究在何种中介或调节变量作用下对团队创新绩效产生差异性的影响。这些研究都表现出各自的立足点特色，隐含着互补的效果，整合起来可以呈现较为完整的心智模式与员工创新关系研究框架。

从共性上看，不论哪个层面的研究，本质上都基于整体来看待该团队或个体的心智模式。因此，个体研究侧重挖掘认知的形成，团队研究侧重探索共享的机理，但它们都是为了解释一级组织在整体上的心智模式形成、对创新的作用机理以及受哪些因素的影响而发生变化。不过，两层心智模式如何传送，最终激励组织创新绩效，尚未有清晰的解释。这些都有待后续研究继续开拓。

2.2.4 目前研究的不足及展望

通过前面对双层次、不同变量关系的研究综述可以看出，当前的研究体系仍存在明显瑕疵，各类研究存在共同问题。本书分为以下三点，并提出相应的展望。

（1）概念上的不统一是研究开展的“先天性缺陷”。迄今为止，心智模式究竟是一种静态的认知存储系统，还是动态的经验强化机制，是知识结构还是行为结构占据主体，学者们均未能达成一致。这就导致在研究其与创新关系时多数带着自身喜好或偏见入手，兴许这也是时常出现矛盾数据结果的原因之一。本书提出心智模式是人对世界的抽象层面诠释，表现为信念和思维方式的整合。知识解释的是人对具体事物的认知，而不是对世界的抽象认知。

（2）个体层面研究数量少，结构零散。现有研究尚无统一的研究范式或方法，都处于摸索阶段，缺乏代表性的实证研究，也没有能全面概括创新导向的个体心智模式特征轮廓的理论。因此，基于心智模式的基本内涵结构以及对创新的作用机理，可以想象特定的思维方式和信念可能影响特定的创新行为。例如，在当前紧张而多变的竞争环境下，多数企业都需要同步推进突破创新和提高效率，那么结合个体二元性理论，怎样的员工心智模式能够助其“一臂之力”呢？这是本书致力探索的方向。

（3）团队共享心智模式的内在运作机理尚不清晰。目前多数研究把共享心智模式看作一个整体变量，研究其与创新及其他变量之间的交互关系，基本都应用任务模式、团队模式等传统结构维度来测量（Mohammed，2010）。尽管共享心智模式都通过团队成员在技能和关系上产生的共同假设图式来促进团队合作及创新绩效，但这样简单归纳似乎只看到了“冰山一角”。现有文献中的共享心智模式只对应了具体层与创新任务相关的心智图式互通，但抽象层心智是否也需要共享，尚且有待考量。

2.3 交互决定论概述

心理学对人的行为发生机能有多种不同的看法。传统行为主义学派所倡导的环境决定论认为，人的行为（B）是环境（E）的函数 B = f(E)，环境特征决定了人的行为，著名代表人物有斯金纳（Skinner B. F.）和华生（Watson J. B.）等。精神分析学派提出的个人决定论则认为，人的行为是由内在本能刺激所产生的，即人的内在精神驱动力（如欲望、人格、意识）对环境及行为有着决定性的作用，著名代表人物有佛洛依德（Freud S.）等。后期的新行为主义学派则注意到了环境、人与行为之间的共同作用，认为行为的产生不单纯是个体心理特征作用的结果，也并非完全受制于环境刺激。德国心理学家 Lewin（1946）指出，人的行为是环境（E）和个体（P）交互决定的函数 B = f(P,E)，研究必须同时思考个体欲望和情绪等的主观影响和当时所处情境的客观影响，才能真正掌握个体行为发生及变化的原因。20 世纪 60 年代以后，著名心理学家 Albert Bandura 提出了社会认知理论（Social Cognitive Theory），其核心观念就建立在人（Personal）、环境（Environment）和行为（Behavior）交互作用的“三元交互决定论”（Reciprocal Determinism）上。Bandura（1988）指出，人的心理与行为因素、环境因素事实上是作为相互联结、相互作用的决定性因素而产生作用的。P－E－B 模型中的三因素两两发生交互关系，并具有双向性，每个因素都是另两个因素共同决定的结果，依此循环。P 代指个体的信念、情感、知觉、思维和生理反应等内在驱动因素，E 代指环境因素，B 代指个体的行为（见图 2－4）。社会认知理论的核心观点体现在：①人可以通过观察、模仿等学习方式来替代直接经验，从而发展自我认知；②人脑具有系统的认知、判断和解释所学知识的组织能力，并形成信念来利用这些知识；③人通过建立目标系统来发展自我内在动机（Bandura，2013）。观察学习和自我调节在整个认知到行为的过程中发挥关键的作用。

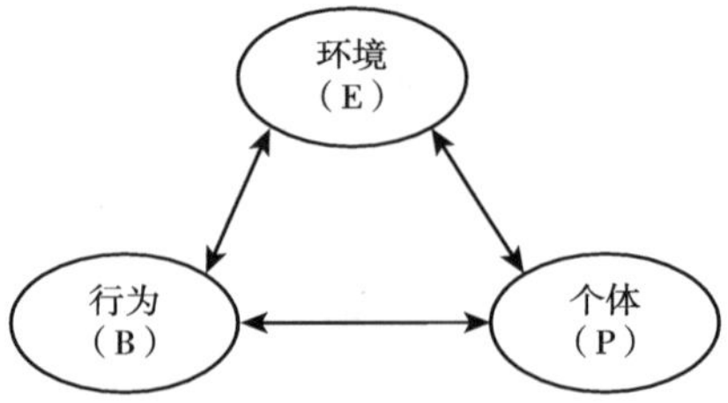

图 2－4　三元交互决定论的理论模型

交互决定模型的基本原理如下：①P→B 强调了个体的知觉、信念、思维、动机和情感决定了他的行为强度和模式，例如，自我效能感越强的人，越倾向于对特定任务付出更多的努力（Bandura，2013）。②B→P 反映出行为的结果会对个体的内在特征因素产生反馈式影响，例如，成功的行为结果可能增加个体的自信和喜悦，从而强化他对某种行为的肯定。③P→E 暗示了个体内在因素也导致环境发生变化，例如，个体创造性的思维和动机可能改造所处的人际和物理环境，使之适应自我需要。④E→P 代表了外部环境可以对个体特征产生一定的影响，例如，良好的企业文化和领导支持会对员工的自信和情绪产生显著的积极影响。⑤E→B 表明了行为经常受制于环境，例如，在封闭的组织环境中，员工很难自由地从事开拓性的创新工作。⑥B→E 说明人还可以用行为来改变环境，例如，个体在组织中的知识分享行为是将个体知识纳入群体知识中，对组织环境进行了改造。

总体而言，交互决定论体现出了人的“有限自由度”法则，既不能“为所欲为”，又不是完全被动地听命于环境。三元交互的作用框架在实证研究中以多样形式表现出来，有作为主变量之间的关系，有主变量和调节变量的关系，还有更复杂的双向或跨层关系等。较为主流的是 P 作为自变量，E 作为中介或调节变量，B 作为结果变量。在这个交互系统中，三元的影响力和作用模式可能因情境的差异而不同，哪个因素起到决定性作用也因时制宜，这也是为什么交互决定论具有普遍性，是用于解释人的心理和行为的基本出发点（刘红霞，2015）。Bandura（2013）认为，人之所以是交互系统中的主体，是因为他具有自我调节机能，能依据所经历的环境特征和行为后果总结出规律，并产生下一步行为预期，以此来调节自己的行为。自我调节机能的核心就是个体认知，包括特定的自我信念和情感反应，具有循环性和能动性，先依据上一次的操作反馈来启动调控，再作用于行为。自我调节可分为预测阶段、操作或意志控制阶段和自我反省阶段，三个阶段不断循环。环境可能对自我调节机能产生激励或遏制作用，进而影响其对后续行为的诱导效果（Bandura，2013；乐国安等，2007）。不难看出，社会认知理论对个体能动性是高度重视的，同时认可环境因素的共同作用，个体的心理特征在特定环境的调节下对行为发挥影响，同时环境对个体行为的潜在影响也只能通过激活个体心理特征而反映出来。由此可见，个体强大的认知调节机能可能带来个体积极心态和内部动机，加以积极的环境调节，会对行为产生更大的影响。

交互决定论是社会认知理论的基石，广泛应用于社会学习和组织行为研究当中，为本书的核心内容提供了理论基础。

3 研究设计

本章介绍了本书的主要研究内容、关键概念、整体研究框架以及研究样本和方法。

3.1 关键概念界定

鉴于“二元性”（Ambidexterity）这个词汇在组织与竞争力等领域中的应用甚为广泛，包含千变万化的内涵属性，为了避免不必要的歧义，本书在此处先界定其应用范畴，明确其相关概念的内涵属性。那么，基于前人文献基础，研究者正式给“个体二元性”和“二元创新的心智模式”这两个基础概念在书中做质性界定。

（1）个体二元性（二元创新）：广义上讲，个体二元性是员工在一定时期内能同步开展探索与开发活动的多维度行为能力（Mom et al.，2009）。鉴于本书聚焦的是企业员工创新的工作情境，个体二元性就表现为探索式和开发式创新行为的均衡开展（即二元创新），是行为变量。本书中二元创新不等同于两种创新的缩写，而是它们均衡实施和彼此切换的行为水平表现，是两种创新交互共生的高阶潜变量（He & Wong，2004；Mom et al.，2009）。探索式创新一般指创新员工从事的创造、探索、发明和变革性工作，开发式创新一般指创新员工从事的更新、开发、完善和效率性工作。本书认同谐和均衡的矛盾学派理念，用探索式和开发式创新的整合行动水平来测量二元创新，因此它们的交互乘积就是二元创新的行为绩效。

（2）二元创新的心智模式：如综述部分讨论的，“二元性”并非数量概念，而是辩证逻辑，是组织均衡处理和转换看似矛盾事物的一种能力

(Simsek et al. , 2009; Smith & Lewis, 2011)。同理，二元创新的心智模式也并非指两种心智模式分别指向两种创新行为，而是有助于个体从事二元创新的心智模式特征体系，或者说是具有二元性导向的心智模式。鉴于心智模式的“不可捉摸性”，它需要通过特定的基础来表征（如思维和信念)，这也是研究者要在实践中探索的。此外，二元创新的心智模式可能是广义二元行为导向的心智模式在创新中的体现，不过本书聚焦于个体二元创新的情境，并从信念和思维方式角度加以讨论（王鉴忠，2009)。这种心智模式对应的是个体二元创新行为的谐和或周期均衡①，本书开发的量表也仅适用于各类创新人员及其工作情境。

本书将企业员工二元创新的心智模式定义为：“隐藏在个体心中的对矛盾创新情境的认知假设、解释与预测，是以二元导向的信念与思维方式为表征，以有效引导探索式与开发式创新行为的均衡开展和灵活转换为目标的心智加工系统。”

至于本书其他概念如心智模式、工作沉浸、网络知识异质性、权力距离等均在文献综述和各项子研究中有清晰的界定，此处不多赘述。

3.2 研究内容

为达成第 1 章明确的研究目标，本书拟开展以下四项研究：

研究 1（第 4 章)：企业员工二元创新的心智模式的质性研究。

这项研究借鉴心智模式理论、社会认知理论和矛盾理论，认为个体二元性作为一种行为效果（Kauppilla et al. , 2016)，是一种个体基于内在认知特征产生的行动水平。于是将心智模式看作这种内在认知特征，探究何种心智模式能有效地促进二元创新行为。国内外目前对这种心智模式的研究很少，仅停留在理论提议上，缺乏明确的内涵结构分析。心智模式是一种相对固化的心理认知加工程序，直接影响着人对世界的看法及行动。那么，“二元创新的心智模式”究竟呈现为何种特征，成为本书的第一个研

① 谐和均衡指在一定时期内同步开展或灵活切换探索与开发的能力，因此不排除短期内的周期性行为更替。

究内容。研究1主要依据扎根理论的研究方法，在本土组织创新情境中，通过深入企业收集数据，将数据概念化、三级编码和分析出二元创新的心智模式的具体内容结构，揭示它的初步轮廓。

研究2（第5章）：二元创新的心智模式的测量工具编制。

在研究1的基础上重新选择大样本，通过问卷调查方法对得出的内容结构进行实证检验，包括预测试、探索性和验证性调查分析，确定主成分因子，佐证质性研究的结果，最后提炼出科学的问卷测量工具，检验模型优度和预测效度，以便拓展未来实证研究路径。

研究3（第6、第7章）：二元创新的心智模式对员工创新的作用机制。

开发测量工具后，需要测量二元创新的心智模式这个多维构念对员工创新有何影响、是如何影响的。研究3具体检验了二元创新的心智模式在中介和调节因子影响下对创新行为绩效的作用机制，分别验证“认知—行为”的直接效应和加入中介调节后的间接效应，以揭示这种心智模式的整合作用机制。考虑到这是一个知识到行为的传递机制，经过悉心斟酌，选择了工作沉浸感作为中介机制，员工感知的权力距离和网络知识异质性作为调节变量。

中介机制的选择是基于前期调研结果所得到的启发，以及对工作沉浸的内涵的理解。工作沉浸扮演知识利用的角色，是在工作中完全投入的一种状态，也是行为和意识的高度融合（Csikszentmihalyi，1998）。工作沉浸包含专注、享乐和内在动机三个维度（Bakker，2008），被喻为个体内在动机的一种模式，也是工作投入的高峰期（祝丽怜，2012），它在很大程度上是因员工在任务中体验到“技能—挑战”平衡而产生的。本书认为二元创新的心智模式会使人具有高度的自我认识，能更理性地选择和从事技能与挑战平衡的工作，享受工作乐趣，更容易带来内在动机，达到沉浸所需的均衡状态，而沉浸对创新行为绩效有显著积极影响（王忠等，2017），并且员工很可能为了维持高峰享受而不断平衡探索与开发活动，因此假设它是激励二元创新的重要中介机制。

另外，网络知识异质性和权力距离分别扮演了知识吸收和知识转换的角色。首先，人脉和阶级是最具中国文化特色的环境因素，对人们工作生活影响显著；其次，测量权力距离为的是了解上级心理距离在二元创新活动中的必要影响，是垂直环境影响。测量网络知识异质性是因为创新工作的网络嵌入式性质要求员工不能“闭门造车”，必须频繁交流，而知识异质性又是创新网络中最显著的特征（邓今朝和王重鸣，2010），因此选择该变量作为水平环境影响变量。并且，本书假设这两个调节因子对二元创新的心智模式与探索式和开发式创新关系的调节作用均存在差异。

总体上，将上述中介和调节变量纳入同一框架考虑，可以构建一个基于知识流的认知—行为传导机制，更为细致地思考创新人员的组织行为。

研究4（第8章）：二元创新的心智模式的团队共享机制。

探讨二元创新的心智模式的作用机制后，尝试更进一步地分析其在创新团队中如何共享的问题。研究4立足心智模式理论和组织学习理论，采用文献比对和理论演绎方法，尝试构建二元创新团队的心智模式共享机制，包括共享悖论、机制及过程分析。

本书的研究主体对象为：中国企业中长期从事创新工作的员工和团队领导。客体对象为：企业员工二元创新的心智模式。

3.3 研究框架

根据研究内容及其内在的逻辑关系，设计出本书的整体框架，包含每项研究的基本路径或假设模型，如图3－1所示。

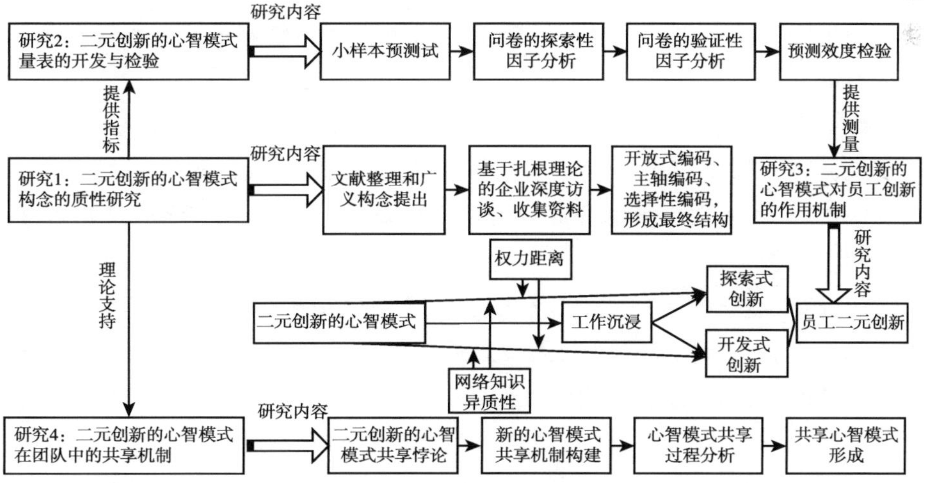

图3－1 本书假设模型

本书的研究脉络十分清晰，核心思想就是为个体二元性在创新领域中开发出新的认知构念，拓展个体二元性前沿研究。作为基础性研究，在开发构念和量表之后，首要测量的便是其对创新行为的预测效度及作用机制，以便系统地透视二元创新的心智模式的核心效用。简明的研究逻辑结构为：构念→测量→作用机制→共享机制。

3.4 研究样本

本书研究1～研究3的实证样本数据采集期间为2016年9月至2018年7月，经历过一次质性访谈调查，一次小样本预调查，前后五次大样本问卷调查（含分时段）。所有样本均在从事探索式与开发式创新工作的中国企业员工范围内随机抽样得来，根据陈浩和惠青山（2012）对二元创新工作的界定，即不断创造新的产品、服务和程序，以及维持企业创新路径的相关工作，本书选取的样本有研发、工程、科研、设计、技术等岗位的员工和团队领导。参考行业需要和一些经济区域环境对二元创新的需要等实际情况（张晓棠等，2015），本书选择了北京、上海、广州、深圳、武汉、杭州等工业较发达地区，以及江西大部分处于创新升级关键时期的二三线城市，行业分布在信息技术、食品、生物制药、汽车、人工智能、电子科技等知识密集型产业，无论是行业还是区域都具有较好的代表性。具体样本情形如下：

研究1：对南昌、上海、广州和上饶四地的五家不同规模的企业进行了实地调查，做了三个阶段的质性研究（含深度访谈和聚焦小组讨论），共访谈调查38人次，辅助开放性问卷100余份，整理出二元创新的心智模式的初步结构性资料。

研究2：基于上一项研究收集的数据，对北京、深圳、广州、湖北、江西和江浙沪一带的企业创新人员先后两批共发放了860份问卷，分别用于探索性因子分析和验证性因子分析，最后有效回收337份和352份问卷。使用这两批问卷提炼出二元创新的心智模式的测量工具。

研究3：在北京、上海、广州、杭州、江西等各地重新选择样本做分时段调查，先后发放600份问卷给81家企业，最终有效回收412份，同样分布在信息技术、生物制药、汽车、人工智能等多种行业。

以上研究的实证调查均由研究者在三位博士生、三位硕士生以及数十位本科毕业生的帮助下完成，加之一定的亲友社会关系和政府支持，与被试企业取得联络后，通过现场和电子通信方式取样调查，并控制过程的有效性，确保匿名完成，当场回收问卷。应答者均为从事创新工作的团队领导和成员。

具体样本特征统计可见各项研究的实证部分。

3.5 研究方法

此部分将根据各项子研究的开展顺序，对每个子研究所使用的研究方法、研究手段、关键技术等分别予以介绍。

研究 1 和研究 2：

为了保证认知研究的严谨科学性，本子研究结合扎根理论方法和定量方法，按照心理学量表开发程序进行完整的调查研究，并测量模型优度和预测效度。

这研究共分以下两个阶段：

阶段一：基于扎根理论的质性研究。对几家有代表性的企业进行调查，被访者或者是颇具成效的研发团队管理者，或者是创新精英，让他们自由抒发对能同时从事全新领域探索与现有技能开发的创新人才应拥有何种认知素质的自我见解。紧接着制作开放式问卷，调查这些企业的上百名相关员工，同样让他们发表意见。接着，通过质性分析（包括开放性编码、主轴编码、选择性编码来）进行项目归类、合并，也即概念化，提取出二元创新的心智模式的典型项目，进而明确其具体内容结构。

阶段二：根据扎根得出的初步内容资料归纳出对应的题项，加之一些文献资料，用小样本预测试来检验这些结果。发放 100 份问卷，对数据结果进行 CITC 检验、因子载荷、KMO 值及 T 值检验，删除指数极不理想的题项，筛选出用于大样本检验的初步问卷。然后做大样本探索性与验证性分析。先后两次共发送 860 份问卷，分别用于做探索性分析和验证性分析。探索性分析主要通过主成分分析法和斜交旋转筛选出主要共同因子，形成正式的问卷维度，同时进一步地提升问卷的信度和结构效度。再使用这个多维度问卷，做验证性分析验证其拟合水平、区分效度和聚合效度，最终确立二元创新的心智模式的正式问卷。对该问卷做竞争模型的优度检验，以及一系列预测效度的检验。

研究 3：

本子研究是紧随量表开发之后的必要研究阶段。本书的核心目标有两个：一是用新样本再次验证二元创新的心智模式的高阶整体价值及其对行为的预测作用；二是探索这个作用过程的中介和调节机制。第一，收集和统计各变量数据后，检验量表信效度（含阶层分析），先做自因变量的直接效应检验，然后做基于中介变量的中介效应检验，最后分别做两个调节变量的调节效应检验。第二，由于模型中变量多为高阶因子潜变量，优先用结构方程来做直接效应和中介效应检验，这样可以多重观测高阶变量、一阶变量之间的各自关系。再用回归分析方法检验调节效应，这样可以观测调节因子对探索式和开发式创新行为的不同效应。第三，整体理论模型较为复杂，使用结构方程做有调节的中介效应可能使结果有较高的不确定性和随机性（Kouftero et al.，2009），为了让测量结果更为稳健可靠，本书选择将调节效应与中介效应分开处理。第四，研究的五个主要变量均在个体层测量，为了降低同源偏差，选择分三时段进行调查，另外，中介和调节变量的选择依据在前面研究内容部分及后面理论假设部分都有详述。

以上实证研究使用的统计软件工具主要为 SPSS 20.0 和 AMOS 20.0。

研究 4：

本子研究主要采用文献对比法和理论演绎法进行推导研究。

4　二元创新的心智模式构念的质性研究

根据个体二元性和心智模式的相应理论基础，本章用二元创新的心智模式这个术语来代表有助于员工二元创新的认知前因。本章先从广义上对二元行为导向的心智模式特征进行了多视角分析，然后通过质性的研究方法探究具体激励二元创新的心智模式的内容结构，为后续的量表开发和实证研究打下基础。具体而言，首先，本章结合中国实际情境，以社会人和企业人层次为示例解析了二元行为导向的心智模式具有何种实际意义；其次，聚焦创新人层次展开对二元创新的心智模式内涵结构的质性探索，归纳出该心智模式的具体内容构造，为创新人才的组织与人力资源管理提供相应的理论依据。为了使构念开发过程具有科学性，本部分借鉴了扎根理论的构念开发方法和程序（Glaser & Strauss，1967；Churchill，1979；曹振杰，2013），对中国企业创新员工进行质性访谈调查。这项研究主要分为三个核心阶段：阶段一，基于文献综述部分的理论基础，进行文献搜集与分析，为接下来的调研形成一定的理论框架，也为后续编码提供理论借鉴；阶段二，抽选典型企业展开深度访谈、开放式问卷调查和观察，收集大量的初步项目数据；阶段三，专家对数据进行编码、分析和归纳，得出二元创新的心智模式的主范畴维度和精炼出的概念集，确立这种心智模式的内容结构。

4.1　心智模式二元性的多层次心理学内涵

在竞争环境动荡复杂并强调持续创新的今天，企业和员工都长期直面保持现有能力与开拓全新能力的抉择悖论。生物制药、电子信息等高新科技企业都正在保护现有知识体系的基础上，接受全新材料和技术升级；传统汽车制造企业也在品牌、工艺和服务中不断强化自我的同时做出能源革新的战略选择。多数产业的员工都处于要求思维不断转变的生存环境下。尽管情境二元性提出员工可以自觉地协调工作重心和资源配置来化解二元悖论（Gibson & Birkinshaw，2004），但这种机制下的员工究竟表现为怎样的一种素质和心态，至今尚未有系统而清晰的质化成果。如第3章所述，国外学者已逐步意识到心理认知对个体二元行为的重要性，并尝试着提出一些认知名词来解释这种影响。同时中国早期哲学思想也早已凸显了人的“阴阳”“中道”这样的二元思想益处，如阴阳哲学强调“互补与共生，和谐与平衡”，与二元理论中探索与开发和谐均衡、交互均衡的理念交相呼应。祝彩云（2005）、李贵卿等（2016）通过对比中西方理论，得出了阴阳“各守其位、互施互变、相谐相和”的内涵本质，指出中庸并非无所作为，而是万物“三元对立”结构的中心，是最理想的生存状态。

认知心理学指出，心智模式是“根植于心中影响人们对世界的假设、描绘和预测以及相应的行为”的思维定式，“好的想法难有好的结果是因为人的心智模式存在问题”（圣吉，2009），可见心智模式在很大程度上影响着人的“认知—行为”过程，作为心理中介，左右着人与环境互动的行为模式。那么，基于 Barr et al.（1992）、Wang et al.（2014）、Parker（2014）、Kostopoulos et al.（2015）的理论观点，本书尝试先分析二元行为导向的心智模式的广义内涵，再在这个基础上更贴切地思考“二元创新的心智模式”的构念。于是，在深入实际调查之前，研究者先以社会人、企业人和创新人三个层次为示例，纵向诠释这种心智模式的思辨内涵，最后再聚焦到创新人层面开发用于本书研究的明确内容结构。

（1）社会人层面。

实验心理学之父冯特（1879）指出，心理学脱胎于哲学，因为人的心理取决于思想价值观。那么从社会人层面来理解二元行为导向的心智模式，意味着用人性生存哲学来解释人的心理认知基础。

纵观中国哲学思想，正如曹振杰等（2013）形容的，中国以千年经验为计的哲学思想史是西方任何实证研究也比拟不了的强大实证成果。阴阳哲学的核心思想无疑反映出了二元辩证的心智模式的广义内涵（Gibson &

Birkinshaw的文献中明确提到了阴阳与二元的对应[①])，它把“阴阳”二字应用于人的处世之道，强调做人“月满则亏，日中则昃”，刚柔并济为正道。老子在《道德经》中提出：“天之道，损有余而补不足”，即大自然规律暗示了我们凡事适度原则与人类可持续发展的重大关联。他还多次谈及诸如“强弱”“刚柔”“有无”“上善若水”等逻辑关系，指出人的真正成功在于能屈能伸，屈身于常务而不陷入颓萎僵化，伸展于变化而不陷入贪婪迷茫，这也是西方唯物辩证法的本质理念（游兆和，2014）。以此推之，二元行为导向的心智模式会使人具备高度清晰的自我定位，行动信念和思维方式倾向于“守和而不避新”，处事“无为而无所不为”（祝彩云，2005），既有一技之长，又能随时突破自我却不贪恋名利。这种良好的生活状态，既符合中道思想内涵，又印证了西方二元（Ambidextrous 这个词本身就可译成做好两手准备的人）理论的哲学意义。

（2）企业人层面。

从企业层面看，这种员工心智模式与人性化管理息息相关。随着西方人本主义思潮的建立，人性化管理对国内外各类企业的影响十分深远。在中国最具代表性的便是人本管理、心本（幸福）管理。曹元坤等（2014）认为，所谓人性化，可从“尊重天性，培育美德，促人发展”三个层面来认识，应强调劳资关系的利益与伦理均衡，管理者应重视自身的辅助和引导作用。不少学者均推崇企业管理思想应由物本、资本为核心逐步实现以人性价值为核心的转移。在人越发追求自我价值、幸福生活的时代，传统的“打工赚钱”理念难免与之背道而驰，“以工作为乐”才是新型员工理想的精神状态。前者可能导致人性愈加贪婪，不择手段；后者能够激发潜能、享受人生。相对物本管理的“经济人”假设，心本管理以休闲人、幸福人作为假设，追求人性的全面发展和自我解放（胡宇辰，2014）。可见，人性化管理的核心思想就是员工自我管理和自我实现。同样，促进二元行为的心智模式也应该是以个体成长为信念导向，因势利导地均衡考量效率和效益，使员工专注于现有工作却随时乐观地接受新的工作、人事或上下级关系变化，其核心也是自我管理。

① 在 Gibson & Birkinshaw（2004）文中提及“Organization context, in other words, can be conceptualized in terms of ‘the yin and yang of continuous self - renewal’: a balance between a pair of hard elements（discipline and stretch）and a pair of soft elements（support and trust）.”

当然，人性化管理并不能完全解释这种心智模式的内涵，反之这种心智模式可以改善人性化管理的实施。例如，在信任成本较高的中国今天，类似“老人跌倒扶不扶”的纠结，其实关键并非要不要“扶”，而是要不要“赖”。心本管理所描绘的幸福人假设，在企业实践中显得过于理想化。当大多数员工都存在“职场就要勾心斗角”的斗争假设时，经济学“劣币驱逐良币”效应就产生了，出于信息不对称和人性安全需求的本能，律己（不害人）和利人（不防人）心态很难同时实现。而心智模式提升员工二元行为的方式往往是要求员工先以律己为根基，再经过社会交换关系法则来利人，久而久之会产生巨大的良性循环效应。把律己和利人分阶段循序渐进，这比人性化管理传统“一步到位”思想要更加贴近社会现实。另外，人性化管理仍立足于管理者视角提出各种策略，轻视了员工自身的自我调节和价值观念颠覆，而二元行为导向的心智模式会引导员工加强自我修炼，从内隐追随理论来看也可“倒逼”管理者改善自身素质和管理方式（彭坚和王震，2018）。

（3）创新人层面。

创新人是本书研究的对象，所借鉴的是社会心理学视角。社会心理学是一门十分复杂的抽象学科，其中社会认知理论是以企业员工认知和行为关系为研究对象的分支。心理学大师班杜拉构建了认知理论的核心模型“P—E—B”交互决定论，P（People）是人的内在特质，E（Environment）是工作环境和领导影响，而B（Behaviour）是人的行为后果。P表明了人的大脑加工程序是其行为的自变量，通过自我与环境的互动，用自我调节等认知介质来扭曲客观现象，最终依靠自我认知来处理问题（肖旭，2013）。相对前述的社会人和企业人的心智模式，二元创新领域的个体心智模式则可表征为“二元创新的心智模式”。矛盾理论所主张的矛盾认知转化能力很好地隐射了二元创新的心智模式特征。Eisenhardt et al.（2010）指出矛盾的思维能力是一种认知的抽象化、多样化和间断化表现，是心智转换加工的能力。Greenberg et al.（2013）进一步提出认知二元性的概念，包括预测性逻辑和创造性逻辑，分别支持开发与探索决策。Karhu et al.（2016）认为研发人员的认知二元性本质上是通过启动平行的心智加工程序来解决矛盾任务要求，并用案例分析了这种能力对新产品开发带来的积极影响。还有针对创新组织的调查发现，这种组织天然地存在知识上、学习上和动机上的三重悖论，创新人员有能力通过不断协调转换各种结构和情境设计来应对这些悖论，主要体现为接受（认可矛盾的心态）、区分/整合（先分别处理矛盾的两极，再连接两端寻求意义）、融合（发挥矛盾的协同效应）三种反应（Knight & Harvey，2015）。直接指向二元创新的实证研究如 Yu（2010）、Good & Michel（2013）、Tempelaar & Rosenkranz（2017）等，分别从不同侧面探索了认知灵活性、发散思维、角色压力、角色认同等内在认知概念对二元创新行为的影响，同时鼓励后续研究形成更为系统的矛盾认知体系。

那么，对应着二元创新的员工心智模式应该包含什么样的内在特征，以促使他/她们拥有矛盾认知的转化能力，便是后面质性研究与量表开发需要探索的问题。

结合以上三个层面的理论剖析可见，广义地理解二元行为导向的心智模式存在多重视角，是个十分立体化的内涵体系。聚焦到创新人层面，本书拟正式界定企业员工二元创新的心智模式为“隐藏在个体心中的对矛盾创新情境的认知假设、解释与预测，是以二元导向的信念与思维方式为表征，以有效引导探索式与开发式创新行为的均衡开展和灵活转换为目标的心智加工系统”。简言之，二元创新的心智模式是具有二元性的整合心智素养，是员工二元创新的社会认知基础。

4.2 二元创新的心智模式的质性探索

本书使用扎根理论的研究方法对企业员工创新的二元创新的心智模式构念进行质性的探索。扎根理论方法由 Strauss & Glaser 于 1967 年提出，被广泛应用于心理学、管理学和社会学领域，Charmaz（2000）将其喻为社会科学研究中最具影响力的研究范式①。与其他实证方法相比，扎根理论的实证研究方法注重抛开主观假设，深入实地，扎根原始资料，从中不断提炼出有价值的信息，这样能够更全面深入地揭示个人、人际和组织系

① Charmaz，K. Grounded theory：Objectivist and constructivist methods［M］. In N. K. Denzin & Y. S. Lincoln（Eds.），Handbook of Qualitative Research（2nd ed.，pp. 509 – 535）. Thousand Oaks，CA：Sage，2000.

统的变化过程（Egri & Herman，2000）。扎根理论要求研究人员经过“搜集—检验—对比—修正—再检验”的多次循环，从纷繁复杂的数据和现象中提炼出理论精华。它的一般调研方法有访谈、观察、二手资料收集、报告等，而最关键的环节就在于专家编码过程。扎根理论方法与一般量化的数据研究方法最大的区别就在于，这是一个循序渐进、自然而然的理论构建过程，通过对一手资料的反复比照和归纳，得出真实可靠的理论成果。

本章的质性研究分为三个阶段：文献搜集与借鉴、抽样调查、数据编码。

4.2.1 文献搜集与借鉴

文献分析方法是扎根理论特有的研究方法。部分学者反对以前期文献为基础展开探索性研究，以避免“先入为主”的影响。但本书认为基于扎根理论的质性研究一定是以某些理论框架为前提的，否则无从知晓该议题是否已经研究过了，也无法形成科学的访谈大纲，甚至导致漫无目的地收集数据。文献研究并不会影响到被调查对象的思维和应答，因为它只针对研究者完善知识基础，更好地把控过程，与受访者无关。Smith & Biley（1997）指出，文献研究在扎根方法实施过程中是完全切实可行的①，多数相关研究也都包含这个阶段（Sy，2010；曹振杰，2013；周文杰等，2015）。因此，本书先对“二元”和“心智模式”相关的文献进行了梳理和分析，以求尽可能更准确地把控后续的访谈和编码过程。

目前国内外尚无测量有助于二元创新的心智模式的专项或相近问卷，但多项研究可以给予我们诸多的提示。首先“二元”方面，Gibson & Birkinshaw（2004）和 Kostopoulos et al.（2015）对个体二元的内涵描述都为后续阶段打下了基础；Gupta et al.（2006）对探索与开发的实质内涵及交互关系的描述也开拓了本书的思路；Kauppila & Tempelaar（2016）、Good & Michel（2013）、Greenberg et al.（2013）、Miron - Spektor et al.（2011）、Parker（2014）、Tempelaar & Rosenkranz（2017）等提供了一系列

① Smith，K.，Biley，F. Understanding grounded theory：Principles and evaluation［J］. Nurse Researcher，1997，4（3）：17 - 30.

有关二元的认知关键词，如灵活性、转换、多样、发散、自信等；Mom et al.（2009）和 Lee（2016）开发的二元性技能量表也能在一定程度上反映出认知二元性的特征。其次是“心智模式”方面，至今广为使用的是吕晓俊（2002）和王鉴忠（2009）开发的双维度量表。正如第 3 章所提到的，心智模式的内涵和表现形式极为复杂，本书必须先明确一个内容结构。吕晓俊（2002）提出的双维度是当前国内最常用的理论结构，但曹振杰（2013）认为知识本身不能代表心智维度，人们每天吸收的知识数量巨大，却很少能够内化为心智影响人的行为，只有变成信念才行。本书部分认同这个观点，一般性知识显然不能纳入心智范畴，但专用性知识和根深蒂固的常识必然影响人的行为。因此，本书将心智模式的完整结构划分为信念和思维主导的抽象层结构和具体任务知识主导的具体层结构（见第 2 章心智模式综述部分）。

由于思维和信念这些抽象事物直接影响人在所有情境下的态度和行为取向，就像圣吉（2009）所形容的“好像一块玻璃微妙地扭曲了我们的视野一样”，更能表达本书所研究心智模式的意义，本书决定以信念和思维方式两个元素来建立后续调查的框架。

4.2.2 抽样调查

（1）理论抽样。

扎根理论在研究样本的选择上一般坚持“有目的抽样”的法则，将“信息最丰富者”作为抽选的重要指标。本书只针对组织创新情境，对企业从事创新工作的管理者和员工进行调研，开发出二元创新的心智模式构念和测量工具。根据前面对创新人的心智模式二元性以及二元创新行为的概念界定，本章的质性研究选取了有一定代表性的创新型企业，它们既面临着激烈的市场竞争，又需要持续地突破新技术，均离不开二元创新的均衡实施。这些企业分布在南昌、上海、广州和上饶四地，主要针对从事多年创新研发工作的职场人士进行调查。

为使研究过程更加严谨，先拟订了一个初步的访谈和问卷提纲，访谈是针对一些颇具成效的研发团队管理者，或创新精英成员，问卷则是相对应的开放式问题，发放给企业各部门员工填写作为辅助。先选取了一家典型的中型互联网企业深入调查，再基于这次调查结果完善访谈提纲，继续选取另两家大型企业（制药公司和新能源汽车公司）进行调查；后又进行了第三轮调查，对象为一家创业型信息技术企业和一家中大型材料制造企业（企业和受访人基本信息见表4-1）。采用有比较的案例调研方法，能收集更丰富的信息元素，更好地彼此验证。经与五家企业协商，为确保受访人放下所有顾虑，敞开心扉地应答，加之部分企业有保密要求，所有企业访谈结果均采用匿名方式呈现。按扎根理论方法要求，多重资料收集是为了持续分析和比较，直到扎根出的资料"理论饱和"，不再出现新的有用信息，这样足以得到准确的结论。

表4-1　受访人员和企业背景信息

访谈阶段	企业	地点	规模	所属行业	访谈对象	访谈人数	访谈方法
第一阶段	A公司	南昌	中型	互联网	董事长 技术经理 运营总监 技术员	1 2 1 2	半结构访谈
第二阶段	B公司	南昌	大型	生物制药	研发经理 研发成员 研究员	1 8 2	半结构访谈 聚焦小组讨论 半结构访谈
	C公司	上饶	大型	新能源汽车	技术副总 研发主管 项目经理 工程师	1 2 2 5	半结构访谈 半结构访谈 半结构访谈 聚焦小组讨论
第三阶段	D公司	上海	小型	软件科技	总经理 研发经理 研发成员	1 1 3	半结构访谈 半结构访谈 聚焦小组讨论
	E公司	广州	中大型	材料制造	项目经理 工程师 项目成员	1 3 2	半结构访谈 聚焦小组讨论 聚焦小组讨论

注：应受访企业要求，以上均采用匿名方式呈现，以字母代替。

（2）资料收集。

对现场情形熟悉是扎根理论方法得以有效应用的前提（Glaser，2001）。研究者通过社会网络联系上各样本企业的内部"联络人"，先了解企业基本状况，现场考察和观测，获得一些初步的调查可行性信息。研究者先花了两个月时间在第一家互联网公司进行调研，通过深度访谈和开放式问卷收集第一批数据。把该公司作为首家调查代表的原因有：①该公司是江西土生土长的互联网企业，从创业到发展壮大经历了不同创新时期的考验，其创新历程有较高的普适性；②该公司目前处于成长的关键时期，一方面正寻求新的突破，另一方面还要努力维持原有市场份额，创新团队需要较强的二元性；③实地调查的渠道畅通性十分重要，研究者与该公司负责人建立了良好的社会关系，有助于数据收集的精确性和完备性。紧接着对第二批的两家企业做了调查，历时两个月。最后对另两家企业做了第三批的短期访谈调查，历时一个月。先后访谈对象达 38 人，问卷调查 100 余人，每次访谈时间基本控制在半小时到 1 小时内，聚焦小组讨论一般不超过 2 小时一次。

根据研究的核心目标和理论基础，本书的访谈提纲大致分为以下几方面的问题：一开始是对访谈对象及其所属企业的基本背景、行业现状和两种创新情况做简单的了解，把握访谈对象当前的基本态度、观念和情绪，并取得他们的信任。然后通过举例和类比方法，提出类似“对突破性的创新活动和渐进性的创新活动分别是什么看法？请对比分析”“创新工作当中是否会遇到一些矛盾的任务要求，致使心理焦虑或绩效下滑？如何处理这种情况？”“创新成功的关键的人性因素是什么？”“团队成员是如何面对创新失败的？有何后果？”“团队成员是如何处理不同阶段、不同类型的创新要求的？”等问题，初步了解创新人员对创新工作的基本观念。然后集中针对“能同时从事全新领域探索与现有技能开发的创新人才应拥有何种认知素质”（有些被访者是自我分析）展开讨论，请他们从人的信念和思维方式的角度展开分析。为了避免先入为主或主观误导，设问时先不涉及“二元创新的心智模式”及其理论假设、“心智模式”等的学术定义，自由地让被访者抒发对思维转换、探索与开发行为、阴阳在创新中的应用等的自我理解。随着受访人对二元创新的心智模式概念逐渐加深了认识，一步步收拢访谈内容，用追问和深入交流的方式来确认信息。问卷作为辅助工具，更大范围地调查了企业各部门的一线员工，主要问题是“请您从人的思维方式、价值取向或思想信念等角度回答，一个善于同时探索全新领域和改善现有工作绩效的员工应具有哪些特征？”。前三家企业共发放 100 余份，后两家未发放，有效回收了68份问卷。

在访谈过程中，研究者坚持积极倾听、详细记录、热情互动的原则，并细致观察每位受访者的肢体语言和情绪变化，这些能很好地反映出个人的信念和思维。另外，研究者不时地参与到他们的活动当中，如会议、聊天和创新工作过程，通过这些语言所无法表达的真实状况提炼出更丰富的心理认知活动。

经过先后三家企业27人的访谈和100多人的问卷调查，已经收集了大量的原始数据，经过不断比较和筛选，已经没有太多"新意"。为确保访谈成果的完整性，继续做了两家企业11人的调查，最终达到了"理论饱和"。对所有原始资料的文稿进行初步修剪后得出了粗糙原始文本。接下来，研究者依照扎根理论的三级编码程序严格地对原始数据进行加工，层层筛选出二元创新的心智模式的最终内容结构。

4.2.3 数据编码

扎根理论的编码程序包括开放性编码、主轴编码到选择性编码三个步骤。开放性编码旨在提炼原始资料中隐含的概念，是建立理论的第一步，将文本信息"概念化"是它的核心内容；主轴编码是将概念化的所有项目及其对应的范畴进行归纳，进一步提炼出高阶的主要范畴；选择性编码是在主轴编码基础上形成一个核心范畴，将所有分析结果整合到一个核心的理论构念上来。以下是三个编码步骤的具体解释。

（1）开放性编码。

开放性编码的基本过程是先将收集的原始文本数据分解，适当合并删减后归纳出若干概念表征，以便更简明清晰地理解所有概念形成的构念体系（张群祥，2012）。对概念分析可以得出它们之间的相近性和关联性，从而进一步聚合成更加抽象的范畴。研究者邀请了1位教授、博导，2名博士副教授，加上3名在读博士共同讨论原始资料，还专门咨询了相关领域的专家学者，经反复斟酌和磋商，合并了相同和相近的文本条目，删除了出现频率极低的条目，最终在原始文本中提取出84个概念（限于篇幅，在表4-2和表4-3中列举了两例访谈记录），对概念的用词仔细考量比对后，按扎根理论普遍使用的编码规范，用"a+序号"来表示每个概念。然后根据相近性法则，将这些概念再次提炼出更抽象的17个范畴，以“A+序号”来表示。将这17个范畴命名为：前瞻思维、开放思维、公正公开、权变适应、模糊包容、任务自信、利他主义、履行职责、风险处置、自我恢复、整合思维、和谐信念、共同参与、实现愿景、行为约束、克服困难、进取精神。这些范畴已初现心智模式中信念和思维方式的基本特征。概念与部分对应的原始文本已在表4-4中展示，各范畴已在表4-5中展示。

表4-2 访谈记录一

某受访者的访谈记录和编码（节选1）			
样本公司：软件科技D公司	受访人：研发经理	访问主题：开发新产品既要有创意，又要能在市场上站稳脚跟，您和您的团队以什么样的心理素养来面对这种挑战？	访谈时间：45分钟
……其实创新不光创造的是新东西，它自己本身就是持续变化的，要不怎么叫创新呢？创新在变，创新的人就要持续跟着变，甚至要引领变化。呵呵，就用我们团队的一些实践来尝试回答你吧。我们公司主要开发教育软件，大多是和中高等院校打交道，对象都是有文化的人，这就要求开发新产品时思维一定要严谨，不然很难服务他们的。人员招聘考察的心理素质首当其冲的就是想象力，或者说创造力吧，技术开发人员宁可有点个性，只要他的想法好，也不要那种闷葫芦。我们团队氛围还是可以的，鼓励有想法提出来。还有就是员工要善于交流，不管是什么级别，什么辈分，也不用受制于团队现有目标，不然怎么创造出意想不到的新东西？在上海这种地方，软件公司数不胜数，你慢半拍，人家很快就超越你了，所以我想创新应该有很强的时间观念。另外就是我们入职培训比较重视激励自我挑战，软件这种东西不可能设计得完美，必须时刻监测需求满意度，然后更新换代，顾客使用了才知道其中的bug和蹩脚的地方，那么我们就根据反馈来改良，我知道有些员工巴不得一蹴而就，创造出厉害的产品后能舒舒服服地“趴在成果上吃几年”，这在我们软件行业不现实。你像上次我去和一个大学客户续约，第一次洽谈非常开心的，哪知道这个产品人家老师和学生用了之后意见很大，说反而提高了他们的时间成本。校方其实很喜欢跟我们合作，但也没办法啊，压力太大，后来续约不成，让我们改良产品。因此我想，如果这种时候你把智慧和精力在前一项创新中耗尽了，出现这种意外状况，你如何承受得了？所以我觉得要想让创新成果稳稳地立足市场，必须不断主动挑战自己，给自己挑刺儿，留个未来空间。这可能就是你所形容的“既要有创意，又要站稳脚跟”必须要具备的素质吧？我意思就是要有稳扎稳打的精神，创新要有继承性，否则你的公司就会失去品牌，人也会变得更加迷茫。以上是我粗浅的一些想法，谢谢。……			
所提取的概念： a1：自由创造 a2：信息透明 a3：时间观念 a4：主动挑战			

资料来源：根据本书的扎根方法访谈结果整理得出，并做了语言逻辑上的略微修饰。

表 4－3　访谈记录二

<table>
<tr><td colspan="4">某受访者的访谈记录和编码（节选 2）</td></tr>
<tr><td>样本公司：互联网 A 公司</td><td>受访人：技术员</td><td>访问主题：在你公司能同时从事全新领域探索与现有技能开发的创新人才具有何种认知素质？</td><td>访谈时间：23 分钟</td></tr>
<tr><td colspan="4">……就拿我们运营总监来说吧，我觉得他很优秀，或许是你说的那种从事全新领域探索和现有技能开发都很行的人。你知道，我们是创业型互联网企业，才发展几年，我们销售的酒类和蔬菜食品都是快销品，大品牌竞争激烈，供应商议价又强，顾客需求也经常发生变化，所以网站的创新设计思维十分重要，这样才能吸引顾客的持续关注。为了做到这一点，我们总监有些方法很值得分享。既然你说从素质的角度来讲，我想一个方面就是他能容纳冲突的观点和意见。有些同事提出的是改进现有风格的建议，有些则推翻这种观念，主张新的路子，这时候就考验领导的容纳和协调能力了。还有就是善于帮助启发大家。比如说，像我们经验不足，缺少营销理念，他平时就经常主动帮助大家，在方法上和思路上指导大家，让大家能跳出现有思维局限，从多个层面想问题。还有就是，有时候开会，总监会明确指出，凡事沟通为主，对事不对人。他鼓励提出不同的意见，甚至有意识地激发争论，对我们的争吵他只会一边协调和控制局面，一边思考各方的道理，不会打压任何一方。总监应该说很善于兼容探索新领域和开发现有技术。其实事后想想，在他的无形示范引领下，同事们不会把矛盾放在心上，反而更有激情了，因为可以产生灵感，挺好玩。你看，这边要操持现有产品的销售和服务，那边又要思考怎么创新来维持发展，我觉得我们创新团队一定需要适当的“模糊性”。总监的管理风格让我越发相信，在团队中沟通很重要，据我观察许多想法能否实现都看沟通的好不好，彼此要具有积极沟通的理念，不能“小心眼儿”。……</td></tr>
<tr><td colspan="4">所提取的概念：
a15：助人为乐
a16：冲突容忍
a17：沟通第一</td></tr>
</table>

资料来源：根据本书的扎根方法访谈结果整理得出，并做了语言逻辑上的略微修饰。

表 4－4　原始文本的开放性编码示例

原始资料记录	概念化
在新产品开发初期，鼓励大家尽可能的发挥想象力，不要受阶层和既定目标的影响，有好想法先提出来；	a1：（自由创造）
我想善于交流是这种创新人员应有的素质，不能太过保守，因为信息频繁互通在这时十分重要，不然怎么创造出意想不到的新东西？	a2：（信息透明）
创新得有时间观念，你没有，竞争者立马就超越你了；	a3：（时间观念）
这种环境下，只有不断挑战现在的自己，才能越走越远；	a4：（主动挑战）
创新也不能忘了初衷，我认为责任感是维持现有创新人员现有技能开发的最基本的素质，否则就会陷入不负责任的创新迷茫之中；	a5：（责任意识）

续表

原始资料记录	概念化
一名优秀的研发人员在整个创新过程中一直都维护着新产品的成本和效率；	a6：（保持效率）
我目前很享受这种高质量完成各种任务的驾驭感，在专业上领先又在公司处处逢缘的感觉真的很好；	a7：（任务驾驭）
团队领导从不指责或惩罚创新人员工作中的失败和挫折，反而鼓励他们提高心理承受能力，把压力当作动力；	a8：（承受压力）
我不是那种容易满足的人，我总是对现有的设计、创意和生产力持怀疑态度，这也是我的进步之源；	a9：（怀疑精神）
X领导倡导我们每周读一本与创意相关的书，并拿出来分享；	a10：（积极学习）
公司研发部门每周都有科研交流会，每个人都要求提出自己的见解；	a11：（集体学习）
突破性的创造都不是一蹴而就的，必须有持之以恒的精神，舍得投入精力；	a12：（努力投入）
我很欣赏那种具有发散思维的人，这种让人惊喜的创造力，是打破现状的必要条件；	a13：（多点发散）
我相信基于已有优势的创造是更加高效的、安全的，越是全新的东西，越要建立在已有平台上去考虑，因为你“有据可依”，所以要多点脚踏实地的精神；	a14：（实干精神）
他（团队领导）平时经常主动帮助同事和下属，在方法上和思路上指导他们；	a15：（助人为乐）
他（团队领导）一向愿意接受不同意见，甚至看着我们有时争吵起来，他只会一边协调和控制局面，一边思考各方的道理，不会打压任何一方，有时创新团队是需要一定的“模糊性”；	a16：（冲突容忍）
在团队中，沟通很重要，据我观察许多想法能否实现都看沟通的好不好，彼此沟通的理念应该是很关键的，我们领导在会上明确指出，凡事沟通为主，对事不对人；	a17：（沟通第一）
我觉得我有一种风险喜好，敢冒风险才能真正创造，至少不能回避风险，公司也鼓励冒风险，还给予了一定的风险补偿。	a18：（风险偏好）
……	……

资料来源：根据本书的扎根方法访谈结果整理得出。

表 4-5　开放性编码的范畴化

范畴化	范畴属性	属性维度
A1 前瞻思维：a23（紧跟潮流）；a33（占据先机）；a64（主动创造）；a77（预测未来）	思维水平	高/低
A2 开放思维：a1（自由创造）；a13（多点发散）；a39（积极探索）；a41（跳出常规）；a44（反向思维）；a59（首创精神）	思维水平	高/低
A3 公正公开：a2（信息透明）；a28（利益均等），a80（彼此信任）；a81（消除芥蒂）；a84（公平信念）	感知高低	高/低
A4 权变适应：a10（积极学习）；a21（认知灵活）；a29（市场导向）；a37（随机应变）；a50（分析能力）	思维水平	高/低
A5 模糊包容：a16（冲突容忍）；a26（换位思考）；a30（模糊探索）；a63（心理安全）；a66（全局意识）	程度大小	大/小
A6 创新自信：a7（任务驾驭）；a43（自立自为）；a57（值得信赖）；a60（自我领导）；a61（实现效益）	强度	强/弱
A7 利他主义：a15（助人为乐）；a27（感恩利他）；a40（互惠利他）；a47（尊重他人）；a70（关爱他人）；a72（业务指导）	强度	强/弱
A8 履行职责：a5（责任意识）；a14（实干精神）；a31（正视责任）；a34（组织忠诚）；a51（任劳任怨）；a54（务实稳健）	责任感	高/低
A9 风险处置：a18（风险偏好）；a24（风险认知）；a52（风险转化）；a73（危机管理）	感知高低	高/低
A10 自我修复：a19（自我体验）；a38（情绪调控）；a71（自我反省）；a75（无惧失败）；a74（积极情绪）；a79（自我激励）	效果	大/小
A11 整合思维：a9（怀疑精神）；a22（系统思考）；a49（批判精神）；a48（专注精神）；a52（整合思考）	思维水平	高/低
A12 和谐信念：a20（互利共赢）；a25（以和为贵）；a26（尊重他人）；a53（资源交换）；a67（共同价值）	强度	强/弱
A13 共同参与：a11（集体学习）；a17（沟通第一）；a42（协作意愿）；a45（授权意识）；a46（团队意识）	参与度	高/低
A14 创新愿景：a12（努力投入）；a35（注重规划）；a36（脚踏实地）；a58（结果导向）；	强度	强/弱

续表

范畴化	范畴属性	属性维度
A15 自我约束：a3（时间观念）；a6（保持效率）；a33（自我监控）；a78（遵守规则）；a76（忠于职守）	规范度	高/低
A16 克服困难：a55（解决问题）；a56（乐观主义）；a65（坚持不懈）；a83（不怕挫折）	能力大小	大/小
A17 进取精神：a4（主动挑战）；a39（全力以赴）；a68（注重成长）；a82（竞争意识）	程度大小	大/小

资料来源：根据本书的扎根方法访谈结果整理得出。

（2）主轴编码。

主轴编码是为了构建各概念群所对应的范畴之间的联系，将原始资料的内在构成更清晰地展示出来。将表 4－5 中的 84 个概念和 17 个范畴根据心智模式的信念和思维方式维度进行重新的排列组合，新一轮命名后可以产出主范畴和副范畴，这样初步建立了构念的内容结构。如表 4－6 所示，经过反复分析考量，划分出重复概率最大、关联性最强的语义，编辑出 8 个副范畴和 3 个主范畴，将它们完整地联结起来。

首先，A3（公正公开）、A7（利他主义）、A12（和谐信念）都是指组织成员间的相互依赖、相互帮助的信念，公正公开是前提，才有了和谐利他的滋养空间。公正公开决定了互信，和谐利他决定了互利，因此将它们归为 B1“互利互信”这个副范畴；将 A5（模糊包容）和 A13（共同参与）归入 B2“团队精神”副范畴，因为模糊包容和共同参与都隐含着团队成员相互包容、彼此协作的意识形态，例如，在访谈中相关受访人都反复地提及了“团队”“伙伴”的字眼，包含团队协作、服务精神等团队精神的内涵特点，因此将它们都归入“团队精神”；A4（权变适应）和 A11（整合思维）都属于自我优化的思维方式，员工能根据环境变化而不断改善自己的技能和知识，都具有改变现状、理性分析和科学整合的思维特征，因此都纳入 B3“持续改进”的副范畴；A1（前瞻思维）和 A2（开放思维）都代表着人的主动创造思维，体现出人对未知世界的探索欲望，这也是人类社会得以文明发展之源，因而归入 B4“探索未知”的副范畴；A6（创新自信）和 A14（创新愿景）是指员工对创新任务完成度的掌控，首先在任务选择和完成过程中具有自信，能开展多样有挑战性的创新工作，然后就是具有明确的愿景，不断超越自己，就像一名研发经理形容的："多样创新任务中你的目标感和自信是最重要的，要充分地了解自己、认识自己，才能清晰地设置合理目标，把潜能发挥到最优化"，这在很大程度上可归入 B5 "目标信念" 的特征；A8（履行职责）、A15（自我约束）具有很显著的责任感特征，反映出该员工注重承诺和敢于担责的处事原则，适合归入 B6 "自我担当" 的副范畴；A9（风险处置）、A10（自我修复）被归入 B7 "自我调节" 副范畴中，前者代表了员工对风险感知的心理调节过程，后者代表了员工对挫折和失败感知的心理修复过程，就像一名创新精英自评时谈及的，他之所以能妥善地处置风险和调节情绪，是因为他拿得起放得下，不易受环境的消极影响；最后，A16（克服困难）和 A17（进取精神）均反映出员工超越既有任务要求的主动性，能有激情地、乐观地面对未来创新，因此纳入 B8 "超越承诺"。

在上述范畴的建立基础上，研究者继续探讨 B 级副范畴的内在结构关联，先是根据语义明确了 B1、B2、B5 ~ B8 的信念属性，B3、B4 的思维方式属性，然后发现 B1 和 B2 均为个体对于他人利益交换的信任，是一种"利他即利己" 的共享信念，可以整合成为主范畴 C1 "互惠共享" 信念；B3 和 B4 显然是对立的一组创新思维，前者对应着员工的开发式创新，后者对应着探索式创新，根据矛盾理论的观点，个体有能力同时处理两种看似矛盾的认知思维，即称作 C2 "矛盾创新" 思维；B5 ~ B8 均为个体对自我的关注，包括自信、责任感、情绪调节和 "再进一步" 的期待，这些整合起来可命名为 C3 "自我超越"。

表 4 – 6　　主轴编码分析

开放性编码的初级范畴	副范畴	主范畴
A3 公正公开	B1 互利互信	C1 互惠共享
A7 利他主义	B1 互利互信	C1 互惠共享
A12 和谐信念	B1 互利互信	C1 互惠共享
A5 模糊包容	B2 团队精神	C1 互惠共享
A13 共同参与	B2 团队精神	C1 互惠共享

续表

开放性编码的初级范畴	副范畴	主范畴
A4 权变适应	B3 持续改进	C2 矛盾创新
A11 整合思维	B3 持续改进	C2 矛盾创新
A1 前瞻思维	B4 探索未知	C2 矛盾创新
A2 开放思维	B4 探索未知	C2 矛盾创新
A6 创新自信	B5 目标信念	C3 自我超越
A14 创新愿景	B5 目标信念	C3 自我超越
A8 履行职责	B6 自我担当	C3 自我超越
A15 自我约束	B6 自我担当	C3 自我超越
A9 风险处置	B7 自我调节	C3 自我超越
A10 自我修复	B7 自我调节	C3 自我超越
A16 克服困难	B8 超越承诺	C3 自我超越
A17 进取精神	B8 超越承诺	C3 自我超越

资料来源：根据本书的扎根方法访谈结果整理得出。

（3）选择性编码。

选择性编码就是为了确立核心范畴，将前两步归纳出的主副范畴聚合到一个核心构念上，从而形成完整的理论构架（Strauss et al.，2001）。针对这一步骤，研究者再邀请了两名有企业管理经验的博士研究生加入讨论。经反复论证，确信三个主范畴共同形成了一种特定心智模式，于是便将二元创新的心智模式定为核心范畴。

首先，以二元创新的心智模式为核心范畴是切实可行的：①二元创新的心智模式包含主副范畴中所有的信念和思维特征，其本质内涵就是提高个体二元性的心智模式素养指标，该名词在现有企业实践中并未采用过，理论研究也未曾引用，可见这个构念及其囊括性是无可替代的。②如众多学者所持观点，心智模式本身就由思维方式和信念维度组成，而通过扎根提炼出的概念范畴也很鲜明地反映出这两方面特征，从侧面论证了二元创新的心智模式存在的科学性。③使用“二元创新的心智模式”这个名词也很符合二元性理论多层次的研究惯例（Mom et al.，2018），简明易懂，顾名思义。二元创新的心智模式构念的确立，意味着新的研究路径产生，后续可能衍生出各种理论探讨和实证研究。

其次，三个主范畴维度能够完整地体现出二元创新的心智模式的构造内涵，反之要形成完整的二元创新的心智模式素养，三者缺一不可。Andriopoulos & Lewis（2009）曾指出，二元性的核心价值就在于处理组织各层次的关键悖论。经过多次原始资料、初步概念、初级范畴、副范畴和主范畴的细致比较探讨，研究者发现自我超越、互惠共享和矛盾创新三个心智模式要素都能在员工二元创新活动中起到关键的推动作用，分别有助于处理员工创新中的三组悖论。第一，自我超越处理的是稳健与激进的悖论，它包含目标信念、自我担当、自我调节和超越承诺四个方面，可以想象在二元创新的动态环境下，持有自我超越信念的创新员工有很高的效能感和责任感，有明确的目标愿景和清晰的自我判断，愿意承受多样创新任务的挑战，同时又善于调节自己的情绪，能够稳中求胜，这样利于平衡现实承诺与激情超越之间可能产生的矛盾，同步实施二元创新活动。第二，互惠共享处理的是利己与利他的悖论，创新员工的互惠共享信念指在和他人交换过程中持有积极的态度，相信利他未必就损己，接受两者的有机融合。互惠共享意味着员工接受团队伙伴的异质观点，包容不同个性和阶层，积极与他人合作共享，认可二元创新团队中存在认知模糊和冲突的必然性，广纳善言来激发自身灵感，避免信息封闭而自我强化，最终提高自身二元创新能力。第三，除了两种信念以外，二元创新员工还应具备矛盾创新思维，矛盾创新思维化解了发散与聚合的悖论，能使认知频繁地转换于探索未知和持续改进之间，并将它们融为一体，即在冒险和自由创造之后，能准确地识别、提炼和整合出具有高商业价值的创新成果（可谓之“思维张力”），这样能避免一般创新思维过程可能产生的周期性问题，并激发“发散与聚合”的交互增益效应。因此，二元创新的心智模式通过整合处理“稳健与激进”“利己与利他”“发散与聚合”三组个体层的认知悖论，形成系统的个体二元性认知前因。归纳还可以发现，自我超越重点指向自我信念，互惠共享重点指向他人信念，矛盾创新则是在双重信念基础上的二元思维方式，它们相互促进，共同构成了一个完整的心智模式构念。

以上基于资料和编码的论证过程揭示了这种整合心智模式的内涵构造，研究者将其核心范畴、主范畴、副范畴连为一体，直观地建立起它们之间的彼此联系，见图 4-1。

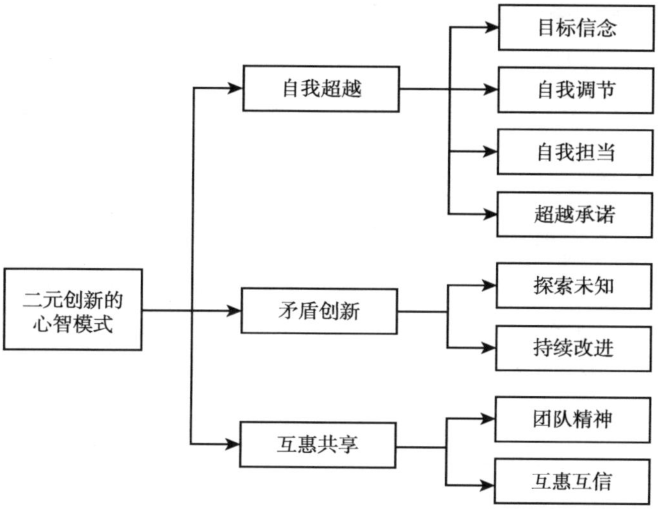

图 4－1 二元创新的心智模式构念体系

4.2.4 研究评价

本部分研究遵循扎根理论的科学研究方法，依照“理论饱和”原则来分阶段抽样，先后进行了三次共计 5 家企业 38 人次的调查访谈，加以开放式问卷辅助，通过不断比较、分析和筛选资料，提炼出 84 个概念较为饱和的原始数据体系。在三级编码过程中，研究者又提炼出了诸如“前瞻思维”“开放思维”“和谐信念”“模糊包容”“利他主义”“整合思维”等较前沿的概念，共计 17 个初级范畴，而通过这些概念的彼此联系，一步步构建出了如表 4－6、图 4－1 所示的由 8 个副范畴和 3 个主范畴组成的构念体系，最终形成了二元创新的心智模式的核心构念。整个研究过程中，每一步质性开发都经过专家分析和反复探讨，使每个范畴都具有较好的密度和概念基础，统一成新的理论体系。本次质性研究满足了扎根理论提出的七个检验评估标准（Strauss & Corbin，1990）[①]：①产生了新概念；②概念体系存在紧密的系统关联性；③概念密度适度；④构建包容足够的变异

① Strauss，A. L.，Corbin，J. Basics of qualitative research：Grounded theory procedures and techniques [M]. Thousand Oaks，CA：Sage，1990.

性；⑤结论能给予逻辑论证；⑥研究过程严谨；⑦理论重要性和创新性较高。最后，二元创新的心智模式作为核心范畴有无可替代的囊括性，包容内涵体系中所有概念所表达的意义，它们与广义的创新心智模式又有差别，这些特征本身和相互间隐含了“二元”属性，都是构成二元创新的心智模式的必要元素。

不过，鉴于扎根理论方法的本质是“发现理论”，而不是“验证理论”，研究者选择再度回顾文献，尝试从前人文献中找出与本书的研究可能隐含的联系，就如 Glaser（1992）指出的①，文献分析可以有力地佐证扎根方法所发现的理论，深化对这些理论的认知，拓展这些理论的解释广度和深度。以下将具体对自我超越、互惠共享和矛盾创新三维度的相近文献基础进行解析，佐证二元创新的心智模式构念体系。

4.2.5 结合文献讨论

回顾有关二元创新的认知基础研究不难发现，像认知灵活性、和谐信念、发散思维、抗压能力等前人提及的名词在不同程度上反映出部分二元创新的心智模式特征。

首先，在自我超越信念方面，自我超越中的目标信念和自我担当反映出创新员工在复杂情境中对所从事的创新工作所能达到的预期结果的自信程度，也可以说是一种创新效能感。高效能感的员工有较强的自我意识，熟知自己有能力同时开展多少类型的创新任务，而低效能感员工只能一次完成一件，并无法准确判断任务难度。高效能感员工还具备更高的责任感和风险担当意识（Kauppila & Tempelaar，2016；Zhang et al.，2018）。班杜拉（2015）、圣吉（2009）等均提到自信、责任感和专注精神是人的心智信念，能显著影响个体对世界的看法，在很大程度上决定了他的直觉性行为反射。从内涵来看，这些信念是形成自我超越信念的必要条件，但非充分条件。回顾中国道家思想精髓，老子曾形容善为道者“与兮，若冬涉川；犹兮，若畏四邻……涣兮，其若凌释……飂兮，若无所止”，所谓善为道者，可以理解为善于均衡阴阳、自我管理的人，很符合二元性的个体

① Glaser，B. G. Basics of grounded theory analysis［M］. Mill Valley：Sociology Press，1992.

特征，这几句话的意思大致是这种人总是小心谨慎，时刻自我监控和反省，但同时又豁达洒脱，不断超越自我。对应《道德经》二十六章的另一段：“重为轻根，静为躁君，是以君子终日行不离辎重”，认为人的伸展行动离不开稳重的根基，否则必然陷入迷茫和失败。这非常巧妙地反映出了自我超越信念中的善于自我调节和敢于超越承诺特征，彰显了中国创新员工的文化特征，说明自我超越并非盲目地追求创新技能上的超越，而是在清晰的自我认识和反省的基础上不断进步，这也与 Good & Michel（2013）、Tempelaar & Rosenkranz（2017）等学者的思想理念相一致。

其次，在互惠共享信念方面，二元创新的心智模式对应的理论根源（情境二元性）就决定了它以个体共享为最终目标，是离不开与环境的信息互动的，该维度很好地反映出了这点。互惠原理指出个体创新不应拒绝互惠规范（Blau，1964），人可以利用互惠利他行为对自私本能进行约束，是“亦己亦他”的二元双赢信念（饶异，2016）。Perugini et al.（2003）提出个体间的互惠行为是相信利他行为能给自己带来相应回报的一种观念，其本质就是一种心智模式。Scharmer（2001）、林昭文等（2013）、谢洪明等（2012）都通过实证表明了人际交换在现代研发团队运作中对技术创新的正向影响，同时减少了不良行为和改善了成员心智模式。有理由相信，持有互惠信念的人在吸收他人知识恩惠时会有更强的回报心理，存在共享隐性知识的强烈意愿，因而刺激自有和新鲜知识的频繁交流（李卫东和刘洪，2014）；反之缺乏互惠信念的人显然会遏制外部知识吸收水平，阻碍了二元创新的发生。不过，学者们尚未对互惠开发出专用的信念量表，此外，本书定义的互惠共享信念还存在一个区别，就表现在“共享”二字上。“共享经济”是当前中国经济发展的关键话题，和谐共享本身也是中国文化的根基之一，释道儒思想均主张“和”“慈”的共赢理念，着重强调“慈故能勇”的观点，就创新员工而言，共享的“慈”提高了他对模糊和异质性的容纳，接受利他，因而激发了他探索新领域的“勇”。这种员工把团队当“家”，团队也具有鲜明的集体主义精神和浓厚的创新氛围，能更好地完善二元性员工的价值。此外值得一提的是，互惠二字还隐含着更高阶的哲学内涵。持有互惠信念的人在潜意识里存在一个“万物互惠”的世界，对广泛的对立事物皆会采取积极的处置态度，愿意深挖两者的交互增益效应，而不是“非此即彼”，这种信念自然会引导个体广泛地从事二元性活动。

最后，在矛盾创新思维方面，主动的创新思维是个体创新行为的必要前提。过去的文献大多把创新思维理解为主动创造、突破或变革（王世波等，2013），很少对矛盾的创新思维引发重视，量表开发也集中在人的创造力方面（Blamires et al.，2014；Zhou et al.，2001），未有深入剖析矛盾创新的实证文献。邱江和张庆林（2011）提出，创新思维本质上就包含探索式和优化式创新思维，是一种系统理性的、能突破常规思维看待和解决问题的思考习惯，拥有创新思维的人喜欢主动探索未知领域和完善已有知识结构。An et al.（2016）把创新思维比喻成专家思维和发散思维的融合，发散思维是人跳出既有规范大胆创造的思维能力，专家思维则是能归纳筛选真正有价值创造成果的思维能力。推论可知，发散思维能直接诱导探索式创新行为的产生，专家思维能直接诱导开发式创新行为的产生，而两种创新行为实质上是创新过程的连续阶段。可见，矛盾创新思维的核心内涵在于：一是同等地重视探索未知和持续改进；二是在两者之间能灵活转换，把握好发散与聚合的收放程度，这与Lin et al.（2011）提到的二元认知风格（正视矛盾、灵活转变思维的认知方式）不谋而合。事实上，矛盾思维也是中国人辩证哲学思想的核心体现，正所谓“万物负阴而抱阳，冲气以为和”（《道德经》第四十二章），人的思维方式不能只顾一端，无论是执着于自由探索还是墨守成规，都会使思维偏执化，应将两者的优势整合，用矛盾思维去指导工作生活实践。因此，矛盾的创新思维是二元创新的心智模式中不可或缺的核心指标。

总而言之，正所谓“强行者有志，不失其所者久”，二元创新的心智模式三维度均凸显出很强的辩证哲学意味，暗示了二元创新者应该既注重坚持不懈的超越和创造，又要清醒地知道创新的根基是循序渐进和内外兼修，才能取得长久的创新成功。

4.3 讨论与小结

本章是开发员工二元创新的心智模式构念的第一步。针对这个较为抽象的新构念，本章在第一部分先从心理学交叉学科视角纵向分析了它的多重内涵，阐明二元创新的心智模式并非“两种心智模式”，或简单划分为“探索式和开发式心智模式”，而是有助于个体灵活转变认知、均衡处理探索与开发行为的一系列思维和信念组成的认知素养，是二元行为导向的心智模式。接着第二部分，研究者严格依照扎根理论的研究方法，深入5家企业实地访谈和问卷调查，获取了38份创新人员的访谈数据和100多份问卷数据的一手资料。对这些资料进行系统的分析和专家编制，挖掘出二元创新的心智模式的完整概念体系，由84个原始概念、17个初级范畴归纳出8个副范畴和3个主范畴。研究坚持步步为营、谨小慎微的法则，反复斟酌讨论，经多重对比和筛选得出相应的结果，符合扎根理论的质性研究程序。并且，通过自我评价以及结合文献讨论，进一步验证了质性探索得出的结论，应该说本部分研究结论具有较高的合理性和准确性。

对自我超越、矛盾创新、互惠共享三个维度的内涵论证可以依稀发现，它们表征出了中国哲学比喻的“善为道者”的某些特征轮廓。值得欣喜的是，质性研究发现这种优秀的文化特征在一些现代中国创新团队中仍然较好地保存着。简单归纳，本章研究取得的主要成果有：

（1）开发了企业员工二元创新的心智模式的三维度构念：自我超越信念、矛盾创新思维与互惠共享信念。研究者论证了三维度存在的合理性、独立性及交互性，它们分别包含相应的内在结构特征，且分别解决了个体认知的“稳健与激进”“利己与利他”“发散与聚合”三组主要悖论，并能合理地联系在一起，隐含了重要的相互关系。

（2）二元创新的心智模式是一种动态认知能力，不是固化的行为准则或认知标准，是由特定的信念和思维方式诱导的认知转化和自我调节素养，使创新员工具有个体行动的二元性。自我超越、矛盾创新与互惠共享三种“元心智”素养，不仅代表着员工均衡处理二元悖论的水平，还进一步解释了激励这种能力的背后原因。后续研究将通过实证来检验本章得出的这些初步结论。

（3）自 Gibson & Birkinshaw（2004）提出情境二元性概念以来，不少学者都从心理学视角触及个体二元性的认知前因，这些字眼常出现在国际学术期刊上，但似乎都零散而“浅尝即止”。本书用扎根理论方法提炼出的三维度特征体系虽与现有文献中的部分概念相近，但又在侧重点和完整性等方面与之明显不同，本书更深入地挖掘了三个维度的理论内涵，比前人相关研究更具系统性，在一定程度上解决了前人“盲人摸象”的研究状态。

第 5 章将采用问卷调查方法进行量化的探索与验证，进一步确认这个构念的价值。

5 二元创新的心智模式量表开发与检验[①]

第 4 章使用扎根理论方法探索了二元创新的心智模式的内容结构，形成了三维度的构念模型，对其内涵已有了初步的认知。不过扎根理论终究受到了样本局限性和内容操作性的影响，其普适性仍有待考察。本章旨在采取量化方法对二元创新的心智模式构念进行再探索与检验，并正式开发出二元创新的心智模式测量量表。通过量化研究对质性研究的佐证，可以发挥出它们互补的应用价值（张群祥，2012）。量表开发主要分为四个阶段：阶段一，对扎根方法收集的所有内容结构进行量化的小样本预测试；阶段二，用探索性因子分析对大样本进行实证检验和问卷优化，形成正式的问卷；阶段三，用验证性因子分析对该问卷的信效度再次验证，确立二元创新的心智模式测量工具；阶段四，对该测量工具进行预测效度检验。

5.1 小样本预测试

5.1.1 预测试问卷设计

二元创新的心智模式是全新构念，以往研究未有十分相近的测量量表可以引用，更没有基于中国样本的测量工具。因此，本书主要基于第 4 章

① 本章主要内容发表于《当代财经》期刊 2017 年第 5 期。

收集的理论构念所对应的概念体系及表征的意义，再加上相关的二元性和心智模式的前人文献观点，共同组成初步的预测试问卷。前人文献有 Gibson & Birkinshaw（2004）、Mom et al.（2009）、Kauppila & Tempelaar（2016）、Good & Michel（2013）、Lee（2016）等学者对二元个体及其认知使用的量表，以及吕晓俊（2002）、王鉴忠（2009）、曹振杰等（2013）对心智模式内涵结构开发的量表，还有与二元创新的心智模式各维度内涵相近的量表，如施俊琦等（2005）、胡象岭等（2014）、Blamires et al.（2014）、Zhou et al.（2001）、王世波等（2013）、赵斌等（2014）、Scharmer（2001）、Perugini et al.（2003）、陆欣欣和孙嘉卿（2016）、Jansen（2016）；等等。这样基本涵盖了二元创新的心智模式的外围文献基础。

研究者围绕扎根理论研究结论，结合前人文献成果，初步提炼出 128 个初始题项。然后研究者邀请 1 名教授博导、1 名博士副教授、1 名博士讲师、2 名博士研究生共同讨论和精炼这 128 个题项，并大致归类，看彼此的判断是否达成一致。归类完成后一起讨论结果，主要审查在哪些题项上产生了分歧。对有分歧的题项进一步讨论，直到达成共识为止，否则将该题项删除。经过反复商讨和文字斟酌，留下 50 个题项，将它们的类别顺序打乱，精练了语言后，正式形成了预测试问卷。

5.1.2 预测试结果

研究对初始的 50 个题项进行了小样本预测试，问卷及之后的大样本测试均采用的是李克特 7 点量表，7 = 完全符合，6 = 比较符合，5 = 有点符合，4 = 不确定，3 = 有点不符合，2 = 比较不符合，1 = 完全不符合。样本选取了南昌市高新和小蓝工业园区的 20 家科技制造企业，它们都有一定的规模和成立年限，均为民营企业，也具有一定的行业差异性（见表 5 - 1）。针对这些企业的创新团队（部门）发放了 300 份问卷，测试对象均为创新研发员工和管理者，其中男性 75%，女性 25%。30 岁以下 114 人，30 ~ 40 岁 120 人，其余为 40 岁以上，学历均为本科以上，回收 262 份，剔除了回答明显有错漏和规律性应答的无效问卷 21 份，得到 241 份有效问卷，有效回收率达 80.33%。先用 SPSS 软件做显著性检验，看样本类型间是否存在差异。结果显示样本的性别、年龄和学历之间并无显著差异。然后分析问卷，李克特 7 点量表的一个优点就是：预留了“4 = 不确定”这个选项，有助于筛选问卷题项。于是把多数问题集中回答“不确定”的 8 个样本删除（Matell，1971），剩 42 项，再用 SPSS 进行项目 CR（决断值）、修正项目—总分相关分析（CITC，corrected item - total correlation）和信度分析，对问卷的相关项目进行净化。一般 CITC 指数低于 0.5 的应予以删除；信度分析是看删除某项后的信度 α 值的变化，以观察该项目是否适合保留在子量表之中。经过统计分析，先后删减了 CR 分析中 T 检验不显著、CITC 小于 0.5 的 12 项。接着，对预测试形成的 30 个题项量表进行重新编号，用于大样本测试。

表 5-1　　预测试的企业样本特征（n = 20）

类别	指标	数量	比例（%）
企业规模	100 人以下	4	20
	100～500 人	10	50
	500～1000 人	6	30
成立年限	3 年以下	2	10
	3～8 年	6	30
	8～15 年	8	40
	15～20 年	4	20
所属行业	生物制药	4	20
	新能源	2	10
	电子科技	6	30
	互联网 +	4	20
	材料制造	4	20

5.2　大样本探索性因子分析

为了解问卷的内容结构，研究者选择随机抽样方法，分半进行探索性和验证性分析。其中，探索性因子分析主要是为了确保量表的信度，精炼出可用于验证性因子分析的问卷量表。研究者首先发放了430份问卷做探索性因子分析，所选样本满足条件如下：①以创立两年以上的各类科技、制造和互联网企业为对象，大中小企业各占一定比例，规模普遍在30人以上。②样本所在区域以北京、深圳、广州、湖北、江西和江浙沪一带为主，这些地带要么处于高新科技发展前沿，要么就是工业转型升级关键时期，都面对着变革与持续并存的二元科技创新工作。③根据创新工作的基本要求，即持续创造新的产品、服务和程序，维持企业创造力（陈浩和惠青山，2012），每个样本都选择了从事产品、技术或设计研发的部门成员，包括研发经理和团队带头人，他们是最具代表性的调查对象。探索性和验证性分析的发放问卷方法均采用的是“滚雪球抽样法”和“关系网编织法”的抽样途径，利用研究团队分布在上述地区正就业于符合样本要求企业的毕业生建立接洽渠道，加上自己的社会网络，然后通过问卷星发放问卷。先做探索性分析的样本采集，问卷发放给48家企业，回收358份，剔除明显应答错漏无效的21份，得到41家企业的337份有效问卷，有效回收率为78.37%。对不同渠道收集的数据做组间差异检验，发现并无显著性差异，样本分布平均，有较好的代表性（样本特征见表5-2）。样本统计表示，创新人员男性多于女性，年龄普遍在40岁以下，以本科和研究生学历为主，这也是当代创新工作人员的典型特征。把337份有效问卷用于探索性检验，用SPSS 20.0软件做探索性因子分析，重复了6次筛选，删除了载荷小于0.4的题项，如“与他人相比，我在创新工作上有优越的表现”“具有灵活处理人际关系的信心”“能保持最大化完成任务的自信”，以及有交叉载荷的项目，如“能保持享受工作乐趣的情绪”“重视跟他人学习来获取新知识”，删除19项后得出结构效度较好的题项组合，共11个题项。这个组合得出KMO=0.830，球型检验$\chi^2=2189.07$，$p<0.001$，适合做探索性分析。

使用主轴分析方法和斜交旋转方法进行探索性分析，依照Kaiser标准来提取特征根大于1的主成分因子（碎石图见图5-1），可以清晰地看到三个共同因子，联合解释的方差量为63.895%，具体二元创新的心智模式的因子载荷结果见表5-3。正如表5-3所呈现的，这种心智模式的初步量化建构已然形成，可由三个不同维度组成。对照这11个题项的含义，如“有自信保持高绩效地完成任务”“希望挑战和克服多样的创新难题”“对

表 5-2　　探索性因子分析的样本特征（n=337）

变量	类别	人数	百分比（%）	变量	类别	人数	百分比（%）
性别	男	216	64.9	工龄	5 年以下	107	31.7
	女	121	35.1		6～10 年	128	38.0
年龄	30 岁以下	159	47.2		10 年以上	102	30.3
	31～40 岁	116	34.4	所属行业	信息技术	61	18.1
	41 岁以上	58	17.2		食品	55	16.3
	缺失值	4	1.2		人工智能	36	10.7
教育程度	大专	31	9.1		生物制药	49	14.5
	本科	203	60.2		能源	26	7.7
	研究生	89	26.5		电子科技	58	17.2
	缺失值	14	4.2		汽车	15	4.5
岗位特征	研发	118	35.1		其他	37	11.0
	设计	58	17.2	企业规模	50 人以下	56	16.7
	工程	51	15.1		50～200 人	115	34.1
	技术	87	25.8		200～500 人	84	24.9
	其他	23	6.8		500 人以上	82	24.3

自身状态和处境时刻保持着警醒”等与自我超越的内涵十分吻合，“保持怀疑的态度，愿意在现有工作上持续改进”“喜欢跳出常规思考，也愿意持续地改进这些思考”等与矛盾创新的内涵十分吻合，而“对他人保持公平和信任的态度，愿意主动分享个人资源”等与互惠共享的内涵十分吻合。这样可以准确地将它们归入质性研究得出的三维度中，也即验证了扎根理论得出的构想。对它们重新顺序编号，Q3～Q15 归为自我超越信念（解释率 35.255%），Q18～Q21 归为矛盾创新思维（解释率 12.795%），Q24～Q29 归为互惠共享信念（解释率 15.845%），形成了拟订的最终问卷。

包括 11 个题项的量表的整体 Cronbach’s α 值是 0.903，说明有较高的量表信度。通过 SPSS 软件对每个维度做了信度分析，并检验删除每个项目后该维度的信度变化，发现信度均有不同程度的下滑，因此确信 11 个题项是最优选择。自我超越的 α 值为 0.810，互惠共享的 α 值为 0.836，矛盾创新的 α 值为 0.829，均达到较高的信度要求。

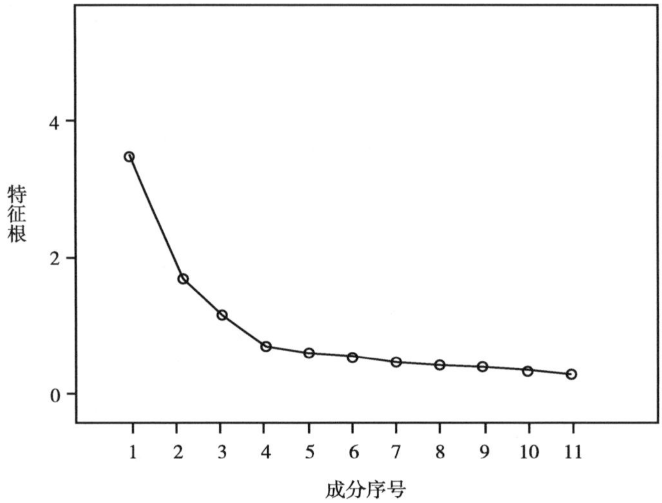

图 5-1　探索性分析的碎石图

表 5-3　　　　探索性因子分析结果（n=337）

	题　　项	自我超越	矛盾创新	互惠共享
Q3	有自信保持高绩效地完成任务	0.831		
Q5	完成个人创新目标并非难事	0.767		
Q6	有信心挑战和克服多样的创新难题	0.625		
Q10	相信创新的同时应当遵守规则	0.786		
Q15	对自身的状态和处境时刻保持警醒	0.687		
Q18	保持怀疑的态度，愿意在现有工作上持续改进		0.811	
Q19	喜欢跳出常规思考，也愿意持续地改进这些思考		0.760	
Q21	把变化的到来看作机遇，而非威胁		0.787	
Q24	团队人际互助会比竞争带来更有利的回报			0.818
Q26	对队友保持公平和信任的态度，原意主动分享个人资源			0.825

续表

	题　项	自我超越	矛盾创新	互惠共享
Q29	创新团队绩效比个人绩效更为重要			0.716
特征根		3.760	1.362	1.686
方差解释率（%）		35.255	12.795	15.845
总体方差解释率（%）		63.895		

注：Q序号均为预测试形成的编码。

在以上分析的基础上，研究者对三个维度做了描述性统计分析，观察它们的相关性，如表5－4所示。

表5－4　三维度的描述性统计分析（n＝337）

变量	均值	标准差	矛盾创新	自我超越	互惠共享
矛盾创新	5.017	1.215	1		
自我超越	4.320	0.939	0.415***	1	
互惠共享	4.903	1.152	0.420**	0.387**	1

注：*** $p<0.001$，** $p<0.01$，* $p<0.05$。

结果表明，三个维度相互显著的正向相关，相关系数在0.387～0.420，初步表明了各维度间存在中等相关性，应该同属于更高阶的一个构念。研究者先做了一次初步的高阶因子分析，第一步，先将三因子所对应的项目分别加总算出平均值，使每个因子转变为一个单独项目；第二步，对这三个项目是否适合做因子分析做检验，结果显示KMO＝0.790，球型检验 $\chi^2=295.33$，$p<0.001$，适合做因子分析；第三步，用主轴分析方法，做斜交旋转提取特征根大于1的因子，从表5－5中结果可见，三因子项目解释了52.325%的方差量，验证了它们同属于一个高阶变量：二元创新的心智模式。

上述多项数据都支持了探索性因子分析得出的自我超越信念、互惠共享信念和矛盾创新思维三维度量表，接下来可以对这些结果进行验证性因子分析。

表 5 - 5　　二阶因子分析结果（n = 337）

一阶因子	二阶因子载荷	共同度
自我超越	0.698	0.507
互惠共享	0.702	0.493
矛盾创新	0.771	0.594
特征根	2.614	
方差解释率（%）	52.325	

5.3 大样本验证性因子分析

5.3.1 验证性因子分析结果

验证性因子分析是为了检验探索性因子分析得出的问卷假设模型是否具有稳定性。同样方法，研究者再发放了430份问卷，回收367份，剔除明显无效的15份，有效回收了352份，有效率为81.86%。对不同渠道收集的数据做组间差异检验，发现并无显著性差异，样本分布平均，有较好的代表性（样本特征见表5-6）。验证性因子分析应使用AMOS 20.0软件建立结构方程做模型拟合分析。结构模型的拟合水平一般用以下三类指标来衡量：χ^2、df、RMSEA、RMR、GFI、AGFI（绝对拟合指数），CFI、NFI、NNFI、IFI（增值拟合指数），PGFI、PNFI（简约拟合指数）。首先，$\chi^2/df<3$ 说明拟合良好；其次，RMSEA一般应在0.05～0.08效果较好，<0.05效果最佳；最后，如GFI、AGFI，CFI、NFI、NNFI、IF等指数在0～1，越接近1表明效果越好，一般应达到0.9以上。对三维度的二元创新的心智模式构念进行上述拟合指标评估发现，指标均在推荐值范围内，如 $\chi^2/df<3$，RMSEA < 0.08，RMR < 0.05，GFI、CFI、AGFI等均大于0.9，说明该模型拟合度良好，结构效度得以验证（见表5-7）。经信度检验得出自我超越、矛盾创新和互惠共享三个维度的 α 系数分别为0.803、0.769和0.827，二元创新的心智模式量表的总体信度为0.829。

表 5-6 验证性因子分析的样本特征（n=352）

变量	类别	人数	百分比（%）	变量	类别	人数	百分比（%）
性别	男	235	69.7	工龄	5 年以下	119	33.8
	女	114	32.4		6~10 年	115	32.7
	缺失值	3	0.9		10 年以上	114	32.4
年龄	30 岁以下	145	41.2		缺失值	4	1.1
	31~40 岁	138	39.2	所属行业	信息技术	81	23.0
	41 岁以上	69	19.6		食品	57	16.2
教育程度	大专	53	15.0		人工智能	37	10.5
	本科	198	56.3		生物制药	60	17.1
	研究生	91	25.9		能源	24	6.8
	缺失值	10	2.8		电子科技	43	12.2
岗位特征	研发	128	36.4		汽车	21	6.0
	设计	69	19.6		其他	29	8.2
	工程	70	19.9	企业规模	50 人以下	62	17.6
	技术	58	16.5		50~200 人	125	35.5
	其他	27	7.6		200~500 人	96	27.3
					500 人以上	69	19.6

针对效度检验，首先是内容效度，本量表的开发是严格按照扎根理论方法的要求进行三级编码整理而来，内容均取自多年从事创新实践的企业人员，经过了相关领域博士、教授等专家的严谨编码和论证，全力确保原始数据在处理中不失真，对现实有较强的解释力。在定量测试时还借鉴了国内外较权威的相关文献中的成熟量表项目，从合理性和原创性角度来判断，本量表具有较高的内容效度。其次是区分效度，即各维度之间是否具有足够的区别，并且不存在跨因子载荷现象。本量表已经过多次项目筛选，删除了所有低载荷和跨因子载荷的项目，初步满足区分效度要求。常用的就是 Fornell et al.（1981）的方法，判断各个维度的平均提取方差值 AVE 是否大于它们间的完全标准化相关系数。SPSS 统计结果表明，维度间相关系数都在 0.40~0.60，低于各因子的 AVE 平方根值（均大于 0.7），

也低于各维度自身的信度系数，虽然彼此呈现中度相关，但也有各自的鲜明特色，可见区分效度良好（见表5-8）。再次是收敛效度，也即单维度内部各项目之间的聚合程度。依照 Fornell et al.（1981）的衡量方法，主要是计算各个维度的 AVE（Average Variance Extracted）是否超过参考值0.5，超过则表明各维度均具有较好的收敛效度。另外，观测各项目对应其维度的标准化载荷，同样要超过 0.5 的参考值。结果显示，所有测项对应所在维度的标准化载荷系数在 0.60～0.90，超过了 0.5 的参考值，AVE 也都超过了 0.5 的参考值，可见收敛效度也良好。最后，11 个观测变量与三个公因子的测定误差值并无负数出现，达到了 0.05 的显著水平，因此模型的构念是可以被接受的。各数值和结构模型见图 5-2、表 5-8。

表5-7　　　　模型主要拟合指标（n=352）

拟合指标	假设模型	拟合指标	假设模型
χ^2/df	2.384	CFI	0.907
RMR	0.036	AGFI	0.927
RMSEA	0.056	TLI	0.932
GFI	0.935	PNFI	0.694
NNFI	0.912	PGFI	0.683

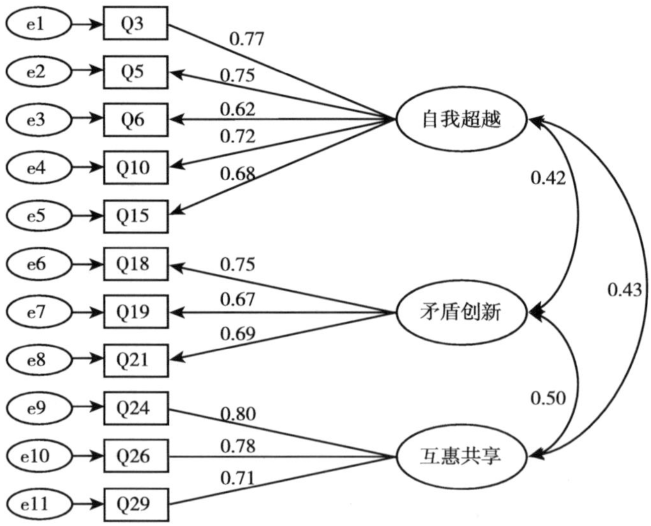

图5-2　二元创新的心智模式三维度结构模型

表 5-8 二元创新的心智模式三维度区分效度检验（n=352）

维度	矛盾创新	自我超越	互惠共享
矛盾创新	(0.632)		
自我超越	0.502***	(0.550)	
互惠共享	0.454***	0.411***	(0.591)

注：*** $p<0.001$，对角线括号中为各维度 AVE 值。

研究还做了竞争模型比较（Mcdonald & Marsh，1990；侯杰泰等，2004）。竞争模型的假设就是量表可能包含多个结构维度可能，通过不同组合来观测数据与模型之间的匹配程度，可以检验假设模型的三维度结构是否最优选择。如表 5-9 所示，研究者设计了四个竞争模型来判别三个心智模式维度是否同属于一个高阶因子。第一个模型中所有题项直接对应一阶单因子模型；第二个模型是双维度模型 A（自我超越；矛盾创新和互惠共享合并）；第三个模型是双维度模型 B（互惠共享；自我超越和矛盾创新合并）；第四个模型是双维度模型 C（矛盾创新；自我超越和互惠共享合并）。上述模型用于对比原假设的三维度模型。用 AMOS 结构方程对这五个模型的拟合指标进行比较，拟合标准如前所述，表 5-9 只显示主要的几个指标，如 χ^2、df、CFI、NNFI、RMSEA，结果只有双维度 B 模型大体符合拟合推荐值，但明显低于原假设的三维度模型拟合效果，这个分析再次表明了三维度结构模型具有最佳的拟合优度，假设全部得到验证。

表 5-9 竞争模型的主要拟合指标对比（n=352）

竞争模型	χ^2/df	GFI	TLI	CFI	NNFI	RMSEA
单因子	8.73	0.689	0.762	0.760	0.690	0.211
双维度 A	6.25	0.760	0.814	0.821	0.720	0.128
双维度 B	4.25	0.805	0.842	0.897	0.841	0.064
双维度 C	6.87	0.707	0.798	0.815	0.669	0.134
三维度模型	2.38	0.935	0.932	0.907	0.912	0.056
建议值	<3	>0.9	>0.9	>0.9	>0.9	<0.08

那么基于上述验证，根据本书对二元创新的心智模式的概念界定，本部分正式得出它的三维度 11 个题项构念，其中，矛盾创新是思维方式维度，自我超越和互惠共享是信念维度。同时这 11 个题项也能较好地反映出前一项质性研究得出的 8 个副范畴的含义。

5.3.2 二元创新的心智模式的差异性分析

本节按创新人员样本的性别、年龄、岗位类别、所处行业和教育程度进行分类比较，检验二元创新的心智模式在各类样本之间是否具有显著的特征差异，从而进一步认识这个构念。首先，由于性别是二分变量，便做了独立样本T检验，结果表明所有维度在性别上并无显著差异表现（$p > 0.05$）。其他类型采用方差分析法，表5－10展示了各类样本心智模式的均值、F值和显著性差异。

表5－10　二元创新的心智模式的组间差异性对比（n＝352）

类别	标准	自我超越	矛盾创新	互惠共享
年龄	30岁以下	4.814	4.901	4.681
	31～40岁	4.636	4.808	4.824
	41岁以上	4.767	4.906	4.934
	F值	0.271	0.376	0.462
	显著性	0.852	0.787	0.703
岗位特征	研发	5.301	5.173	4.414
	设计	5.125	4.868	4.583
	工程	5.144	4.921	4.782
	技术	5.190	5.125	4.614
	其他	4.824	5.011	4.753
	F值	0.373	0.372	0.460
	显著性	0.871	0.798	0.717
所属行业	信息技术	5.293	4.981	5.029
	食品	5.033	4.926	5.120
	电子科技	5.146	5.207	5.055
	生物制药	5.116	5.014	5.211
	能源	5.172	4.941	4.971
	人工智能	5.173	4.899	5.115
	汽车	4.699	4.902	4.860
	其他	4.870	5.123	5.017
	F值	0.921	0.465	0.350
	显著性	0.468	0.736	0.812

续表

类别	标准	自我超越	矛盾创新	互惠共享
教育程度	大专	4.901	4.775	4.814
	本科	5.025	4.960	4.988
	研究生	5.120	4.988	5.087
	F 值	0.453	0.332	0.450
	显著性	0.870	0.691	0.720

从表 5－10 可见，尽管心智模式的各维度在不同类别样本中的得分存在不一致，但均未呈现统计显著性（以 $p=0.05$ 为基准）。这就是说，企业员工二元创新的心智模式不因性别、年龄、教育程度、岗位类别和所处行业性质的不同而产生显著的差异性。这在很大程度上反映出二元创新的心智模式的构念和测量具有普遍性，为今后开展实证研究提供了重要基础。同时，心智模式是由信念和思维组成的抽象而稳定的心理认知，这启示企业要充分重视对二元创新的心智模式的培育和激励，不论针对何种类型的企业、何种岗位、何种学历的创新人员。

5.3.3 预测效度检验

预测效度是在量表内容效度、结构效度、区分效度和聚合效度得到检验之后，为更好地验证构念有效性的进一步探究。由于本书研究的是企业员工二元创新的心智模式，其主要预测作用应该出现在创新工作的相关绩效上，应重点选取创新工作有关的行为或关系绩效作为结果变量进行预测。鉴于该构念中隐含的自主、互惠、平衡、调节等认知特征很可能促进个体的任务和关系绩效提升，再加上前面文献观点及扎根访谈时所体会到的某些受访人的积极心理状态，研究者决定在验证性分析中同时测量任务绩效、关系绩效、工作幸福感、工作满意度和组织公民行为五个被预测变量，在本章先对它们进行效度检验，第 6 章再采用新样本对员工的创新行为绩效做专门的论述和检验。针对创新人员的工作性质，研究者优选的都是与创新相关的文献量表来测量。任务绩效是与工作任务产出直接有关的绩效指标，关系绩效指为完成任务所产生的人际和奉献方面的绩效，本书采纳了李永周等（2015）测量研发人员工作绩效的 9 题项量表，代表题项如“在创新过程中我能坚持克服困难完成工作”“我会主动帮助同事”，该量表总体信度为0.894。个体的工作幸福感一般指个体在工作中所感受到的体验与效能质量，黄亮和彭璧玉（2015）对创新人员使用了较为全面的测量问卷，包含认知幸福感、情绪幸福感、社会幸福感和职业幸福感四个维度，代表题项如“我的工作使我感到放松”，量表总体信度为0.90，这个量表最为适合。工作满意度可能也受到个体认知特质的影响，因此选用Jude et al.（1998）开发的量表进行测量，代表题项如“在工作中我能找到真正的乐趣”“我每天上班都感觉熬不到头”（反向），量表信度为0.88。组织公民行为是员工从事的有益于组织，却并非组织正式指派的工作行为，张燕君和庄海燕（2017）发现心智模式对组织公民行为会产生特定的影响，因此选用Coyle－Shapiro（2002）开发的量表，分为倡导参与、职能型参与、忠诚等五个维度，代表题项如“分享对新项目的想法或取得突破性进展的经验”“时刻准备着协助上级工作”，量表信度为0.895。以上量表的选择均经过仔细研读题项和完善语义，确保其适合为本书服务。

通过对五个被预测变量的回归分析发现，二元创新的心智模式均呈现显著的预测效度，具体见表5－11。

表5－11　　被预测变量的回归分析结果（n＝352）

变量	任务绩效		关系绩效		工作幸福感		工作满意度		组织公民行为	
	Step 1	Step 2	Step 1	Step 2	Step 1	Step 2	Step 1	Step 2	Step 1	Step 2
性别	0.067	0.063	0.021	0.023	0.048	0.043	0.040	0.046	0.026	0.025
年龄	0.055	0.049	0.045	0.042	0.059	0.051	0.049	0.055	0.110	0.112
岗位特征	0.029	0.018	0.008	0.011	−0.023	−0.019	−0.012	−0.016	0.011	0.008
所属行业	−0.012	−0.016	0.015	0.012	−0.015	−0.018	−0.020	−0.028	0.014	0.015
教育程度	0.102	0.096	0.028	0.030	0.034	0.033	0.031	0.026	0.105	0.107
二元心智模式		0.255***		0.128*		0.331***		0.194**		0.105*
F值	1.687	1.982**	0.983	1.255**	1.306	1.653**	0.934	1.433**	0.634	1.277**
调整后 R^2	0.016	0.264	0.014	0.142	0.017	0.223	0.014	0.111	0.017	0.061
ΔR^2	0.016	0.248**	0.014	0.128**	0.017	0.206**	0.014	0.097***	0.017	0.044**

注：*** $p<0.001$，** $p<0.01$，* $p<0.05$。

综合分析表5－11的统计结果，二元创新的心智模式与五种被预测变量的回归系数在0.105～0.331。二元创新的心智模式与任务绩效和工作幸福感呈最显著的正相关（$p<0.001$），其次就是工作满意度（$p<0.01$），而对组织公民行为和关系绩效的影响显著性相对弱一些，β 值分别为 0.105 和 0.128（$p<0.05$）。结果突出地表明，二元创新的心智模式不仅有利于创新人员工作绩效，而且显著提升他们的工作幸福感，这为后一项基于工作沉浸的作用机制研究提供了较好的论证逻辑。总之，上述预测效度检验初步说明了二元创新的心智模式在实证中是有效的理论构念。

5.4 讨论与小结

结合前人文献基础和质性研究结论，本章对中国企业创新研发员工展开了实证问卷调查，通过 337 份问卷的探索性分析和 352 份问卷的验证性分析最终确立了二元创新的心智模式测量量表。本项研究与第 4 章的质性研究结论一致，佐证了三维度心智模式构念的理论价值。量表由 11 个题项组成，其中自我超越 5 项，互惠共享 3 项，矛盾创新 3 项，量表的总体信度为 0.829，达到了心理学测量工具的基本要求。本项研究表明，在复杂环境下从事创新活动的员工需要具备充分的自我超越信念、互惠共享信念和矛盾创新思维，形成二元创新的心智模式来激励其二元创新行为。例如，自我超越和互惠共享信念从认知系统的两个方面共建了个体二元创新的信念前提，而矛盾创新思维则融入了灵活切换的思维素质，三者是不可或缺的。预测效度检验还初步表明二元创新的心智模式具有一些外延积极效果，它不仅有利于员工工作绩效，还能帮助提升员工的工作幸福感、组织公民行为和满意度。接下来将重点检验它对个体二元创新行为的效果。总之，本部分研究拓展了个体层二元性的理论边界，对社会心理学、组织与人力资源等相关学科都有一定的理论贡献，也为企业实践带来了一些启示。

（1）理论意义：首先，如前所述，提出二元创新的心智模式能更系统地、清晰地呈现个体二元性的心理认知基础，并对心智模式领域研究做出贡献。鉴于社会心理学对组织行为学具有基础性影响，这种心智模式的提出或能开辟一些新的研究路径。除接下来要做的作用机制研究外，未来还可以展开“心智—行为”的其他实证研究，如追随关系、角色绩效、离职意愿等方面，进一步拓展该领域的成果。其次，理论、质性和量化研究均表明，二元创新的心智模式构念及其维度隐含了显著的哲学意义，与中国人的阴阳、中道哲学思想产生了诸多共鸣，并在一定程度上为创新领域中的“善为道者”提供了可操作化的结构内涵。因此，本构念对中国人的处世和生涯都有着丰富的启示。最后，个体二元理念的普及可能从根本上改变企业竞争理论的着力点，随着企业将动态能力下放至每个员工身上，这些员工善于“在稳健中激进”“利己亦利他”和“先发散再聚合”，企业只需要着重培育支持性、激励性的组织氛围，激发他们二元创新的心智模式即可。诚如此，组织层面的权变理论思想及其必然产生的协调成本将不再重要，个体心智特征作为企业新型的心理资本，是动态的意识选择能力，而非固化的行动指标，是有价值、难以模仿的宝贵资源。

（2）实践意义：首先，相比人性化管理、领导力研究和情境二元性理论之前多数“自上而下”的构建视角而言，本书强调“自下而上”的个体自我修炼，通过历练自我超越、矛盾创新和互惠共享三种“元心智”素养，使创新员工在复杂动态的创新环境下具备更强的胜任力。其次，中国当前情境下的创新员工心智模式应当是确定性与灵活性并存的，就如汪凤炎等（2006）提出的“刚柔并济的我”，修炼强大的自我是根本。因此后续研究有必要对三维度提出一系列培育方法与策略。最后，人力资源管理应对员工的心智模式引起充分的重视，尤其关注员工的自我超越、矛盾创新和互惠共享这些思维和信念，并开发相应的选聘、培训、激励和考核制度，尤其针对研发创新等长期处在矛盾思维环境下的员工，创造支持性的组织环境，全员共享这种心智来完成创新任务。

6 二元创新的心智模式对员工创新的作用机制：理论假设[①]

本章主要为二元创新的心智模式对员工创新行为的作用机制提出理论假设。通过前两章内容的探索，我们初步提炼出了组织创新中员工个体二元性的认知基础构念，即二元创新的心智模式的内容结构，并为之开发出测量工具。那么，二元创新的心智模式是如何预测员工二元创新水平的呢？二元情境学派认为，个体二元性离不开其社会认知基础，而研究社会认知问题一般借鉴社会认知理论的“特质—环境—行为”交互决定论（Bandura，2001），因此研究者尝试在特定环境因素调节下，联系个体心理特征和个体二元创新行为绩效，检验心智模式对员工行为的预测作用。并且，借鉴自我决定理论和沉浸理论，思考“认知—行为”过程发生的中介机制，从而综合地理解个体层二元性形成的过程机制。

首先，本章做了二元创新的心智模式对员工创新行为的直接影响效应假设，包括对个体二元创新的相关理论基础解析和直接效应假设推导，提出这两个主变量的直接关系。其次，做员工工作沉浸的中介效应假设，包括工作沉浸的理论基础概述，以及二元创新的心智模式与工作沉浸、工作沉浸与二元创新行为、工作沉浸的中介作用几部分假设，深入剖析工作沉浸是如何桥接员工二元创新的心智模式与创新行为绩效的。最后，调节效应假设，提出网络知识异质性和权力距离这两个必要的调节因子，解释其影响的重要性，推导它们在二元创新的心智模式与两种创新行为之间的不同调节作用。

---

① 本章主要内容发表于《科研管理》期刊2020年第4期、《当代财经》期刊2020年第4期。

6.1 直接效应假设

6.1.1 个体二元创新[①]

作为情境二元性产生的个体层根源，个体二元性被定义为“衡量员工同时开展探索与开发工作的多维度行为能力”（Mom et al.，2009）。由此可知个体二元性本身具有行为属性，是个体能有效调节处理矛盾任务结构的行为水平。探索包含一系列开拓视野、汲取全新知识和技能的行为，而开发聚焦于现有资产和核心能力的完善和延伸。二元性绩效旨在提升任一行为绩效的同时不损害另一行为绩效。个体二元性一般被应用在创新行为、学习行为和胜任力等领域。在创新领域中，创新员工一般归属于企业的研发团队、设计团队、科技团队、特别项目团队等，主要通过从事探索式和开发式创新工作来实现企业的二元均衡发展（Abernathy & Clark，1985）。探索式创新涉及新知识、新产品和新市场的创造，以有意识的革新为目标，一般经由探索式学习来实现；开发式创新涉及现有知识、产品和市场的完善和升级，以最大化价值应用为目标，一般经由开发式学习来实现（Jansen et al.，2006）。Gupta et al.（2006）归纳指出，探索行为与开发行为均以学习为导向，前者源于知识扩散创新，后者源于知识深化改造，两者可以交互彼此强化。例如，创新个体的探索式创新往往以开拓其成果价值为最终目标，而开发式创新过程中又时常因知识深度而产生新的灵感。这揭示了个体二元创新交互作用比单一行为的绩效更具优越性。

探索式与开发式创新是组织创新理论已研究多年的重要方向，企业通过科学调整两种行为的权重，可以有效地解决由环境发生变化而导致的生存限制。值得注意的是，过分探索或开发都会导致创新员工堕入行为陷阱

---

① 二元创新（行为）不等同于两种创新的缩写，而是它们均衡实施和彼此切换的行为水平表现。

（Gibson & Birkinshaw，2004），例如，研发人员习惯于既有创造思路，长期在成熟产品上做细微更新，可能导致他思维封闭，难以接受新生理念；反之把创意当作短暂的“噱头”，不深挖其核心价值，会使员工陷入“探索—失败”的恶性循环。鉴于探索与开发存在天然思维冲突（Koryak et al.，2018；Bidmon & Boe - Lillegraven，2019），员工需要培育个体二元性来转化矛盾为共生，有效汇聚这种能力成为组织的二元情境（Wang & Rafiq，2014）。不过，员工也不能一味地维持两种行为均衡，正如学者们所强调的，个体二元性应该是自我调节能力的行为体现，能因势利导地筛选行为准则（曹元坤和熊立，2020）。这就意味着二元创新行为可能是情境导向的。

不过，创新人员作为组织创新的个体基础，其“心理—行为”路径最难以把控（Gupta，2006）。首先，企业员工的时间和精力这些无形资产都十分有限，使他们无法随意分配从事多样工作；其次，探索与开发行为在时间空间上的需求差异性，要求员工有意识地进行思维调整，这对其心理认知能力是不小的考验；最后，员工很少处于两种行为均衡稳定的组织环境下，他需要不断调节变化自身心理认知能力，尽量减少角色冲突带来的负面情绪，适应特定行为需要。可想而知，二元创新绩效受到个人心理特征的显著影响，而非简单地受制于组织机制的安排，这也充分解释了同样组织/任务机制下的员工行为绩效会有很大差异的原因。相关研究表明创新员工的个性和动机在其主动创新、超越承诺行为中扮演重要角色，他们的创造行为根植于个人特质而非组织提供的支持性或遏制性环境（Kauppila & Tempelaar，2016）。Mom et al.（2009）用冲突包容、多面手和持续改善技能三种特征来形容管理者的二元性，冲突包容隐含了个体换位思考、互惠利他的思想素质，多面手表现出个体的自信能干，持续改善技能反映出个体不断突破创新的意识。Lee et al.（2016）则从认知、社会和信息技能三个方面来概括个体二元胜任力，其中认知技能隐射了矛盾思考和情绪调节，社会技能隐射了人际关系信念，信息技能隐射了学习和知识吸收素养。类似的像 Mom et al.（2015）、Teye et al.（2019）都提及个性、智商、思维、内在动机等名词来诠释员工创新时的二元心理认知基础。

通过上述理论解释，可以想象基于个体心理特征的二元创新行为不会受组织环境太大的影响，能够广泛作用于各种创新情境。因此，探索这种二元创新行为的心理认知调节系统非常重要。

6.1.2 心智模式与创新行为

社会认知理论用“特质—环境—行为”交互作用来研究员工心理认知与行为的关系，人作为一个心理系统，通过与环境的“刺激—反应”互动，产生自我调节性认知来扭曲客观事物，最终采取行动（班杜拉，2015）。借用心理学家班杜拉的观点，员工的行为根植于他的心理特质，如思维、信念、情绪、假设等（班杜拉，2015），很符合心智模式的概念特征。在创新领域中，Barr et al.（1992）首次用“心智变换”来描述企业高管应对技术革新时的特定思维，Parker（2014）也实证表明了员工的二元创新绩效是基于他在不同心智间的转化水平，而这种转化可以通过丰富工作设计来锻炼，健康的心智模式在乎于控制与灵活并存的思维。Kostopoulos et al.（2015）用多样心智模式来形容动荡环境下研发团队成员应具备的人力资本，这种心智帮助企业接触及运用多元知识解决新问题、把握新机遇。Gibson & Birkinshaw（2004）开发情境二元性概念时就指出，企业需更多地招聘具有矛盾思维的、能有效协调探索与开发行为的“聪明人”，这种员工是集规范与激情于一身的多面手，这说明个体心智模式在很大程度上决定了他的行为模式。

国内心智模式对创新影响的研究较多聚焦在共享心智这个领域。少数研究开始关注个体心智模式，例如，汤超颖等（2012）、李海红等（2020）提出心智模式直接影响研发人员创新的态度及行为，企业应营造支持性氛围和知识网络来引导员工心智对创新的正面作用。不过，上述国内外研究都缺乏对这种心智模式的系统化的实证支持，也对其具体构念缺乏认识。本书的前两章解析了二元创新的心智模式的内容结构，接下来亟待解释的便是这种心智模式对个体二元创新的影响及其作用机制。

6.1.3 二元创新的心智模式与二元创新行为

圣吉（2009）在《第五项修炼》中指出，改善心智模式之所以有利于人的行为，是因为人的心智信念发生了转变，新的信念传导可以改变人的思维方式，进而影响行为。如前面理论所述，诸多学者已尝试从心智模式的角度入手看待个体二元行为的认知基础，提出了一些十分有益的观点。本书延续 Tushman（1996）、Mom et al.（2009）学者的矛盾理论观点，认为二元并非数量，而是辩证哲学理念，或可称为矛盾或多元，代指组织（包含个体）均衡调节多重压力、持续转换学习的动态能力（及心理素养）。根据心智模式的广泛结构定义（王鉴忠，2015），二元创新的心智模式是一些特定信念和思维方式有机融合的心理素养。前面已构建了自我超越、互惠共享（信念维度）和矛盾创新（思维方式维度）三种元心智融合的构念，并开发了量表。前面得出的核心结论就在于：①自我超越等三种元心智并非分别指向探索和开发行为，而是各自承载对个体二元创新的某些影响，经过共同作用后最大限度地激励二元创新行为。②二元创新的心智模式是新型的企业心理资本，正是班杜拉（2015）在交互论中所强调的个体自我调节机能，非固有行动标准，以共享融合为终极目标。③二元创新的心智模式是三个一阶因子组成的高阶因子潜变量，无法直接测量。那么，在前面的基础上，本部分对二元创新的心智模式与二元创新行为的关系展开了简要的论证。

自我超越信念包含目标信念、自我担当、自我调节和超越承诺这些特征结构，内隐了个体在特定情境下对自己各种任务完成度的感知和调节水平，高自我超越信念的员工对完成各式任务和应对变化感到高度自信，反之亦然。自我超越是人的心理信念特征，因此相对稳定，主要影响人工作中的目标选择、努力程度和意志力等。Phillips & Gully（1997）早期就提出人的积极信念帮助员工在多样任务需要中自我调节，保持积极情绪，可以同步开展探索和开发工作。另外，高自我超越信念的员工倾向于积极承担风险，有较高责任感，能够不断地自我调整时间和精力分配，很少需要上级催促或指导，在遇到挫折和失败时能迅速恢复状态，有很高的组织承诺感。以上特征均表明，在二元创新情境下，自我超越信念可以帮助员工有激情地、坚持不懈地完成探索式和开发式创新工作，合理分配资源来调节两种创新之间的冲突。

本项研究发现，自我超越信念在很大程度上聚焦于个体对自我的认识和信念，而互惠共享信念则倾向于表达个体对他人的看法。社会交换理论告诉我们，人可以运用互惠法则来约束利己的本能，相信利他行为也能给自己带来相应回报，其本质也是一种心智信念（Perugini et al.，2003）。共享是二元创新的心智模式理念本源，个体没有互惠利他信念是无法实现的。互惠共享是基于人性对长期回报的追求以及情感需要，逐渐形成了一种人际交往规范，但同时也有差异性（张典和曹春明，2020）。从创新视角看，高互惠共享信念的员工强烈意识到人际和信息交流中的潜在利益，很重视组织内频繁交流，也期待领导及同事的资源支持，不会轻易打破公平有利的交换条件，于是提高了二元创新的发生概率；反之，低互惠共享信念的员工更多关注自身利益，不惜牺牲他人和集体的利益来实现自我价值，可能反而导致对外异质信息的封阻，甚至造成创新冲突，不利于二元创新的顺利进行。另外，相关实证研究也表明，互惠通过隐性知识转移显著提高了员工创新能力（张同健和蒲永健，2010）。

相对前两个信念维度而言，员工的矛盾创新思维解释了主动创新行为的来源，其中包含探索和优化思维，是一种勤于跳出常规思考问题而又系统理性的思维习惯。创新思维根植于个体创造力，是发散思维和专家思维的整合（An et al.，2016）。发散思维表现为积极探索全新知识，不受规范约束；专家思维则关注哪些创新具有真正的效用价值。Sok et al.（2015）指出个体创新二元性是个体创造力与专注精神的均衡作用结果，在发散创新的同时能够精心筛选创新构想，将创新价值发挥至最大化。对今天的研发创新员工而言，矛盾的创新思维意味着员工运用创造力原理，一方面消除固有思维去探索未知，另一方面又要以市场为导向将创新构想体现在产品、技术和服务的价值提升上。可见，矛盾创新思维能够同时激励个体开发式与探索式创新。

如果对应 Mom et al.（2009）、Lee et al.（2016）基于技能的个体特征轮廓，我们可以发现三维度恰到好处地反映出了这些特征根源。自我超越给予了个体强大的模糊认知技能和多面手素质，能同时处理常规和非结构性事务；互惠共享加强了个体的社会技能和接纳冲突的理念，能有效地融合外界异质知识来补充自我；矛盾创新带来了主动持续的知识技能改善，依靠二元知识的交替吸收来保持良好的学习状态。三者的共同作用完整地将个体二元性表达出来。如此看来，自我超越和互惠共享共同组成了双重信念，或者说“二元信念”，就像中国道家思想讲的“阴阳两气”一样，交融激发个体思维加工及行动程序；而矛盾创新思维代表了探索和优化的有效均衡，能随着环境变化而权变调节，就像道家“二生三”思想中的阴阳两气生成滋养万物的“和气”一样，是直接激励二元创新的思维路径。信念是思维的土壤，思维是信念的表达（班杜拉，2015），三者缺一不可。例如，二元的信念虽然解释了个体二元性发生的根源，但没有矛盾创新思维的补充是无法激活主动二元创新行为的；反之，均衡的创新思维又得靠自信和对他人信念来双向推动，不然很容易陷入思维误区；互惠共享在缺乏自我超越支持的情形下很可能产生过度依赖他人的后果，无力将外来知识有效整合运用；矛盾创新作为一种认知学习技能，又可以帮助整理和过滤互惠信念所带来的异质知识流，维持更稳健的二元创新。所以二元创新的心智模式是三者互补共生的特殊心理资本，是更高阶的共生构念。拥有二元创新的心智模式的员工依靠自我超越信念带来的强大自信、风险意识和互惠共享信念带来的多样外界知识支撑其矛盾创新思维的发散与聚合，可以更加显著地促进二元创新行为。因此，本部分首要测量的就是二元创新的心智模式及各维度对二元创新行为的作用效果，然后测量各维度对探索式、开发式创新的单独效果，以便得到更丰富的实证信息。在此提出假设1、假设2及其子假设：

假设H1：二元创新的心智模式对员工二元创新产生正向影响。

假设H1a：二元创新的心智模式对员工探索式创新产生正向影响；

假设H1b：二元创新的心智模式对员工开发式创新产生正向影响。

假设H2：二元创新的心智模式各维度对员工二元创新产生正向影响。

假设H2a：自我超越信念对员工二元创新产生正向影响；

假设H2b：互惠共享信念对员工二元创新产生正向影响；

假设H2c：矛盾创新思维对员工二元创新产生正向影响；

假设H2d：自我超越信念对员工探索式创新产生正向影响；

假设H2e：自我超越信念对员工开发式创新产生正向影响；

假设H2f：互惠共享信念对员工探索式创新产生正向影响；

假设H2g：互惠共享信念对员工开发式创新产生正向影响；

假设H2h：矛盾创新思维对员工探索式创新产生正向影响；

假设H2i：矛盾创新思维对员工开发式创新产生正向影响。

6.2 中介效应假设

6.2.1 工作沉浸理论

21 世纪的积极心理学致力于探索人们生活品质的提升以及个人生涯的发展和潜能的激发，并倡导将工作视为实现上述理想状态的重要渠道（Nielsen K & Cleal，2010）。不难发现，一些员工在高压力、高变数的工作环境下仍能保持充满激情、全心投入的工作状态，积极心理学把这种现象称为“工作沉浸”（Work – Related Flow）。工作沉浸是近年来积极组织行为学愈发关注的概念。最早“沉浸”（Flow）这个名词是由心理学家 Csikszentmihalyi 在 20 世纪 70 年代提出的，他发现当个体在从事自身技能可控的任务挑战时，容易产生一种高度投入的精神状态，并伴有忘我、享乐和完全自发等的特殊体验。他用“水流”（Flow，即沉浸）这个词来形容这种源源不断的高峰体验（Csikszentmihalyi，1990）。Csikszentmihalyi（1990，2009）、Asakawa（2004）描述沉浸为一种乐观体验（Optimal Experience），是个体认知过程中的高效率、高投入、高激励和高享受状态，因自我感知的任务挑战和个体技能达到平衡状态而产生。后续研究陆续针对日常工作、休闲、体育、学习、艺术创造等诸多领域进行了大量探索，发现大多数沉浸体验都发生在工作情形中（Bakker，2005；Csikszentmihalyi，2009），并与人的注意力、决断力、创新行为、创造力以及工作绩效积极相关（Aube et al.，2014；Zubair & Kamal，2015；Harris et al.，2017）。从职业健康心理学视角看，工作沉浸就是一种有助于员工身心健康的工作状态，通过满足人的基本需求来提升工作幸福感（Ilies et al.，2017）。学者归纳出沉浸有效影响个体绩效的三种方式：①沉浸是工作投入的高峰状态（Nielsen K & Cleal，2010），自然会带来最积极的表现；②沉浸体验会强化个体对未来工作的期许，从而形成内在动机的循环（Engeser & Rheinberg，2008）；③为了再次体验沉浸，个体会愿意接受更多挑战（Nakamura & Csikszentmihalyi，2005）。因此，工作沉浸一般被理解为一种内在的成就导向动机，能促进个体和组织绩效，乃至于生活福祉。

关于工作沉浸的内容结构及测量研究，Bakker（2005）提出的三维度构念在组织行为学中最常被引用。Bakker（2005）明确定义工作沉浸为工作中的短期高峰体验，由专注（Absorption）、享乐（Work Enjoyment）和内在动机（Work Intrinsic Motivation）三部分组成。专注指的是全身心地投入在工作当中，以至于忘记周边事物的发生；享乐指的是工作本身能带来很高的情感和认知评价，使个体享受工作的质量和乐趣；内在动机指的是个体为了工作本身努力投入，而非受到外在的刺激（如奖励、提拔等）影响，对工作本身充满兴趣，有充足的价值感和满足感（Bakker，2008）。Bakker（2008）开发了三维度的"工作沉浸量表，即WOLF"，具有较强的统计学信效度，测量一定时期内员工的总体沉浸体验，目前已得到学界的广泛认可和验证。另一种较常用的测量工具是ESM（Experience Sampling Method）体验抽样法，让受访人随身携带一个传呼机之类的测量仪器，在一周（以上）时间里随机呼叫受访人，紧接着受访人便填写沉浸感自陈量表，这样可以更准确地追踪沉浸状态的变化，获得精确的一手资料。不过，鉴于该方法在大样本测试时体现出较弱的实际可操控性，且可能造成受访者频繁受到干扰，组织行为学中多数使用的还是像Bakker（2008）这样的测量工具。

相比学者对工作沉浸的积极效果的一致看法，其产生机制及影响前因却一直保持着争议。首先，Csikszentmihalyi（1975）、Bakker（2005）以及Larche和Dixon（2020）等主流学者均认为工作沉浸是由个体感知的高任务挑战和高个体技能达到均衡时所产生的，因为此时的个体最具任务操控力，能在发挥最大潜能的同时完成最大化的任务绩效，因而获得最大化的工作快感。特别是Csikszentmihalyi（1990）的研究，指出"挑战—技能平衡"状态非常重要，个体在感知的技能与挑战未达到平衡时很容易产生焦虑或厌倦的状态；随后又发现技能—挑战并非简单的线性关系，技能和挑战均很低时人可能产生麻木感，对工作持消极态度，只有技能和挑战均较高的情形才可能产生沉浸体验。在此基础上他构建了"四通道模型"，分别针对高技能—高挑战、高技能—低挑战、低技能—高挑战、低技能—低挑战四种情形提出沉浸、厌倦、焦虑和冷漠四种工作状态。Deichter（2011）、Yoshida（2018）、熊立和熊天任（2020）等多位学者用实证或实验方法对“挑战—技能平衡”作为沉浸前因的中心地位给予了支持。

不过，一些学者对“挑战—技能平衡”的主导地位提出了质疑。例如，Lovoll & Vitterso（2014）通过实证意外地发现“挑战—技能平衡”只解释了4%的个体情感体验变异量。另有实验也发现，在象棋比赛中似乎挑战略高于自身技能时沉浸感最为显著（Abuhamdeh & Csikszentmihalyi，2009）。Bakker et al.（2017）借鉴自我决定理论视角，提出工作沉浸可能在工作情境和自我决定策略的双重作用下产生，个体认知资源（如效能感、韧性等）的影响也不容忽视。这些结论的不一致可能原因有：一是学者对挑战和技能的测评不够精确，个体对挑战和技能的感受及判断标准都是相异的，所谓“高低”都是因人而异，主观性强，这就可能导致看似矛盾的实证结果；二是忽视了“挑战—技能平衡”与其他前因之间的实质性关系。Csikszentmihalyi（2009）曾明确提出工作沉浸中除“挑战—技能平衡”外的其他八个结构特征，后来Fong et al.（2015）将它们划分成工作沉浸的前奏、内容及后效：前奏包括“挑战—技能平衡”、目标明确、反馈清晰；内容特征包括专注、行动—意识融合、控制感、自我意识消失和时间转换；后效则是自带目的性。他通过元分析发现“挑战—技能平衡”仍是诸多研究中最稳健的沉浸特征，其次就是控制感和目标明确，共同解释了绝大部分的沉浸变异量。事实上，归纳其他学者的研究可知，工作沉浸的实质前因大体上可划入个体和情境两大块，前者包括情绪、认知、人格、目标导向等，后者包括工作特征、领导影响、组织氛围、工作资源等（祝丽怜和陈丽霞，2012），而前面讲的九种沉浸结构特征实质上是沉浸的过程因素，或者说渠道，各种前因是通过这九种特征渠道来形成工作沉浸的。尤其鉴于Fong et al.（2015）的元分析结果继续支持了Csikszentmihalyi、Bakker等人的主流观点，本书相信沉浸的前因主要通过激发个体对“挑战—技能平衡”、控制感、目标明确三种状态的感知带来沉浸体验。也就是说，所谓“平衡”，未必是挑战和技能的实际等量，而是个体主观意识下的“力所能及”和随即产生的“满足感”，换言之，“挑战程度”是由个体期望值决定的，就像主观幸福感一样，期望值会伴随人格、情境等发生同步变化，但最终的高峰体验兴许都是等值的。这给予了我们新的启示：研究工作沉浸的前因应着重思考个体和情境因素是否能带来个体的

“挑战—技能平衡”、控制感、目标感等沉浸感知，如此才能更清晰地透视工作沉浸产生的内在机制。

6.2.2 二元创新的心智模式与工作沉浸

心智模式是个体对自我、他人、组织及周遭世界各个层面的复杂关系的描述、解释和预测的认知系统（Rouse & Morris，1986；Senge，2006）。心智模式对世界系统状态的认知会延伸并改变自我生存状态的认知（Greca & Moreira，2000）。Senge（2006）指出，所谓改善心智模式，是通过核心的自我调节功能来改良个体对系统的认知情绪和态度，产生积极自我评价和内在动机的过程。内在动机是激发和维持个体行动的内生动力，以兴趣和享乐等内在激励因素为典型特征（Ryan & Deci，2000），其与工作沉浸的联系已广为探讨。学者们把工作沉浸视为乐观体验的“内生”高绩效导向动能，也被称为个体内在动机的外显状态（Fong et al.，2015；Csikszentmihalyi，2009）。另外，Nakamura 等（2019）也认为沉浸是内在动机的一种模式。那么有理由相信，心智模式改善很可能激发高内在动机的工作沉浸体验。

尽管目前尚未有学者从二元性认知视角来解释个体工作沉浸的产生及其变异，一些研究已表明人的社会认知系统可以提升工作中的沉浸体验。Beard & Hoy（2010）对教师的一项调查发现，专业乐观的教师很容易产生工作沉浸；Salanova et al.（2006）经过历时八个月的纵向调查发现，自我效能提高了员工的挑战意愿、努力意愿和克服困难的精神，对工作沉浸有十分显著的积极影响；Bakker et al.（2017）进一步归纳指出，个体认知资源（如心理资本等）促使他/他的自我决定策略更为有效，从而提升工作沉浸感。

自我决定理论指出，人在追求某些生活目标时懂得自我激励，这些目标的满足能带来幸福感（章凯等，2018）。自我决定理论的主导关注点便是人的内在动机，提出人都具有自主、胜任和关系三种基本需要，会有意识地运用个体认知资源来满足这些需要，满足的方式可能是启动自我决定策略，最终的满足会带来沉浸体验（Bakker et al.，2017）。不难发现，二元创新的心智模式具有很强的“二元性”特质，与环境可控性感知密切相关，可以说是丰富的认知资源，体现出个体内在目标和意识与外在工作环境的匹配，能用自我决定策略促使沉浸的发生（Bakker et al.，2017）。具体而言，首先，二元创新的心智模式具有心智结构的灵活转换性，所持有的“万物互惠”信念能帮助员工妥善处理工作与休闲之间的二元悖论，引导其主动寻求创新工作的乐趣和意义，合理分配创新资源，主动克服创新悖论，达到工作中的心理平衡状态。其次，部分学者指出沉浸可能由人格特征决定，即有些人更容易产生沉浸（Bakker，1993；Nielsen & Cleal，2010）。从这个角度看，二元创新的心智模式的“本职”就是化解认知悖论，能运用平衡导向的自我决定策略，一方面重视发挥并深挖个人既有的创新技能，另一方面勇于挑战力所能及的全新任务，这种策略行动下很容易触碰到挑战和技能平衡的沉浸状态。正如前所述，“屈身于常务而不陷入颓萎僵化，伸展于变化而不陷入贪婪迷茫”，二元创新的心智模式能使员工有效地规避挑战与技能不均衡带来的工作厌倦、冷漠或焦虑状态，使该员工具有沉浸特质（Nielsen & Cleal，2010）。

这种心智模式的三维度也对工作沉浸产生正向影响。首先，自我超越信念包含自信、责任和超越，化解的是稳健与激进方面的悖论。自我超越信念可能通过满足内在成就动机来触发员工创新中的沉浸体验。其原理是：高自我超越的员工具有高度自我认识，能准确地判断自身技能水平，这会促使员工更加主动地接受能力范围内的挑战，并付出相应的努力来适应略高级别的挑战，直至达到“挑战—技能平衡”的沉浸状态。而随着技能的不断提升，成就动机又会使员工萌生新的挑战欲望，以此来维持沉浸的高峰享受（Wright et al.，2006；Sumaya & Darling，2018）。Pineau et al.（2014）对运动员的实证研究表明“正念”（即专注的一种形式）的员工更容易产生沉浸体验，而运动员目标感和效能感起到关键的启动作用。Bakker et al.（2017）的最新研究指出错误的心智信念可能阻碍沉浸体验的发生，并指出自我领导是员工主动寻求沉浸感的自我决定策略。班杜拉（2015）也指出高自信的员工在面对挫折和阻碍时具有更强的情绪调节能力和坚定的自我意识，使该员工保持良好的工作投入状态。以上研究涉及的概念均反映出自我超越的典型特征，可见自我超越信念激活了创新人员的内在动机，使之更为专注，合理地协调配置资源，快乐地投入创新活动中，达到沉浸所需的“挑战—技能平衡”。

其次，互惠共享信念是对他人交换关系的信念，化解的是利己与利他方面的悖论。互惠共享信念可能通过积极的社会交换关系来触发员工创新中的沉浸体验。社会交换理论强调把无形的关系报酬如情感、信息、服务等纳入人的交换动机当中，如一个人在社会交往中帮助他人后得到认可，会给他带来精神上的满足感，并期待受惠人的未来回报。Nielsen & Cleal（2010）发现员工从事人际技能要求较高的工作更容易激发工作沉浸，因为人际工作比机械的常规工作更可能伴随人际互惠，通过满足他人带来自身快乐，建立有价值的人脉，更大地满足尊重和成就的需要。另外，Yan et al.（2013）发现频繁进行知识分享的创新员工更多地体验到工作沉浸，并伴有创造力的明显提升。他分析得出，知识分享可以带来更多创意和解决问题的新方法，并增加员工在创新中的愉悦感和专注度。还有一些研究表明工作资源丰富有利于员工的工作沉浸（Bakker，2017；代宝和罗蕊，2019）。知识是重要的资源，拥有互惠共享信念的创新员工既重视自身知识技能的开发，又愿意主动吸收外来知识用于创造和挑战，通过异质而又均衡的创新知识与原有知识交互碰撞，把自己沉浸在吸收、分类、整合和运用这些新知识的土壤中，达到“挑战—技能平衡”。简言之，互惠共享信念使创新员工懂得了适度地利己利他，努力营造良好的人际氛围，从情感和信息两个方面给自己带来专注、享乐和主动的沉浸体验。

最后，矛盾创新思维包含探索和优化思维，化解的是发散与聚合方面的悖论。矛盾创新思维是主动创新的内在动力，可能通过完整并有趣的创造过程来触发员工创新中的沉浸体验。教育研究表明，沉浸式教学中的思维历练是根本的认知机制（郭睿，2015），思维会影响沉浸的认知加工功能（王康程，2014）。目前在创新领域中，有实证发现组织提供具有创造性的工作岗位有助于员工产生工作沉浸（Moneta，2012；Primus & Sonnenburg，2018），这从侧面说明了创新思维能激发工作沉浸。结合二元性视角，完整的创新思维是探索思维向优化思维成功转换并付诸实践的过程。探索思维引导员工在思考时主动挑战未知，乐于创造新元素，并不需要外在刺激；优化思维又善于归纳创意，整合零散思绪，产生具有可操作性的创新成果。换言之，矛盾创新思维先诱导员工进行自我挑战，再努力思索如何更新自身技能来迎合，以便达到“挑战—技能平衡”的沉浸状态。另外，创造性思考是个玩趣的过程，用创新思维能有效地防止工作中的无趣。玩趣是人的天然内在动机，伴有享乐、投入和主动性等特征（Csikszentmihalyi，1975；Bakker et al.，2017），与工作沉浸的特征完全吻合。可想而知，矛盾创新思维也会使员工进入工作沉浸状态。

综上所述，二元创新的心智模式对世界系统的认知是适度辩证逻辑下的主动、互惠和求新，在重视创新结果的同时也关注创新过程的积极体验，在平衡策略行动中产生良好的工作状态。相反，无法均衡引导二元创新的心智模式则难以处置探索与开发的认知悖论，很可能致使员工陷入过度挑战或技能依赖的单边陷阱之中，产生工作厌倦感或挫折感（Csikszentmihalyi，1990），降低创新绩效。因此简单归纳，二元创新的心智模式有助于员工提高沉浸体验。因此提出假设3和假设4：

假设H3：二元创新的心智模式对创新员工工作沉浸产生正向影响。

假设H4：二元创新的心智模式各维度对创新员工工作沉浸产生正向影响。

假设H4a：自我超越信念对创新员工工作沉浸产生正向影响；

假设H4b：互惠共享信念对创新员工工作沉浸产生正向影响；

假设H4c：矛盾创新思维对创新员工工作沉浸产生正向影响。

6.2.3 工作沉浸与员工二元创新

目前虽未有直接的有关工作沉浸与二元创新行为的实证成果，却已有不少研究从侧面反映出沉浸与创新行为或创造力之间的关系。早期Wright et al.（2006）就运用探索性方法考察了从事创造性工作的人（如艺术家、音乐家）是如何产生和经历沉浸感的，发现享乐、刺激和正强化等因素预测了创造行为。后续像Yan et al.（2013）、Zubair & Kamal（2015）的实证研究均得出创新员工由心理资本机制带来的工作沉浸感能提升创造力。王忠等（2017）实证表明，作为一种玩趣心理状态，工作沉浸中的专注、享乐和内在动机会很好地诱发员工去主动探究新事物，乐观面对困惑，同时坚持不懈地完善已有创新成果，更自信地推动创新行为。并且不难推论，在沉浸过程中个体增强了创新意识，体验到工作兴奋感，还强化了重复这种体验的需要，可以逐渐增强他/她的创新能力。最直接的是Sok et al.（2016）的调查报告发现工作驱力和工作享受这些良好的状态直接激励员工的二元行为，这在很大程度上反映出工作沉浸的内涵特征。

值得一提的是，尽管沉浸和创新行为可能是互为因果的关系，但本书认为需要进一步探讨沉浸对二元性创新行为的预测价值。根据沉浸理论可知，员工在沉浸中体会到的高峰享受会诱导他/她不断地均衡处置探索与开发活动，以维持平衡的高峰状态。也就是说，沉浸状态下驱动的创新行为更具稳定性和均衡性，是长效机制，更加值得实证检验。进一步分析，回顾 Freddckson 关于“拓展—建构理论”的早期研究，着重强调积极情绪在拓展组织员工的认知—行动范畴和提高创新概率上起到的关键作用（Freddckson，2001）。该理论认为，积极情绪具有持久的适应价值功能，能制造个体资源和拓展人的活动类型（Sok et al.，2016）。可以想象，员工在工作沉浸中所体会到的积极情绪能有效地点燃他/她的创新热情，尝试多样活动，并持续改善行为绩效（Zhou & George，2003）。而且，Ghani & Deshpande（2016）通过人机互动实验发现，沉浸体验会激励个体同时从事探索与开发活动。在沉浸过程中，个体明显感受到自身行动的高度可控性，对探索与开发的双重认知格外清晰，能顺畅地交替行动，得心应手（Nielsen & Cleal，2010）。那么结合上述论点，从享乐适应（hedonic adaptation）的理论角度也不难推论，沉浸带来的高峰快感会在一定时期内消减至平常快乐程度，也可以解释为用技能征服挑战后逐渐产生的厌倦情绪，因此处于“挑战—技能平衡”的沉浸状态的创新员工会为了维持高峰享乐，不断地调整挑战高度和现有技能的匹配水平，循环增益下去，自然维持了探索式和开发式创新的总体均衡。所以说，工作沉浸不仅能激励员工的创新行为，而且有助于均衡地处置两种创新的交互关系，带来更为稳定的二元创新绩效。因此提出假设5：

假设 H5：工作沉浸对员工二元创新产生正向影响。

假设 H5a：工作沉浸对员工探索式创新产生正向影响；

假设 H5b：工作沉浸对员工开发式创新产生正向影响。

6.2.4 工作沉浸的中介作用

自我决定理论认为，人一生中必须持续满足自主、关系和胜任三种需要，但这些需要是如何满足的，满足后又会带来何种效用？结合沉浸理论来解释的话，人的积极心理认知是工作沉浸及后续行动产生的一条内生路径，人可以发展自身信念来促进其满足自主、关系和胜任需要的社会活动，而这些信念又可能由自我决定策略等主观能动性来表达（Deci & Ryan，2008；Bakker et al.，2017）。二元创新的心智模式通过自我超越、互惠共享和矛盾创新三种信念和思维准确地刺激了创新人员的自主、关系和胜任需要，诱导其运用自我决定策略来激活沉浸感，进而提升二元创新行为绩效。另外，结合“拓展—建构理论”对积极情绪的认识，二元创新的心智模式作为一种积极的心理认知，用特殊信念和思维妥善地处理个体在创新实践中的多重悖论，容易使人进入良好的、平衡的工作状态，在沉浸的积极情绪中推进二元创新行为。简言之，心智模式会影响人的生存状态，而生存状态会影响人的行为绩效，二元创新的心智模式虽可能由“认知—行为”路径直接影响创新行为，但也可能通过改善员工工作状态来间接影响创新行为。据此提出工作沉浸的部分中介作用假设：

假设H6：工作沉浸在二元创新的心智模式及其各维度与员工二元创新之间起到部分中介作用。

假设H6a：工作沉浸在自我超越信念与二元创新之间起到部分中介作用；

假设H6b：工作沉浸在互惠共享信念与二元创新之间起到部分中介作用；

假设H6c：工作沉浸在矛盾创新思维与二元创新之间起到部分中介作用。

6.3 调节效应假设

6.3.1 网络知识异质性的调节作用[①]

本书选取网络知识异质性作为调节因子，除了是基于社会认知理论的

① 本书测量的“网络”指员工工作网络，包括同事、朋友、客户、同行、合作伙伴等内外界提供信息的人脉。

交互决定框架以外，还有这几点考量：第一，创新人员的网络嵌入式工作性质要求他们不能“闭门造车”，创造灵感和知识成果都频繁产生于网络知识的互惠；第二，二元创新的心智模式构念源于情境二元性的理论假设，那么其共享性本源就决定了对外知识交流的必然性，个体二元性如果没有了共享导向，便限制了二元创新的心智模式存在的意义，网络关系很好地体现了二元创新的心智模式中互惠共享信念所表达的意义；第三，网络关系类型的因子很具有中国文化特色，它对应着人脉因素在创新活动中的影响，很符合样本特征，可以探究人脉究竟如何影响两类不同的创新活动；第四，网络知识异质性是在创新中最能反映出网络关系的因子，以后会有阐释。

社会网络理论把网络关系看作个体成员间通过互动交流产生有价值资源并影响他们行为的相对稳定的社会结构，或谓之人脉（Granovetter，1973）。结构洞理论一般从强弱关系视角来研究网络，认为强关系的人际间感情纽带深，有频密的沟通互动，但容易反复产生同样的信息；弱关系感情较浅，却能吸收多种多样的信息，但易形成彼此间知识紊乱，缺乏有效整合（Tiwana，2008；Zhang et al.，2018）。网络关系属于组织社会资本，例如，人（组织）可以通过加入创新网络广泛吸收异质知识，逐渐学会新的技能。从网络异质性看来，个体与其关系网的学历、专业、技能、经验和观念背景可能趋同或相异，嵌入在关系网中的知识经验在很大程度上决定了他的行为方式，因此知识异质性是关系网中最显著的特征（王海花等，2019）。Rodan et al.（2002）发现网络知识异质性对管理者的创新行为及组织绩效均有正向影响，但未具体化创新的类型。另有研究却表明基于异质知识的团队网络对创新产生倒“U”形的关系（黄同飞和彭灿，2015），因为知识异质性过低代表知识重复冗余，逐渐失去了创新网的存在价值，过高则意味着知识冲突繁杂，不利于创新的高效利用。

创新员工都有各式各样的网络关系（含组织外人脉），可以产生异质知识流，且同一团队下员工各自的网络也可能不同。用关系嵌入学习理论来解释，低知识异质性意味着更多相近知识输入个体，这样能更显著地刺激个体自我超越信念对已有技能不断地巩固和完善，并强化与相近知识载体的网络互惠关系，加快促进开发式创新行为的产生；而高知识异质性创造了多样知识和创意的网络氛围，容易激发个体发散性创新思维，加强个体从事多面手工作的信心，又可以促进探索式创新活动的开展。另外，心智模式作为个体信息吸收载体，离不开环境信息互动（班杜拉，2015）。二元创新的心智模式虽然创造了个体二元知识吸收的新鲜土壤，如果网络知识异质性过高或过低，会在短时期内产生大量紊乱无关或重复冗余的信息输入，导致个体二元思维失衡而偏移至一种行为，缺乏足够知识应对另一种，最终导致二元创新绩效下滑。因此，个体应利用相异网络知识带来新想法、新思路，再利用相近知识将其“去粗取精”地融合成适合自己创新思维的成果，也即网络知识异质性可能对“心智—行为”产生两种调节作用。在此提出假设7：

假设H7：网络知识异质性在二元创新的心智模式与两种创新行为之间起到调节作用。

假设H7a：网络知识异质性在二元创新的心智模式与探索式创新之间起到正向调节作用；

假设H7b：网络知识异质性在二元创新的心智模式与开发式创新之间起到负向调节作用。

6.3.2 权力距离的调节作用①

权力距离是另一个颇具中国文化特色的调节变量。首先，“心智—行为”的转换过程在实践中可以理解为一个知识付诸行动的过程。Rubin et al.（2015）指出，组织是一个多层次的知识交互系统，拥有众多的知识节点，这些节点就是知识的发送者和接受者，他们的交换关系在很大程度上决定了知识传递的类型和质量。用孙靖和沈志渔（2014）的话来解释，组织内外部知识创造和吸收后，并非简单相加形成组织知识的运用，而是经历了扩散、利用、再创新、再利用的过程，也就是说成员间的交换关系对知识的最终利用效果存在显著影响。组织成员交换关系中最典型的就是阶层关系，因为阶层领导都处于最关键的网络节点，是知识流动的“看门人”（孙靖和沈志渔，2014），其态度和行为直接影响到下属行动的

① 本书测量的权力距离指员工感知的直接上级（如团队领导）的心理距离，不同员工的距离感差异可能和上下级关系、阶层、资历、性格等诸多因素有关。

发生与践行。

如果说网络知识异质性是“心智—行为”转换过程中的水平影响因素，那么员工感知的权力距离就扮演着垂直影响因素的角色。借鉴二元领导视角，Jansen et al.（2008）认为高管团队的整合与协调活动在二元组织形成中起到关键的作用，是一种“领导→员工”到“员工→组织”的二元性发生机制。Lin & McDonough Ⅲ（2011）进一步提出“有限授权型”领导可以同时激励员工的突破式和渐进式创新行为；孙靖和沈志渔（2014）也认为变革型领导具有鼓舞创新、支持启发的领导特质，净化了上下级信息渠道，很适合充当关键网络节点，能有效地促进知识向组织的转换。考虑到上述研究探讨的二元领导风格都隐含了较高的授权特质，本书相信组织员工感知的权力距离高低会影响他二元创新的心智模式向二元行为转换的过程。

权力距离原本是国家文化维度中的一个，指的是组织中权力分配不平等的程度，尤其体现在上下级之间的心理距离。领导作为影响组织行为的重要权变因子，与追随者可能发生微妙的交换关系。权力距离与领导风格又有差异，在同一单位测量时同一领导的风格应趋向一致，而权力距离是每个成员自我感知所得，与其上下级关系、所处阶层、资历等诸多因素有关（郑晓明和刘鑫，2016），统计变异度会更高。本书测量的便是员工对直接上级的权力距离感。相对网络知识异质性而言，权力距离感的调节作用主要体现在个体心理认知到行为发生过程中的催化或抑制作用。具体而言，创新团队成员在多大程度上感受到权力距离，可能对其创造、吸收知识后进行的创新转换过程发生影响（张燕红等，2018）。高权力距离意味着该员工感知的上级“官本位思想”较重，阶层沟通较正式，他/她可能偏向上级权威，选择思想顺从，限制了他/她的自由发挥和创造积极性；低权力距离代表阶层关系较为扁平，上下级沟通范式自由，上级给予下级民主，那么下属便更愿意自由发挥，敢于挑战权威。可见，尽管创新员工可能具备较好的心智模式素养，但过高的上级权力距离感很可能遏制其多样化的新思想和新观点的实践传递，出于对行动结果的忧虑，他/她反而更愿意执行相对保守的开发活动，以迎合上级基本要求。吴沙沙和顾建平（2015）的研究表明主管的权力距离负向预测下属的创新构想产生，但正向预测创新构想的执行。本书进一步认为高权力距离会打击下属发散思维向上传递的积极性，却容易激励现有知识的改良设想，如降低成本的新方法，因为这样更容易获得上级的认可而顺利转换为创新成果。相反，低权力距离感可能使员工更加具备主人翁精神，敢于创新争优，特别对探索式创新行为有显著促进。因此，本书认为权力距离在二元创新的心智模式向二元创新行为的转化过程中产生调节作用。在此提出假设8：

假设H8：权力距离在二元创新的心智模式与两种创新行为之间起到调节作用。

假设H8a：权力距离在二元创新的心智模式与探索式创新之间起到负向调节作用；

假设H8b：权力距离在二元创新的心智模式与开发式创新之间起到正向调节作用。

综上所述，研究者将用实证分别检验二元创新的心智模式对二元创新行为的中介机制和调节机制。

6.4 小　　结

本章基于理论演绎和逻辑论证，就二元创新的心智模式对员工创新的作用机制问题进行了详细的分析探讨。整体上说，本章提出了8个假设，建立了“二元创新的心智模式—工作沉浸—二元创新”的研究模型，并认为该员工适中的异质知识人脉和阶层距离感起到最优的调节作用。这个模型试图诠释出激励个体创新的较系统的内生机制，也可谓是个体知识创造到应用的流动过程。第7章将用问卷调查法对本章假设进行一一检验，并讨论所得到的结果。

以下是所有假设的汇总展示：

第一部分：直接效应假设。

假设H1：二元创新的心智模式对员工二元创新产生正向影响。

假设H1a：二元创新的心智模式对员工探索式创新产生正向影响；

假设H1b：二元创新的心智模式对员工开发式创新产生正向影响。

假设H2：二元创新的心智模式各维度对员工二元创新产生正向影响。

假设H2a：自我超越信念对员工二元创新产生正向影响；

假设 H2b：互惠共享信念对员工二元创新产生正向影响；

假设 H2c：矛盾创新思维对员工二元创新产生正向影响；

假设 H2d：自我超越信念对员工探索式创新产生正向影响；

假设 H2e：自我超越信念对员工开发式创新产生正向影响；

假设 H2f：互惠共享信念对员工探索式创新产生正向影响；

假设 H2g：互惠共享信念对员工开发式创新产生正向影响；

假设 H2h：矛盾创新思维对员工探索式创新产生正向影响；

假设 H2i：矛盾创新思维对员工开发式创新产生正向影响。

第二部分：中介效应假设。

假设 H3：二元创新的心智模式对创新员工工作沉浸产生正向影响。

假设 H4：二元创新的心智模式各维度对创新员工工作沉浸产生正向影响。

假设 H4a：自我超越信念对创新员工工作沉浸产生正向影响；

假设 H4b：互惠共享信念对创新员工工作沉浸产生正向影响；

假设 H4c：矛盾创新思维对创新员工工作沉浸产生正向影响。

假设 H5：工作沉浸对员工二元创新产生正向影响。

假设 H5a：工作沉浸对员工探索式创新产生正向影响；

假设 H5b：工作沉浸对员工开发式创新产生正向影响。

假设 H6：工作沉浸在二元创新的心智模式及其各维度与员工二元创新之间起到部分中介作用。

假设 H6a：工作沉浸在自我超越信念与二元创新之间起到部分中介作用；

假设 H6b：工作沉浸在互惠共享信念与二元创新之间起到部分中介作用；

假设 H6c：工作沉浸在矛盾创新思维与二元创新之间起到部分中介作用。

第三部分：调节效应假设。

假设 H7：网络知识异质性在二元创新的心智模式与两种创新行为之间起到调节作用。

假设 H7a：网络知识异质性在二元创新的心智模式与探索式创新之间起到正向调节作用；

假设 H7b：网络知识异质性在二元创新的心智模式与开发式创新之间起到负向调节作用。

假设 H8：权力距离在二元创新的心智模式与两种创新行为之间起到调节作用。

假设 H8a：权力距离在二元创新的心智模式与探索式创新之间起到负向调节作用；

假设 H8b：权力距离在二元创新的心智模式与开发式创新之间起到正向调节作用。

7 二元创新的心智模式对员工创新的作用机制：实证检验

本章主要是通过大样本问卷调查来检验第 6 章提出的若干假设，验证二元创新的心智模式对员工二元创新是否有直接的激励作用，是否通过员工工作沉浸感来促进二元创新，以及这种“心智—行为”的转化过程是否受到权力距离和网络知识异质性的调节影响。本次实证研究重新选择了创新团队的样本，采用 SPSS 和 AMOS 统计软件进行分析，结构方程作为主导方法，目的是更好地透视二元创新的心智模式、二元创新行为等高阶变量的多阶层相关关系，并佐证二元创新的心智模式的高阶理论价值。本章第一部分是介绍问卷使用的测量量表、样本特征以及调查问卷的信效度检验；第二部分是自因变量的直接效应检验；第三部分是工作沉浸的中介效应检验；第四部分是调节效应检验；第五部分是小结。

7.1 测量量表

二元创新的心智模式。采用本书第三、第四章开发出来的构念维度和测量工具，共 11 个题项，分别是自我超越（5 题）、矛盾创新（3 题）和互惠共享（3 题）三个维度，已初步得出较高的信效度水平，在本部分研究中可以继续验证它的创新预测效度，三维度得分相加得出总分。

工作沉浸。采用最常用的是 Bakker（2008）的三维度量表，共 13 个题项。如前所述，Bakker（2008）的量表已被学界使用过多次，并被翻译成多国语言，具有很稳定的内容效度。该量表将员工工作沉浸分为专注（4 题）、享乐（4 题）和内在动机（5 题）三个部分，相加得出沉浸得分。

经过参考祝丽怜（2013）、林忠和郑世林（2014）的工作沉浸中文版问卷，加之精心翻译，提炼出中文问卷，测试一个时期内的工作状态。具体题项见书后的附表，后同。

二元创新行为。由于二元创新行为一般被视为探索式与开发式创新行为的高阶潜变量，基于不同理论观点，其测量方法会有不同。如前所述，本书立足谐和均衡的矛盾理论观点，认为二元创新是两种创新行为均衡实施的交互水平，就采用了较常用的 Mom et al.（2009）的个体二元性问卷，在语义翻译过程中还参考了 He & Wong（2004）的问卷，得出 14 题的中文版问卷，先分别测量探索式和开发式创新行为，再通过交叉乘积方法得出二元创新的总体效果。

网络知识异质性。采用的是吴岩（2014）为创新团队开发的网络知识异质性量表，并参考了王兴元等（2013）开发的跨学科创新团队知识异质性的量表，根据研究要求编制出 6 个测项，并备注说明了“工作网络”专指与员工创新工作相关的人脉，不包含彼此无信息交流的熟人/同事。问题测量的是创新员工如何评价自己的工作网络。

权力距离。同样采用了国外较权威且相关的量表，即 Rodriguez & Hechanova（2014）在企业文化与二元创新的相关研究中所使用的量表，归纳出用于研究的 5 个题项，并指明了是测量对自己直接上级所感知的权力距离。

控制变量。根据以往经验，研究加入了员工的性别、年龄、教育程度、所属行业和工龄五个因素作为控制变量，这些因素很可能从不同方面对员工创新行为产生一定的影响（刘晖等，2017），同时也可以检验这些因素可能对二元创新带来的显著差异性。因此将它们视作控制变量，其中年龄和工龄用客观数值来表述，性别用两个虚拟数值来表述，教育程度分为大专、本科和研究生以上三类，行业分为信息技术等六种，样本描述性统计详见表 7 - 1。

以上五个主变量的测量工具除本书开发之外，均为国内外权威刊物上的文献所使用的量表，已被广泛使用和验证，并与本书内容极为相关，经过国内研究者翻译和悉心的改良和编制，请语言专业研究生进行了中英文互译校对，最后确定了共 50 道题的总体问卷。此次调查仍采用的是 7 点李克特量表测量，7 代表完全符合，1 代表完全不符合。

后面在数据收集的基础上进一步检验了该问卷的信度、结构效度、聚合效度和区分效度。

7.2 样本收集

本次研究的样本同样来自高科技密集地带与工业转型升级重点地区，包括北京、上海、广州、深圳、杭州、义乌、长沙、南昌、上饶、吉安和赣州等地。一共发放600份问卷给81家企业的创新研发团队/部门，这些企业均为中高科技型企业，所处行业也都面临着较为显著的二元创新需要。发放问卷的途径主要有两个：先通过“滚雪球抽样法”借助研究团队分布在以上地区企业的毕业生群进行推荐，然后电话沟通初步表达意图，得到允许后发放问卷，共对50家企业发出431份；另外，利用自身社会网络以及政府主管部门介绍，对31家企业发放问卷169份。调查对象均为创新研发部门成员，包括部分基层团队领导，均要求在该单位就职创新工作一年以上。为了更好地验证变量间的因果关系，同时降低同源偏差，本次调查分为三个时间段：时间段1收集自变量、调节变量和控制变量数据，时间段2收集中介变量数据，时间段3收集因变量数据。经过参考前人办法以及详细考虑，各变量数据收集间隔至少1个月，这样测量相对同步测量会更加准确（Podsakoff et al.，2003；Mom et al.，2018）。具体方法是在所有匿名问卷上标注三位数编号，请被试务必记住自己编号再填写，回收后按单位分类，下次分别发放时请他们选择自己的问卷继续填写。研究者在期间保持电话跟踪，对存在疑问进行解释，强调数据仅供科学研究，将严格保密，测试全程由中间人控制，研究者和管理者尽量回避，以求更客观理性地回答问卷。时间段1由各渠道回收的问卷共502份，剔除明显无效问卷23份①，得到了479份有效问卷。根据这些有效问卷的编号，在时间段2再次发放中介变量部分问卷，要求对号入座应答，回收465份，剔除无效问卷后剩余451份。最后以同样方式再次发

① 无效问卷包括缺失值或填写“不确定”项超过15%的、观点明显矛盾的、过于随意的、一致性过高等无效情况。

放因变量部分问卷，最终回收了 432 份，有效问卷 412 份，最终有效率为 68.67%。最终回收的问卷来源包含 19.5% 的生物医药企业、25.2% 的机械类企业、14.9% 的电子科技企业、8.2% 的人工智能企业、20.6% 的信息技术企业（含软件科技和互联网 +），以及 11.6% 的汽车（含衍生品）企业。其中男性 257 人，女性 155 人，40 岁以下、本科及以上学历占大多数，总体样本的数量也达到研究的基本要求。表 7－1 展示了样本的基本特征统计。

表 7－1　　有效样本特征的情形统计（n＝412）

变量	类别	人数	百分比（%）	变量	类别	人数	百分比（%）
性别	男	257	62.4	工龄	5 年以下	128	31.1
	女	155	37.6		6～10 年	140	33.9
年龄	30 岁以下	161	39.1		10 年以上	144	35.0
	31～40 岁	149	36.2	所属行业	信息技术	85	20.6
	41 岁以上	100	24.3		机械	104	25.2
	缺失值	2	0.4		人工智能	34	8.2
教育程度	大专	79	19.2		生物制药	80	19.5
	本科	227	55.0		电子科技	61	14.9
	研究生	102	24.8		汽车	48	11.6
	缺失值	4	1.0				

7.3 信效度检验

7.3.1 量表的信度

信度（Cronbach's α）是判断一次调研所获取的数据得分是否可信的基本标准。一般而言，变量的 Cronbach's α 值要达到 0.7 以上才视作较高信度，说明该变量对应的数据具有可靠性。本项研究使用 SPSS 20.0 进行了探索性因子分析，对各变量中的所有条目进行了检测，筛选的标准线就是条目载荷 0.5 以上、共同度 0.4 以上以及排除交叉载荷现象。结果得出，二元创新的心智模式的信度为 0.892，其中自我超越的信度为 0.830，互惠共享为 0.882，矛盾创新为 0.835，各维度所属的条目载荷均在标准值之上，全部给予保留；工作沉浸的信度为 0.901，其中专注的信度为 0.873，享乐为 0.885，内在动机为 0.869，各维度所属的条目载荷均在标准值之上，全部予以保留；二元创新的信度为 0.879，其中探索式创新的信度为 0.860，开发式创新为 0.838，各维度所属的条目也均在标准值之上，均予以保留；权力距离是单维变量，其信度为 0.915，各条目载荷也均满足合格指标，均予以保留；网络知识异质性也是单维变量，其信度为 0.836，各条目也均达标。最终形成共计 50 个题项的量表用于分析。

7.3.2　量表的效度

首先，检验量表的结构效度。一般通过 KMO 值和 Bartlett 球形检验来判断量表是否适合因子分析。KMO 要求至少大于 0.7，如果大于 0.8 才算比较适合，Bartlett 检验的数值必须具有 $p<0.001$ 的水平显著性。用 SPSS 软件计算得出，二元创新的心智模式的 KMO = 0.856，工作沉浸的 KMO = 0.914，二元创新的 KMO = 0.923，网络知识异质性的 KMO = 0.803，权力距离的 KMO = 0.878，并且所有变量的球形检验显著性都达到 $p<0.001$ 的水平，可见本次研究量表具有较高的结构效度。

其次，检验量表的聚合效度和区分效度。本书采用结构方程模型来做验证性分析，先建立二元创新的心智模式、工作沉浸、探索式创新、开发式创新、网络知识异质性和权力距离的假设模型，计算得出它的主要拟合指标：$\chi^2/df = 2.312$，RMSEA = 0.075，GFI = 0.934，CFI = 0.925，IFI = 0.902，其余主要指标也均在推荐值范围内，模型拟合良好，满足研究需要。接着设计出五个竞争模型：五因子模型将二元创新的心智模式与工作沉浸合并（$\chi^2/df = 6.133$，RMSEA = 0.214，GFI = 0.725，CFI = 0.738 等），五因子模型将权力距离和网络知识异质性合并（$\chi^2/df = 4.239$，

RMSEA =0.137，GFI =0.788，CFI =0.805 等），四因子模型将工作沉浸与探索式、开发式创新合并（χ^2/df =3.864，RMSEA =0.112，GFI =0.814，CFI =0.827 等），四因子模型将权力距离、网络知识异质性和工作沉浸合并（χ^2/df =4.878，RMSEA =0.171，GFI =0.795，CFI =0.766 等），三因子模型将二元创新的心智模式、工作沉浸、探索式创新和开发式创新合并（χ^2/df =8.230，RMSEA =0.275，GFI =0.611，CFI =0.638 等）。这些模型的拟合水平都显著低于原始假设模型（见表 7 -2），反映出假设模型具有较好的聚合和区分效度。

表 7 -2　竞争模型的主要拟合指标对比（n =412）

竞争模型	χ^2/df	CFI	NNFI	GFI	IFI	TLI	RMSEA
假设模型	2.312	0.925	0.891	0.934	0.902	0.930	0.075
五因子模型	4.239	0.805	0.801	0.788	0.764	0.793	0.137
五因子模型	6.133	0.738	0.734	0.725	0.689	0.754	0.214
四因子模型	3.864	0.827	0.755	0.814	0.806	0.826	0.112
四因子模型	4.878	0.766	0.829	0.795	0.811	0.803	0.171
三因子模型	8.230	0.638	0.702	0.611	0.693	0.715	0.275
建议值	<3	>0.9	>0.9	>0.9	>0.9	>0.9	<0.08

7.3.3　同源偏差检验

本次问卷所有的题项调查均为员工自我报告形式，必然涉及可能存在的同源偏差问题。同源偏差是同一来源数据在统计分析时经常遇见的问题，可能因此伤害研究的效度。所幸目前已有几种成熟的方法可以观测该问题是否严重。研究者主要采取了三种典型方法来做检测。第一，本书的各类主变量是分开测量的，能大幅度降低被试在测量时的感知关联度，提高客观答题的概率（Podsakoff et al.，2003）。第二，先用最典型的 Harman 的单因素分析法来检测，如果同源偏差较大，在探索性因子分析时会发现单个公因子可以解释大部分的变量变异度。据此，将模型中所有因子的题项全部置入探索性因子分析中，观察未旋转前的第一个因子方差解释率是否低于 50%，如果是则说明同源偏差程度低。结果显示，本书第一个因子方差解释率为29.355%。第三，再用较新的方法，就是在假设模型的基础上再添加一个新的共同方法因子，通过AMOS软件进行模型分析，观察新模型的拟合指标是否能显著超越原始模型的指标。本书用新因子加入模型后，计算出拟合的主要指标为 $\chi^2/df = 2.018$，RMSEA = 0.073，GFI = 0.927，CFI = 0.945，IFI = 0.908，而原始模型的拟合指标为 $\chi^2/df = 2.312$，RMSEA = 0.075，GFI = 0.934，CFI = 0.925，IFI = 0.902，两者并无显著的差异，模型并未得到大的改善。以上三种方法一致表明，本项研究的同源偏差不严重。

7.3.4　二元创新的心智模式的高阶模型再验证

本部分的作用机制研究涉及自因变量的高阶关系探讨，二元创新的心智模式又是全新的构念，为使本部分实证模型具有足够的效度，这里着重再做了一次二元创新的心智模式的高阶模型验证，也借此进一步佐证其整体理论价值。与第4章对二元创新的心智模式的验证性分析方法不同的是，此处采用阶层分析法、立足新样本再次施行检验。结构方程的阶层分析法是通过建立嵌套模型比较来提炼最佳模型，用于验证高阶构念的效度（Koufteros，2009）。为了测试二元创新的心智模式的高阶变量模型拟合优度，本书建立了四个嵌套模型进行评估：模型1是单因子分析，即将单一潜变量二元创新的心智模式指向11个因子项目；模型2测试的是非相关三因子结构，自我超越等三个因子各自指向所对应项目；模型3在模型2的基础上建立起三因子相关联结构；模型4则加入了二元创新的心智模式这个高阶变量，分别指向三因子（模型4见图7－1，其他图略）。模型4被选为本书的假设研究模型，用AMOS软件计算出四个模型的拟合指标进行对比。

表7－3详细解释了四个模型的拟合差异。模型1和模型2相关指标优度显著低于模型3和模型4，可以首先给予否定。同时，由于模型3和模型4自由度相同，拟合结果一致（Marsh & Hocevar，1985）。但是，考虑到模型三因子之间存在较高的相关，加上前面对二元创新的心智模式理论价值的支持，研究者认为高阶因子模型更具理论解释力（Koufteros，2009）。

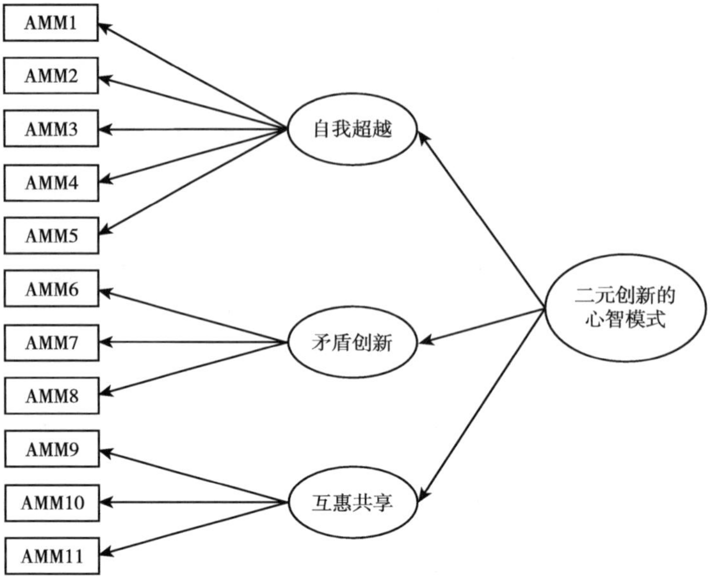

图 7－1　研究模型 4：高阶和三因子一阶变量结构模型

如图 7－2 所示，模型 4 中所有一阶因子对应的标准化路径系数均大于 0.8（$p<0.001$）。用目标系数值来对比评估高阶因子模型与一阶因子模型的拟合优度，该值是一阶模型对二阶模型的卡方值比例，最高值为 1（Marsh & Hocevar，1985）。结果比值为 1，高阶因子模型 100% 解释了一阶因子之间的联系。综上所述，本书的高阶因子研究模型得到了充分的验证。

表 7－3　嵌套模型拟合指标比较

主要拟合指标	模型 1	模型 2	模型 3	模型 4
χ^2	45.125	177.728	27.092	27.092
χ^2/df	2.602	6.270	1.165	1.165
NFI	0.806	0.630	0.928	0.928
IFI	0.910	0.681	0.977	0.977
CFI	0.878	0.656	0.941	0.941
RMSEA	0.078	0.179	0.050	0.050

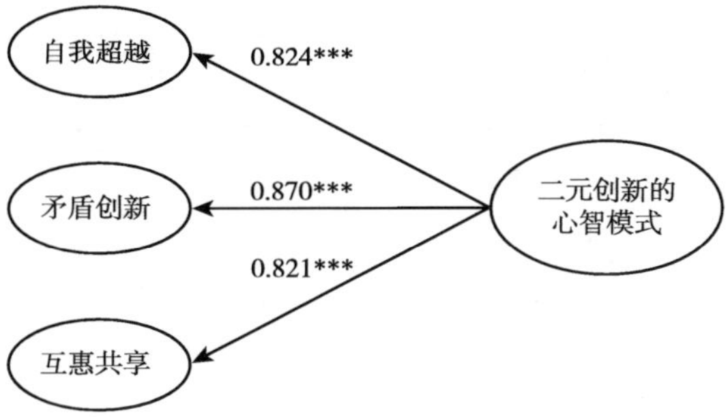

图 7－2 二元创新的心智模式三因子结构

注：*** $p<0.001$，路径系数均为标准化系数。

7.4 相关性分析

相关性分析是量化研究中的基本构成，它能初步显现模型中变量之间的相关性程度，对研究假设是一个初步的验证，也是后续回归分析或结构方程分析用于参考的数据结果。不过相关性分析结果可能受到多种潜在因素的干扰，最终还应以回归或结构方程得出的结果为准。表 7－4 陈列了研究模型中核心变量的均值、方差和它们之间的相关系数值。结果表明，二元创新的心智模式与网络异质性（$\beta=0.115$，$p<0.05$）、探索式创新（$\beta=0.302$，$p<0.001$）、开发式创新（$\beta=0.240$，$p<0.001$）以及工作沉浸（$\beta=0.215$，$p<0.001$）均呈现正相关，初步验证了本书的主要观点假设；工作沉浸和探索式创新（$\beta=0.338$，$p<0.001$）、开发式创新（$\beta=0.482$，$p<0.001$）均呈现正相关，也间接暗示了沉浸两种创新有显著的推进作用；探索式和开发式创新彼此之间呈现显著的正相关（$\beta=0.319$，$p<0.001$），可见两种创新行为并非相互掣肘，而是交互增益，在实际创新工作中不可避免地同时存在，这与本书关于二元性理论的核心假设相吻合。

以下将采用结构方程方法来检验假设模型中各变量的关系。

表 7 – 4　　描述性统计和相关系数值

	Mean	Std.	1	2	3	4	5	6
1. 二元创新的心智模式	4.565	1.343	1					
2. 网络知识异质性	3.953	0.852	0.115 *	1				
3. 权力距离	4.314	0.866	–0.134	–0.140	1			
4. 探索式创新	4.802	1.436	0.302 ***	0.212 ***	–0.141 ***	1		
5. 开发式创新	5.250	1.193	0.240 ***	–0.255 ***	0.186 **	0.319 ***	1	
6. 工作沉浸	4.199	1.230	0.215 ***	–0.120	0.014	0.338 ***	0.482 ***	1

注：* $p < 0.05$，** $p < 0.01$，*** $p < 0.001$。

7.5　二元创新的心智模式与二元创新行为：直接效应检验

检验量表的信效度和高阶模型之后，研究者先使用统计软件做了员工二元创新的多组差异性分析，以便提供更丰富的因变量信息，观察不同性别、年龄、教育程度、行业及工龄的员工在二元创新行为上是否存在显著性区别。接着使用 AMOS 软件的结构方程方法做自因变量的直接效应分析，后一部分的中介效应也采用的是同种方法。应特别指出，选择结构方程方法（SEM）而非传统线性回归方法，是因为它允许存在潜变量的多重可观测指标，并可建立“二阶因子——一阶因子—显变量”的关联模型，这样对模型的测量更为精确。

7.5.1　员工二元创新的差异性分析

（1）性别差异分析。

由于性别属于双值变量，可以简单划分为男女两个独立样本，因此采用独立样本 T 检验方法来观察两者差异。结果显示（见表 7 – 5），男女两组的方差齐性均通过检验。男性 257 人，探索式创新的均值为 5.808，开发式创新的均值为 5.120；女性 155 人，探索式创新的均值为 4.785，开发式创新的均值为 5.128。探索式创新在均值差异性检验中 T 值显示为

5.871，差异性显著（$p<0.05$）；开发式创新在均值差异性检验中T值显示为-1.612，差异性不显著。可见，在置信度95%的水平上，性别差异对探索式创新存在显著的影响，男性的探索式创新行为显著高于女性，但在开发式创新行为上，男女并无显著性差异。

表7-5　基于性别的差异性检验

变量	性别	人数	均值	方差齐性检验		均值差异检验		差异性是否显著
				F值	显著性	T值	显著性	
探索式创新	男	257	5.808	3.962	0.073	5.871	0.000	是
	女	155	4.785					
开发式创新	男	257	5.120	0.538	0.455	-1.612	0.102	否
	女	155	5.128					

注：显著性检验指标均为 $p<0.05$。

（2）年龄差异分析。

年龄属于多值因素，可选择单因素方差分析来做差异性检验。结果如表7-6所示，探索式创新的F值为5.036（$p<0.05$），显著性较高，而开发式创新的F值为0.644，p值不显著。可见年龄差异带来的主要是探索式创新活动上的不同，对开发式创新不存在显著影响。进一步做探索式创新的多重比较分析，发现30岁以下的创新员工与31~40岁的员工差异显著，均值差为0.533，显著性为0.000；30岁以下与41岁以上的差异也较为显著，均值差为0.541，显著性达0.001；30~40岁与41岁以上之间的组间差异性不显著（表略，后同）。可以猜测，30岁以下的创新员工多数处于职场新鲜状态，充满创造激情和创业精神，重心都放在工作上，容易受业内新资讯的吸引，因而对探索式创新很感兴趣，也能有所产出，而随着年龄增大，或多或少会产生路径依赖，同时要兼顾家庭和组织管理，可能限制了他们的探索活动。

表7-6　基于年龄的差异性检验

变量	来源	平方和	自由度	方差	F值	显著性	差异性是否显著
探索式创新	组间	19.164	2	9.582	5.036	0.006	是
	组内	523.176	409	1.279			
	总数	542.340	411				

续表

变量	来源	平方和	自由度	方差	F值	显著性	差异性是否显著
开发式创新	组间	1.823	2	0.912	0.644	0.672	否
	组内	194.670	409	0.476			
	总数	196.493	411				

注：显著性指标为 p<0.05。

（3）教育程度差异分析。

教育程度也就是学历，是一个多值变量，同样可用单因素方差分析来判断它与二元创新的关系。如表 7-7 所示，学历差异也主要表现在对探索式创新的影响上，F 值为 21.500，显著性较高；而对开发式创新的影响不显著，F 值为 0.216（$p>0.05$）。在此结果的基础上做多重比较发现，专科学历的创新员工与研究生学历的员工差异显著，均值差为 -0.616（$p<0.05$）；本科学历与研究生学历对比也存在显著差异，均值差为 -0.411（$p<0.05$）；专科与本科学历的差异性不显著。由此可知，学历在一定程度上影响到员工创新水平，特别是探索式创新，尤其研究生以上学历还是起到了明显的积极作用。这与许多研发创新机构积极引进高学历员工的政策不谋而合。

表 7-7　　基于教育程度的差异性检验

变量	来源	平方和	自由度	方差	F值	显著性	差异性是否显著
探索式创新	组间	42.657	2	21.329	21.500	0.001	是
	组内	430.115	409	1.052			
	总数	472.772	411				
开发式创新	组间	0.218	2	0.109	0.216	0.882	否
	组内	186.234	409	0.455			
	总数	186.452	411				

注：显著性指标为 p<0.05。

（4）所属行业差异分析。

研究选择了生物医药、机械、电子科技、汽车、能源、人工智能、信息技术七个行业进行调查，因此把它们归入多值变量，使用单因素方差分析来做检验。如表 7-8 所示，探索式创新和开发式创新在各个行业之间并未发现显著性差异，F 值分别为 1.166 和 0.644（$p<0.05$），这说明员工的二元创新水平不因行业差别而产生系统性的变化。

表 7-8　　基于行业的差异性检验

变量	来源	平方和	自由度	方差	F 值	显著性	差异性是否显著
探索式创新	组间	3.823	6	0.637	1.166	0.132	否
	组内	180.250	405	0.445			
	总数	184.073	411				
开发式创新	组间	1.934	6	0.322	0.644	0.672	否
	组内	180.541	405	0.446			
	总数	181.475	411				

注：显著性指标为 $p<0.05$。

（5）工龄差异分析。

工龄也是一个多值变量，继续使用单因素方差分析来做检验。由表 7-9 可知，探索式创新的 F 值为 2.120（$p>0.05$），即不同工龄的创新员工之间并不存在显著的探索式创新水平差异；相反，开发式创新的 F 值为 5.966（$p<0.05$），可见，随着工龄的增长，创新员工的开发式创新水平有显著的提升。进一步对开发式创新做多重比较发现，工龄 5 年以下的员工与 5～10 年的员工存在 -0.6779 的均值差，显著性很高（$p=0.000$）；5 年以下与 10 年以上的员工对比也有 -0.6810 的均值差，显著性很高（$p=0.001$）；5～10 年与 10 年以上的员工仍然存在一定的显著差异，均值差为 -0.291（$p<0.04$）。这些结果暗示了工龄对员工创新的影响主要集中在既有技能的完善和效率提升上，对全新领域的探索并无显著的影响。

表 7-9　　基于工龄的差异性检验

变量	来源	平方和	自由度	方差	F 值	显著性	差异性是否显著
探索式创新	组间	1.251	2	0.626	2.120	0.132	否
	组内	190.211	409	0.465			
	总数	191.462	411				
开发式创新	组间	23.135	2	11.568	5.966	0.000	是
	组内	432.172	409	1.035			
	总数	455.307	411				

注：显著性指标为 $p<0.05$。

7.5.2 二元创新的心智模式与二元创新行为的结构方程模型检验

由于假设模型中有多个变量是高阶潜变量，并存在多个因变量，用结构方程模型的方法能更加准确地测量变量关系，更接近实际需要，并能评估比较多重指标的理论模型，也包容了少许测量误差。为更加深入地观察二元创新的心智模式的整体效应及其三维度的单独效应，以了解这些影响的差异性和相关性，研究者先对自因变量的高阶因子做了假设检验，然后对自变量高阶与因变量一阶因子、自变量一阶因子与因变量高阶因子、自因变量一阶因子三种关系模型做了假设检验（后续中介效应检验同上）。另外，一些变量用英文缩写进行了替换。①二元创新的心智模式：BST 指自我超越，PIT 指矛盾创新，BR 指互惠共享；②两种创新：EXR 指探索式创新行为，EXT 指开发式创新行为；③工作沉浸：AB 指专注，EN 指享乐，IM 指内在动机。

（1）二元创新的心智模式与员工二元创新的高阶模型检验。

首先，检验二元创新的心智模式作为高阶因子对员工二元创新的整体积极影响。由于二元创新是表现为探索式与开发式创新行为交互共生的高阶潜变量，本书参照二元创新的心智模式的验证方法同样做了阶层分析，得出二元创新的高阶因子模型拟合指标优于其他嵌套模型（如：$\chi^2/df=1.821$，RMSEA = 0.046 等），鉴于其在学界已得到过诸多的检验，限于篇幅，此处不再赘述。其次，构建二元创新的心智模式与二元创新的结构方程模型（见图 7－3），由于二元创新行为是探索与开发的乘积项，因此参考一般做法，将其对探索 × 开发的路径系数设置为 1（Wang & Rafiq, 2014; Lee et al., 2016）。经分析发现，模型拟合度较为理想，主要拟合指标均在推荐值之内，如 $\chi^2/df=2.089$，RMSEA = 0.068，CFI = 0.950，IFI = 0.867 等（见表 7－10）。

表 7－10　结构模型 M1－1 的主要拟合指标

χ^2/df	RMSEA	GFI	NFI	IFI	AGFI	CFI	TLI
2.089	0.068	0.925	0.921	0.867	0.923	0.950	0.928

模型 M1 - 1 显示，自因变量的相关路径系数为 0.385（$p < 0.001$），表示二元创新的心智模式与二元创新之间存在显著的正向关系，假设 H1 得以验证，支持了二元创新的心智模式作为员工二元创新的认知基础的假设，说明二元创新的心智模式和二元创新这两个高阶变量存在紧密的相互关系，并都有显著的理论价值。相关路径系数值参见图 7 - 3 和表 7 - 11。

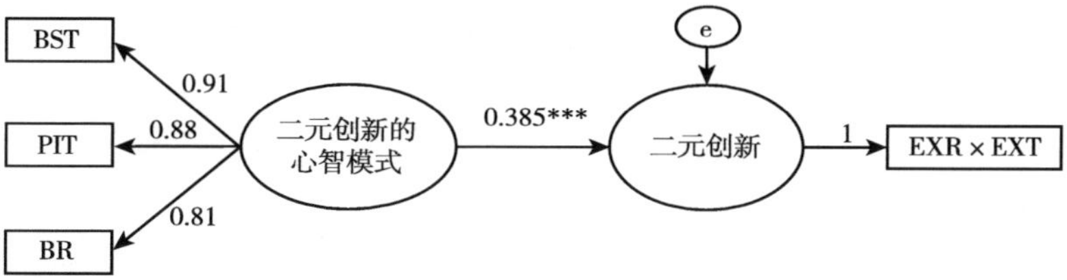

图 7 - 3　二元创新的心智模式与二元创新的结构模型 M1 - 1

注：*** $p < 0.001$，** $p < 0.01$，* $p < 0.05$。

表 7 - 11　　模型 M1 - 1 的检验结果

变量关系	标准化路径系数	P 值	影响效果	假设	结论
二元创新的心智模式→二元创新	0.385	<0.001	显著正向	H1	成立

（2）二元创新的心智模式与探索式、开发式创新的结构方程模型检验。

研究第二步就是检验二元创新的心智模式作为高阶整体，对探索式与开发式创新的单独影响。同样采用 AMOS 20.0 构建了结构方程模型 M1 - 2，即二元创新的心智模式与两种创新行为的关系模型（见图 7 - 4），经分析发现，模型拟合度也较为理想，主要拟合指标均在推荐值之内，如 $\chi^2/df = 2.128$，RMSEA = 0.062，CFI = 0.923，IFI = 0.889 等（见表 7 - 12）。

表 7 - 12　　结构模型 M1 - 2 的主要拟合指标

χ^2/df	RMSEA	GFI	NFI	IFI	AGFI	CFI	TLI
2.128	0.062	0.873	0.924	0.889	0.915	0.923	0.908

模型 M1 - 2 显示，二元创新的心智模式与探索式创新的相关路径系数为 0.427（$p < 0.001$），与开发式创新的相关路径系数为 0.389（p <

0.001)，表示二元创新的心智模式与两种员工创新行为之间都存在显著的正向关系，其对探索式创新的直接影响更大，假设 H1a、H1b 均得以验证。相关路径系数值见图 7－4 和表 7－13。

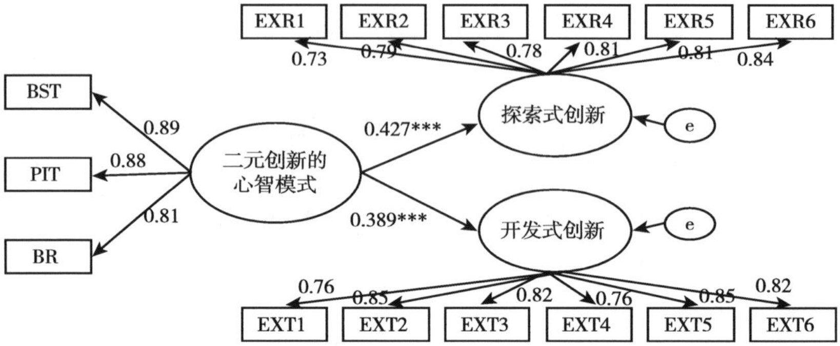

图 7－4　二元创新的心智模式与探索式、开发式创新的结构模型 M1－2

注：*** p＜0.001，** p＜0.01，* p＜0.05。

表 7－13　模型 M1－2 的检验结果

变量关系	标准化路径系数	P 值	影响效果	假设	结论
二元创新的心智模式→探索式创新	0.427	＜0.001	显著正向	H1a	成立
二元创新的心智模式→开发式创新	0.389	＜0.001	显著正向	H1b	成立

（3）二元创新的心智模式各维度与二元创新的结构方程模型检验。

研究第三步是再检验二元创新的心智模式三维度分别与二元创新的直接关系。这一步不仅可以观测自我超越、互惠共享和矛盾创新三种元心智的理论价值，还能通过比较来论证心智模式的高阶结构价值。构建结构方程模型 M1－3，即三维度与二元创新的关系模型（见图 7－5），模型计算得出的拟合度比前两个模型逊色，但也满足较好的拟合适配度，主要拟合指标如 $\chi^2/df=2.136$，RMSEA＝0.071，CFI＝0.955，IFI＝0.882 等（见表 7－14）。

表 7－14　结构模型 M1－3 的主要拟合指标

χ^2/df	RMSEA	GFI	NFI	IFI	AGFI	CFI	TLI
2.136	0.071	0.907	0.933	0.882	0.902	0.955	0.926

模型 M1－3 显示，自我超越、互惠共享和矛盾创新三维度分别与二元创新呈现不同程度的显著关系。自我超越与二元创新的路径系数为 0.242（$p<0.001$），互惠共享与二元创新的路径系数为 0.165（$p<0.01$），矛盾创新与二元创新的路径系数为 0.315（$p<0.001$）。结果暗示了矛盾创新思维与二元创新的积极关系最为显著，互惠共享信念相对弱一些，不过 H2a、H2b、H2c 均得到了验证。这个结果表示三维度各自的积极效应弱于总体效应，进一步支持了二元创新的心智模式的高阶价值，并暗示三维度之间应该存在交互增益而不是相互掣肘的效应。相关路径系数值见图 7－5 和表 7－15。

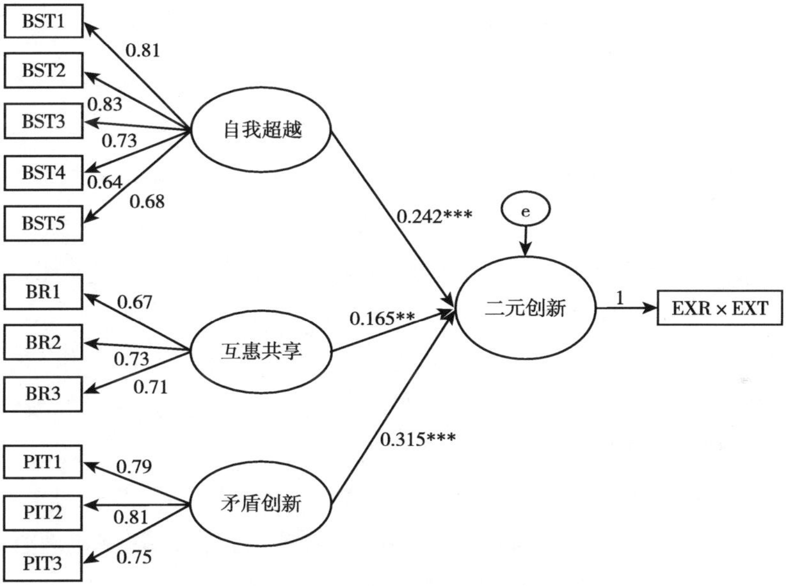

图 7－5 三维度与二元创新的结构模型 M1－3

注：*** $p<0.001$，** $p<0.01$，* $p<0.05$。

表 7－15 模型 M1－3 的检验结果

变量关系	标准化路径系数	P 值	影响效果	假设	结论
自我超越→二元创新	0.242	<0.001	显著正向	H2a	成立
互惠共享→二元创新	0.165	<0.01	显著正向	H2b	成立
矛盾创新→二元创新	0.315	<0.001	显著正向	H2c	成立

（4）二元创新的心智模式各维度与探索式、开发式创新的结构方程模型检验。

最后一步就是观测二元创新的心智模式各维度与二元创新各维度之间的具体关系。这一步可以检验出三种元心智分别对两种创新行为产生何种影响，以便更准确地理解这些认知因素的独立效果。继续构建结构方程模型 M1－4，即三维度与两种创新的关系模型（见图 7－6），分析发现，该模型的拟合度也满足了适配推荐值范围，主要拟合指标如 $\chi^2/df = 1.958$，RMSEA = 0.065，CFI = 0.953，IFI = 0.968 等（见表 7－16）。

表 7－16　　结构模型 M1－4 的主要拟合指标

χ^2/df	RMSEA	GFI	NFI	IFI	AGFI	CFI	TLI
1.958	0.065	0.959	0.925	0.968	0.908	0.953	0.914

模型 M1－4 显示，自我超越对探索式创新与开发式创新均产生积极作用，路径系数分别为 0.107（$p<0.01$）和 0.355（$p<0.001$），假设 H2d、H2e 均得到验证。矛盾创新对探索式创新与开发式创新也均产生正向作用，路径系数分别为 0.387（$p<0.001$）和 0.334（$p<0.001$），假设 H2h、H2i 均得到验证。互惠共享对探索式创新呈正向作用，路径系数为 0.403（$p<0.001$），假设 H2f 得以支持；互惠共享对开发式创新的效应也显著，但较微弱，路径系数为 0.075（$p<0.05$），假设 H2g 得到支持。根据数据显示，自我超越对开发式创新的影响比对探索式创新的影响更显著；矛盾创新对两种创新的影响较为均衡，总体显著性最高；互惠共享对探索式创新的积极影响十分显著，相比之下，对开发式创新的影响显著性较弱，或许是因为多方互惠带来的多样知识可能分散现有创新焦点，使个体逐渐热衷于探索，减弱对开发的兴趣。结合模型 M1－4 的数据结果分析，不难发现自我超越与互惠共享这两种信念可能存在互补的属性，前者主要作用于开发，后者主要作用于探索，然后交相增益，激励二元创新。如此一来，本部分结果便进一步支持了第 4、第 5 章对二元创新的心智模式内涵结构的理论观点。相关路径系数值见图 7－6 和表 7－17。

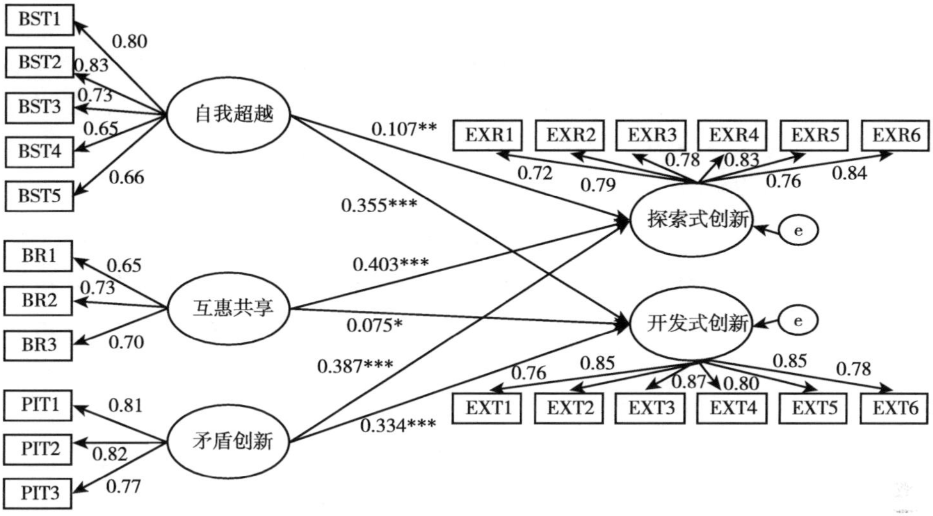

图 7－6 三维度与探索式、开发式创新的结构模型 M1－4

注：*** $p<0.001$，** $p<0.01$，* $p<0.05$。

表 7－17 模型 M1－4 的检验结果

变量关系	标准化路径系数	P 值	影响效果	假设	结论
自我超越→探索式创新	0.107	<0.01	显著正向	H2d	成立
自我超越→开发式创新	0.355	<0.001	显著正向	H2e	成立
互惠共享→探索式创新	0.403	<0.001	显著正向	H2f	成立
互惠共享→开发式创新	0.075	<0.05	显著正向	H2g	成立
矛盾创新→探索式创新	0.387	<0.001	显著正向	H2h	成立
矛盾创新→开发式创新	0.334	<0.001	显著正向	H2i	成立

7.6 二元创新的心智模式的作用机制：中介效应检验

本部分旨在检验工作沉浸在二元创新的心智模式与二元创新之间的中介效应。研究者继续使用结构方程方法来检验工作沉浸的中介作用，分别检验了工作沉浸在二元创新的心智模式与二元创新之间的中介作用、工作沉浸在二元创新的心智模式与探索式/开发式创新之间的中介作用以及工作沉浸在二元创新的心智模式各维度与二元创新各维度之间的中介作用。依照 AMOS 20.0 软件的结构方程计算方法，加入了中介变量后的自变量对因变量的直接效应指的是控制中介变量后的路径系数，由此可判断中介变量是完全中介还是部分中介；间接效应指的是仅通过中介变量产生的自因变量关系，是自变量→中介变量的路径系数与中介变量→因变量的路径系数之乘积，以此判断中介变量的影响效果大小。后面将每个模型单独列出，更详细地展现各一阶二阶变量之间的关系，所有表格都列出了直接和间接效应值及其显著性。

7.6.1 工作沉浸在二元创新的心智模式与二元创新之间的中介作用

首先就是检验工作沉浸对两个高阶（认知与行为）变量之间关系的中介作用。构建起高阶结构模型 M2 - 1（见图 7 - 7），运算得出模型的主要拟合指标如下：$\chi^2/df = 2.044$，RMSEA = 0.064，CFI = 0.943，IFI = 0.912 等。指标均达到推荐值要求，可见实际数据与模型的拟合度较高（见表 7 - 18）。

表 7 - 18　　　　结构模型 M2 - 1 的主要拟合指标

χ^2/df	RMSEA	GFI	NFI	IFI	AGFI	CFI	TLI
2.044	0.064	0.910	0.955	0.912	0.911	0.943	0.937

从模型 M2 - 1 得出的结果可知，二元创新的心智模式对工作沉浸的影响路径系数为 0.272（$p < 0.001$），说明二元创新的心智模式显著激发员工的工作沉浸体验。工作沉浸对二元创新的影响路径系数为 0.428（$p < 0.001$），影响十分显著，可见工作沉浸确实对员工创新及其均衡操控有着积极的影响，也印证了前人的一些文献观点。在控制工作沉浸这个中介因子后，二元创新的心智模式对二元创新的直接影响系数是 0.281（$p < 0.001$），通过工作沉浸对二元创新的影响系数为 0.116（0.272×0.428，后同），即中介效应为 0.116。为了考察中介效应的显著性，一般采用 Sobel 检验和基于拔靴（Bootstrapping）抽样的区间估计两种方式进行考察，不过目前多数研究表明 Bootstrapping 方法更为精确（方杰等，2012），因此

本书采用 Bootstrapping 方法。运用该方法操作，经过 5000 次的重复抽样发现中介效应的区间估计为［0.08，0.21］，不包含 0，p < 0.01，说明中介效应显著。因此验证了工作沉浸在二元创新的心智模式与二元创新之间存在部分中介作用（见图 7－7 和表 7－19）。上述结果支持了本书提出的假设 H3、H5、H6（总体部分）。

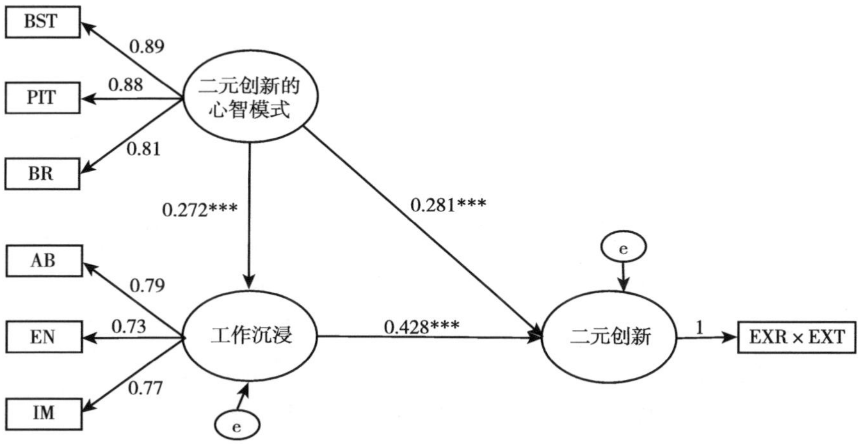

图 7－7 工作沉浸在二元创新的心智模式与二元创新之间的中介作用模型图 M2－1

注：*** p < 0.001，** p < 0.01，* p < 0.05。

表 7－19 模型 M2－1 的检验结果

变量关系	标准化路径系数	P 值	影响效果
二元创新的心智模式→二元创新	0.281	<0.001	显著正向
二元创新的心智模式→工作沉浸	0.272	<0.001	显著正向
工作沉浸→二元创新	0.428	<0.001	显著正向
二元创新的心智模式→工作沉浸→二元创新	直接效应：0.281	间接效应：0.116	部分中介

7.6.2 工作沉浸在二元创新的心智模式与探索式/开发式创新之间的中介作用

构建下一个结构模型 M2－2（见图 7－8），检验二元创新的心智模式和工作沉浸对探索式、开发式创新的分别影响。运算得出模型的主要拟合指标如下：$\chi^2/df = 2.315$，RMSEA = 0.068，CFI = 0.903，IFI = 0.919 等。指标均达到推荐值要求，可见实际数据与模型的拟合度较高（见表 7－20）。

表 7－20　结构模型 M2－2 的主要拟合指标

χ^2/df	RMSEA	GFI	NFI	IFI	AGFI	CFI	TLI
2.315	0.068	0.866	0.930	0.919	0.912	0.903	0.871

从模型 M2－2 得出的结果可知，二元创新的心智模式对工作沉浸的影响路径系数为 0.214（$p < 0.001$），同时工作沉浸对探索式和开发式创新的影响路径系数分别为 0.321（$p < 0.001$）和 0.457（$p < 0.001$），说明工作沉浸显著影响两种创新行为。在控制工作沉浸这个中介变量后，二元创新的心智模式对探索式创新的直接影响系数是 0.314（$p < 0.001$），对开发式创新的直接影响系数是 0.238（$p < 0.001$），通过工作沉浸对探索式和开发式创新的影响系数为 0.069 和 0.089。为了考察中介效应的显著性，通过 Bootstrapping 抽样的区间估计方式计算，5000 次的重复抽样发现中介效应的区间估计为［0.06，0.19］和［0.02，0.21］，均不包含 0，$p < 0.01$，说明中介效应显著（见图 7－8 和表 7－21）。上述结果支持了本书提出的假设 H5a、H5b。

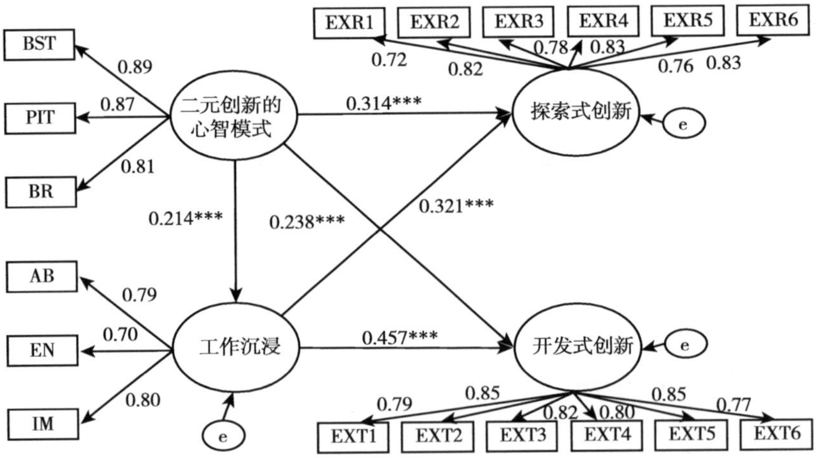

图 7－8　工作沉浸在二元创新的心智模式与探索式/开发式创新之间的中介作用模型图 M2－2

注：*** $p < 0.001$，** $p < 0.01$，* $p < 0.05$。

表 7－21　　　　模型 M2－2 的检验结果

变量关系	标准化路径系数	P 值	影响效果
二元创新的心智模式→探索式创新	0.314	<0.001	显著正向
二元创新的心智模式→开发式创新	0.238	<0.001	显著正向
二元创新的心智模式→工作沉浸	0.214	<0.001	显著正向
工作沉浸→探索式创新	0.321	<0.001	显著正向
工作沉浸→开发式创新	0.457	<0.001	显著正向
二元创新的心智模式→工作沉浸→探索式创新	直接效应：0.314	间接效应：0.069	部分中介
二元创新的心智模式→工作沉浸→开发式创新	直接效应：0.238	间接效应：0.089	部分中介

7.6.3 工作沉浸在二元创新的心智模式各维度与二元创新之间的中介作用

构建下一个结构模型 M2－3（见图 7－9），运算得出模型的主要拟合指标如下：$\chi^2/df=2.924$，RMSEA＝0.078，CFI＝0.908，IFI＝0.923 等。指标均达到推荐值要求，可见实际数据与模型的拟合度较高（见表 7－22）。

表 7－22　　　　结构模型 M2－3 的主要拟合指标

χ^2/df	RMSEA	GFI	NFI	IFI	AGFI	CFI	TLI
2.924	0.078	0.855	0.903	0.923	0.854	0.908	0.875

从模型 M2－3 得出的结果可知，自我超越、互惠共享、矛盾创新与工作沉浸的相关路径系数分别为 0.255（$p<0.001$）、0.055（N.s）、0.270（$p<0.001$），如此假设 H4a、H4c 得到了支持，H4b 未得到支持。工作沉浸与两种创新行为的积极关系再次得到了验证，并且在控制工作沉浸这个中介变量后，自我超越、互惠共享、矛盾创新对二元创新的直接路径系数分别是 0.166（$p<0.01$）、0.135（$p<0.01$）、0.179（$p<0.001$）。由此可见，工作沉浸在自我超越对二元创新的影响中呈显著的部分中介效应，间接路径系数为 0.087，同样用 Bootstrapping 方法考察中介效应的显著性，5000 次的重复抽样发现中介效应的区间估计为［0.01，0.10］，不包含 0，$p<0.01$，说明中介效应显著。互惠共享对二元创新的直接影响也显著，但它对工作沉浸并无显著影响，因此工作沉浸在此处不存在中介作用。矛

盾创新同样通过工作沉浸对二元创新产生部分影响，路径系数为 0.093，同样 Bootstrapping 的 5000 次重复抽样发现中介效应的区间估计为［0.12，0.25］，不包含 0，p<0.01，说明中介效应显著（见图 7-9 和表 7-23）。上述结果支持了假设 H6a、H6c，否定了 H6b。

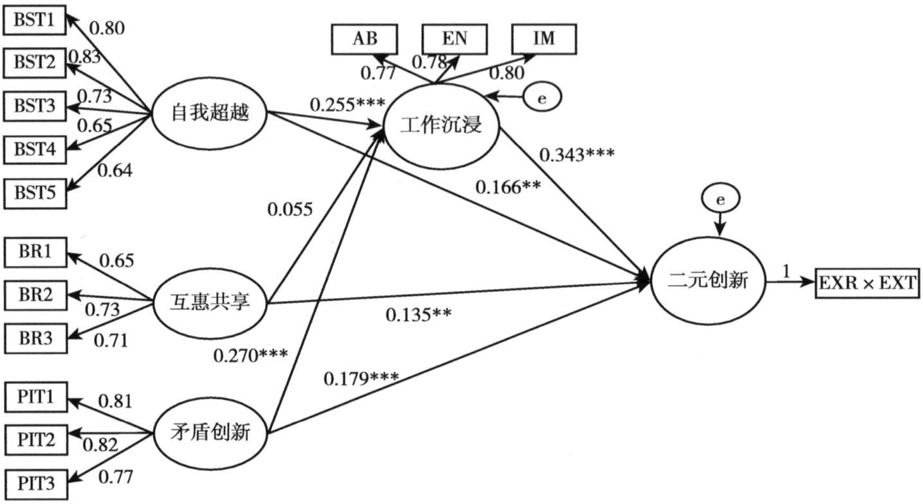

图 7-9　工作沉浸在二元创新的心智模式各维度与二元创新之间的中介作用模型图 M2-3

注：*** p<0.001，** p<0.01，* p<0.05。

表 7-23　模型 M2-3 的检验结果

变量关系	标准化路径系数	P 值	影响效果
自我超越→二元创新	0.166	<0.01	显著正向
互惠共享→二元创新	0.135	<0.01	显著正向
矛盾创新→二元创新	0.179	<0.001	显著正向
自我超越→工作沉浸	0.255	<0.001	显著正向
互惠共享→工作沉浸	0.055	0.275	不显著
矛盾创新→工作沉浸	0.270	<0.001	显著正向
工作沉浸→二元创新	0.343	<0.001	显著正向
自我超越→工作沉浸→二元创新	直接效应：0.166	间接效应：0.087	部分中介
互惠共享→工作沉浸→二元创新	直接效应：0.135	间接效应：N.s	无中介
矛盾创新→工作沉浸→二元创新	直接效应：0.179	间接效应：0.093	部分中介

注：N.s 代表路径系数不显著（p>0.05）。

7.7　二元创新的心智模式的作用机制：调节效应检验

考虑复杂模型中使用结构方程做有调节的中介效应可能会存在一定的结果随机性（Kouftero et al.，2009），本书选择应用回归分析来检验调节效应，这样也比较适合本书的假设，并将控制变量加以考虑。按照 Baron & Kenny（1986）提供的方法，调节效应检验应分为四步进行：①因变量→自变量回归分析；②因变量→自变量、调节变量回归分析；③因变量→自变量、调节变量和调节变量×自变量的回归分析；④判断出调节效应。如果调节变量×自变量的回归路径系数显著，就说明调节效应是成立的，反之则不成立。另外，所有因子在乘积前都做了中心化处理来消除多重共线性。

7.7.1　网络知识异质性的调节效应

由于假设认为网络知识异质性对探索式和开发式创新行为可能存在不同类型的调节影响，因此把这两个因变量分开做检验。先以探索式创新为结果变量，根据调节效应检验的基本方法，制作了三个模型：模型 M3－1 放入控制变量性别、年龄等因素，以及自变量二元创新的心智模式；模型 M3－2 再加入调节变量网络知识异质性进入方程；模型 M3－3 再将二元创新的心智模式与网络知识异质性的乘积项加入方程；使用层级回归分析方法来检验，产生的结果如表 7－24 所示。

表 7－24　网络知识异质性在二元创新的心智模式与探索式创新之间的调节效应

变量	模型 M3－1		模型 M3－2		模型 M3－3	
	Beta	t	Beta	t	Beta	t
性别	0.187*	2.781	0.180*	2.321	0.173*	1.891
年龄	－0.042	－0.566	－0.046	－0.627	－0.059	－0.860
教育程度	0.104*	2.066	0.101*	2.038	0.091	1.816

续表

变量	模型 M3－1		模型 M3－2		模型 M3－3	
	Beta	t	Beta	t	Beta	t
所属行业	0.020	0.423	0.024	0.519	0.023	0.496
工龄	－0.071	－1.558	－0.075	－1.668	－0.082	－1.717
二元创新的心智模式	0.408***	8.762	0.385***	8.260	0.323***	8.755
网络知识异质性			0.124***	2.630	0.120*	2.432
乘积项					0.105*	2.162
F	19.355***		16.399***		14.877***	
调整 R^2	0.258		0.273		0.304	
ΔR^2	—		0.015		0.031	

注：* $p<0.05$，** $p<0.01$，*** $p<0.001$；乘积项为二元创新的心智模式×网络知识异质性。

数据结果显示，模型 M3－1、M3－2 和 M3－3 均通过 F 值检验（$p<0.001$），它们的调整 R^2 分别是 0.258、0.273 和 0.304，表示模型中的预测变量共解释了 25.8%、27.3% 和 30.4% 的方差。三个模型中的自因变量关系均呈现显著正向，表明二元创新的心智模式对员工探索式创新有显著的积极影响。在模型 M3－2 加入网络知识异质性后，其对探索式创新的影响系数为 0.124（$p<0.001$），表示网络知识异质性也积极影响探索式创新。当模型 M3－3 加入自变量与调节变量的乘积项后，结果显示回归系数为 0.105（$p<0.05$），F 值通过检验，并且 $\Delta R^2=3.1\%$，说明网络知识异质性在二元创新的心智模式与探索式创新之间起到正向的调节作用，支持了假设 H7a。

然后以开发式创新为结果变量，建立了模型 M3－4、模型 M3－5 和模型 M3－6，采用同样的方法进行检验，结果详见表 7－25。从表中结果可知，三个模型均通过 F 值检验（$p<0.001$），它们的调整 R^2 分别是 0.293、0.312 和 0.334，表示模型中的预测变量共解释了 29.3%、31.2% 和 33.4% 的方差。模型 M3－4 和模型 M3－5 中二元创新的心智模式与开发式创新的回归系数均呈正向，表示两者存在显著的正向关系（$p<0.001$）。网络知识异质性在介入模型后，与开发式创新存在显著的负向关系（$p<0.01$），模型 M3－5 中的系数为 －0.234，模型 M3－6 中的系数为

−0.231。最后观察自变量与调节变量的乘积项，发现其回归系数为 −0.135 ($p<0.05$)，F 值通过检验，并且 $\Delta R^2=2.2\%$，说明网络知识异质性在二元创新的心智模式与开发式创新之间起到负向的调节作用，支持了假设 H7b。

表 7－25 网络知识异质性在二元创新的心智模式与开发式创新之间的调节效应

变量	模型 M3－4		模型 M3－5		模型 M3－6	
	Beta	t	Beta	t	Beta	t
性别	−0.087	−1.281	−0.089 *	−1.304	−0.095	−1.355
年龄	−0.131	−1.608	−0.128	−1.587	−0.149	−1.769
教育程度	0.046	0.770	0.043	0.756	0.040	0.725
所属行业	0.033	0.656	0.041	0.779	0.051	0.981
工龄	0.177 **	2.145	0.163 **	2.035	0.178 **	2.156
二元创新的心智模式	0.392 ***	7.706	0.312 ***	8.231	0.309 ***	8.380
网络知识异质性			−0.234 **	−2.523	−0.231 **	−2.550
乘积项					−0.135 *	−1.982
F	20.389 ***		17.055 ***		15.119 ***	
调整 R^2	0.293		0.312		0.334	
ΔR^2	—		0.019		0.022	

注：* $p<0.05$，** $p<0.01$，*** $p<0.001$；乘积项为二元创新的心智模式 × 网络知识异质性。

7.7.2 权力距离的调节效应

根据假设，员工感知的权力距离同样对探索式和开发式创新产生不同的调节影响，因此延续 7.7.1 节使用的方法，将调节变量换成权力距离，分别检验它在二元创新的心智模式与两种创新行为之间起到的调节作用。先是把探索式创新当作结果变量，建立起模型 M4－1、模型 M4－2 和模型 M4－3，使用层级回归分析方法来检验，产生的结果如表 7－26 所示。

表 7-26　权力距离在二元创新的心智模式与探索式创新之间的调节效应

变量	模型 M4-1		模型 M4-2		模型 M4-3	
	Beta	t	Beta	t	Beta	t
性别	0.187*	2.781	0.180*	2.321	0.173*	1.891
年龄	-0.042	-0.566	-0.048	-0.646	-0.061	-0.894
教育程度	0.104*	2.066	0.102*	2.057	0.088	1.773
所属行业	0.020	0.423	0.018	0.389	0.014	0.311
工龄	-0.071	-1.558	-0.078	-1.690	-0.084	-1.755
二元创新的心智模式	0.408***	8.762	0.409***	8.943	0.402***	8.966
权力距离			-0.198*	-2.341	-0.192*	-2.480
乘积项					-0.138*	-2.026
F	19.355***		16.588***		14.633***	
调整 R^2	0.258		0.285		0.303	
ΔR^2	—		0.027		0.018	

注：* $p<0.05$，** $p<0.01$，*** $p<0.001$；乘积项为二元创新的心智模式×权力距离。

数据结果显示，模型 M4-1、模型 M4-2 和模型 M4-3 均通过 F 值检验（$p<0.001$），它们的调整 R^2 分别是 0.258、0.285 和 0.303，表示模型中的预测变量共解释了 25.8%、28.5% 和 30.3% 的方差。在加入权力距离这个调节因子的模型 M4-2 中，二元创新的心智模式与开发式创新的回归系数仍呈正向，表示两者存在显著的正向关系（$p<0.001$），而权力距离与开发式创新存在显著的负向关系（$p<0.05$），模型 M4-2 中的系数为 -0.198。最后观察模型 M4-3 中的自变量与调节变量的乘积项，结果显示其回归系数为 -0.138（$p<0.05$），F 值通过检验，并且 $\Delta R^2=1.8\%$，说明权力距离在二元创新的心智模式与探索式创新之间起到负向的调节作用，支持了假设 H8a。

然后以开发式创新为结果变量，建立了模型 M4-4、模型 M4-5 和模型 M4-6，检验结果详见表 7-27。结果显示，模型 M4-4、模型 M4-5 和模型 M4-6 均通过 F 值检验（$p<0.001$），它们的调整 R^2 分别是 0.293、0.295 和 0.298，表示模型中的预测变量共解释了 29.3%、29.5% 和 29.8% 的方差。在模型 M4-5 加入权力距离后，发现其对开发式创新的影响系数十分微弱

(0.094，p =0.102)，在加入乘积项后的系数仍旧不显著，权力距离的系数为0.092（p = 0.125），乘积项的系数为 0.081（p = 0.233），并且 ΔR^2 = 0.3%，解释率很低，意味着权力距离在二元创新的心智模式与开发式创新之间的调节作用并不显著，假设 H8b 被否定了。

表 7－27　　权力距离在二元创新的心智模式与开发式创新之间的调节效应

变量	模型 M4－4		模型 M4－5		模型 M4－6	
	Beta	t	Beta	t	Beta	t
性别	－0.087	－1.281	－0.087*	－1.286	－0.094	－1.344
年龄	－0.131	－1.608	－0.126	－1.591	－0.144	－1.756
教育程度	0.046	0.770	0.049	0.791	0.042	0.767
所属行业	0.033	0.656	0.041	0.779	0.051	0.981
工龄	0.177**	2.145	0.169**	2.077	0.181**	2.315
二元创新的心智模式	0.392***	7.706	0.367***	7.610	0.361***	8.380
权力距离			0.094	0.972	0.092	0.897
乘积项					0.081	1.035
F	20.389***		18.616***		15.455***	
调整 R^2	0.293		0.295		0.298	
ΔR^2	—		0.002		0.003	

注：* p < 0.05，** p < 0.01，*** p < 0.001；乘积项为二元创新的心智模式 × 权力距离。

7.8　讨论与小结

本章对第 6 章提出的理论假设进行了实证检验。基于 412 名中国创新员工的多时段问卷调查结果，本部分再次验证了二元创新的心智模式的高阶因子模型，对员工二元创新做了差异性检验，并进行了二元创新的心智模式对二元创新的直接效应检验、中介效应检验和调节效应检验。尽管个别子假设未能得到支持，但本次实证有力地支持了二元创新的心智模式及其各维度对二元创新行为的前因价值。

首先，通过结构方程模型的阶层分析法再次得出，二元创新的心智模式是一个有效的高阶认知构念，是个体二元性的社会认知基础；其次，差异性分析发现二元创新行为在不同性别、年龄、教育程度和工龄间存在相异的显著区别，这表明使用不同性别、年龄、教育程度和工龄作为控制变量来研究二元创新的心智模式与员工创新关系是有必要的。

二元创新的心智模式影响员工创新的直接效应检验表明，二元创新的心智模式对探索式、开发式创新以及二元创新行为均呈显著的正向影响；二元创新的心智模式的三维度均对探索式创新和开发式创新以及二元创新呈现显著的正向影响。上述结果支持了二元创新的心智模式对员工二元创新的预测作用，不过互惠信念对开发式创新影响的显著性较弱，暗示了互惠共享信念主要激励探索式创新行为，尤其在缺少足够自我超越信念的情形下，可能过多地依赖他人，弱化集中精力完善现有技能的能力。无独有偶，自我超越信念对探索式创新的影响虽然显著（$\beta = 0.107$，$p < 0.01$），但比不上对开发式创新的影响（$\beta = 0.355$，$p < 0.001$），表示自我超越信念更多地可能激励开发式创新行为。以上结果表明两种信念对两种创新产生差异性的影响，隐藏了一定的互补态势。如此更加暗示了三维度需要共生整合的构念才能最好地激励创新行为的均衡实施。

二元创新的心智模式影响员工创新的中介效应表明，这种心智模式确实通过工作沉浸对二元创新产生积极的影响；除互惠共享信念外，其他维度均对工作沉浸产生积极影响，也均通过工作沉浸对二元创新产生积极影响。中介效应检验首先印证的是，二元创新的心智模式作为高阶认知，会引导个体产生挑战—技能平衡的沉浸状态，进而激励二元创新。接着又发现互惠共享信念不显著影响沉浸，之所以出现这种结果，或许是因为互惠主要提升人际方面的享乐和满足感，但人际并非创新工作的重心，对于高难度二元创新工作性质而言，仅由互惠共享信念带来的人际和信息上的交流感受还不足以带来高峰的创新工作沉浸感。不过互惠共享却对二元创新有直接影响，或许它通过其他渠道影响二元创新，并部分补充了自我超越信念对探索式创新的影响效果。因此研究者认为仍然可以肯定互惠共享信念在整体构念中不可或缺的地位。然后是自我超越信念在控制了工作沉浸变量之后，对二元创新的积极效应的显著性下滑，说明员工的自我超越信念在很大程度上通过其工作沉浸感来影响二元创新行为。这进一步补充了 Yu（2010）、Kauppilla et al.（2016）对内在成就动机的中介作用的诠释。

二元创新的心智模式影响员工创新的调节效应表明，网络知识异质性正向调节二元创新的心智模式与探索创新的关系，负向调节二元创新的心智模式与开发式创新的关系；权力距离负向调节二元创新的心智模式与探索式创新的关系，对二元创新的心智模式与开发式创新的关系无显著作用。这个结果反映出异质工作人脉对员工探索新领域的帮助，但可能阻碍现有技能的开发，存在“双刃剑”效应，创新员工需要适中地建构和运用其工作网络资源。权力距离的结果表明，权力距离主要影响探索式创新行为，但却并不能显著影响开发式创新，可能是因为成本压缩、产品改良、增加现有销量等常规性工作是所有企业全员“习惯成自然”的基础任务，上下级沟通机制也相对规范，与权力距离大小关系就不甚紧密了。这点还需要更多研究来补充。

本章整体上验证了创新人员开展二元创新行为的认知传导机制，所有关键假设均得到了支持。表 7－28 展示了所有假设的验证结果。

表 7－28　　　　假设检验结果

研究假设	验证结果
假设 H1：二元创新的心智模式对员工二元创新产生正向影响。	成立
假设 H1a：二元创新的心智模式对员工探索式创新产生正向影响；	成立
假设 H1b：二元创新的心智模式对员工开发式创新产生正向影响。	成立
假设 H2：二元创新的心智模式各维度对员工二元创新产生正向影响。	成立
假设 H2a：自我超越信念对员工二元创新产生正向影响；	成立
假设 H2b：互惠共享信念对员工二元创新产生正向影响；	成立
假设 H2c：矛盾创新思维对员工二元创新产生正向影响；	成立
假设 H2d：自我超越信念对员工探索式创新产生正向影响；	成立
假设 H2e：自我超越信念对员工开发式创新产生正向影响；	成立
假设 H2f：互惠共享信念对员工探索式创新产生正向影响；	成立
假设 H2g：互惠共享信念对员工开发式创新产生正向影响；	成立
假设 H2h：矛盾创新思维对员工探索式创新产生正向影响；	成立
假设 H2i：矛盾创新思维对员工开发式创新产生正向影响。	成立
假设 H3：二元创新的心智模式对创新员工工作沉浸产生正向影响。	成立
假设 H4：二元创新的心智模式各维度对创新员工工作沉浸产生正向影响。	部分成立
假设 H4a：自我超越信念对创新员工工作沉浸产生正向影响；	成立

续表

研究假设	验证结果
假设 H4b：互惠共享信念对创新员工工作沉浸产生正向影响；	不成立
假设 H4c：矛盾创新思维对创新员工工作沉浸产生正向影响；	成立
假设 H5：工作沉浸对员工二元创新产生正向影响。	成立
假设 H5a：工作沉浸对员工探索式创新产生正向影响；	成立
假设 H5b：工作沉浸对员工开发式创新产生正向影响。	成立
假设 H6：工作沉浸在二元创新的心智模式及其各维度与员工二元创新之间起到部分中介作用。	总体效应成立
假设 H6a：工作沉浸在自我超越信念与二元创新之间起到部分中介作用；	成立
假设 H6b：工作沉浸在互惠共享信念与二元创新之间起到部分中介作用；	不成立
假设 H6c：工作沉浸在矛盾创新思维与二元创新之间起到部分中介作用；	成立
假设 H7：网络知识异质性在二元创新的心智模式与两种创新行为之间起到调节作用。	成立
假设 H7a：网络知识异质性在二元创新的心智模式与探索式创新之间起到正向调节作用；	成立
假设 H7b：网络知识异质性在二元创新的心智模式与开发式创新之间起到负向调节作用。	成立
假设 H8：权力距离在二元创新的心智模式与两种创新行为之间起到调节作用。	部分成立
假设 H8a：权力距离在二元创新的心智模式与探索式创新之间起到负向调节作用；	成立
假设 H8b：权力距离在二元创新的心智模式与开发式创新之间起到正向调节作用。	不成立

8 二元创新的心智模式的团队共享机制[①]

前几章通过质性和定量相结合的方式探索和论证了员工二元创新的心智模式是何种内涵结构、效用价值以及对二元创新的作用机制。接下来，本章将进一步探讨这种心智模式对更高组织层面的效用价值，即如何在创新团队中共享的问题（以下或称作二元创新团队的共享心智模式）。本章将先介绍共享心智模式的现有研究和实质内涵，然后用理论演绎的方法提出二元创新的心智模式是如何在创新团队中共享的。

8.1 问题的提出

共享心智模式（shared mental model）在创新团队领域中的应用已颇为广泛，诸多研究表明，团队共享心智模式揭示了高绩效团队成员间心智模式的内隐协调机制，帮助我们深入理解这些团队是如何在动荡复杂的环境下生存发展的（Cannon – Bowers，2015）。就像一支篮球队在比赛时，队友们看似全无彼此沟通，却能“心有灵犀”地快速传递，领会意图，反映出个体心智模式通过某种机制实现了团队的共享，进而影响团队在行为上的绩效。迄今学者的实证研究基本聚焦在共享心智模式的效果、作用机制、前因及内涵结构等方面（Mathieu et al.，2000；Rentsch & Klimoski，2001；Davison & Blackman，2005；Reuveni & Vashdi，2015；Schmidtke & Cummings，2017），似乎都忽视了一个重要的议题：共享心智模式如何有效地

① 本章主要内容发表于《外国经济与管理》期刊 2019 年第 7 期。

化解团队常常存在的柔性与效率之间的目标冲突问题。诚然，在当前复杂多变的创新背景下，创新团队一方面需要构建一种有助于成员积极探索、适应变化的共享心智模式来鼓励探索式创新；另一方面又必须保留持续完善既有技能的共享心智模式来巩固开发式创新，向任何一方过度倾斜都可能导致组织堕入盲目创新或核心刚性的陷阱中（Tempelaar & Rosenkranz, 2017）。也就是说，如何使两种导向的心智模式和谐兼容，实现高水平的二元创新，成为目前亟待解决的问题。

相对应的是，情境二元性理论（contextual ambidexterity theory）强调通过“自下而上”的柔性协调机制来化解组织探索与开发的悖论，建立社会支持与绩效管理并存的组织文化来提升组织长期绩效（Gibson & Birkinshaw，2004；Wang & Rafiq，2014；Revilla & Rodríguez – Prado，2018）。这种机制的核心原理在于员工自觉协调两种活动的资源配置能力，即通过个体二元性来推动更高层二元性的实现（Gibson & Birkinshaw，2004）。不过，这也正是情境学派遗留下来的重要疑问：情境中的二元个体如何实现行动共享？本章研究认为，既然心智模式在很大程度上决定了人的行为导向（Rouse & Morris，1986），可以认为员工二元创新的心智模式共享是其创新行为共享的一种有效路径。换言之，二元创新员工的心智模式共享，能带来员工的行动共享，最终实现情境二元性。

一些文献已明确指出所谓“共享”并不一定指所有团队成员拥有完全等同的心智模式，应比字面理解得更为复杂（Li et al.，2017）。现今主要提出了四种可能的机制：叠加，妥协，互补，兼容（Mohammed et al.，2010）。至今学者尚未达成一致意见，研究也多数处于观点思辨阶段，这就为本章研究提供了探讨空间，其大致可以概括为三个问题：

（1）二元创新团队①可能面临哪些共享心智模式的悖论？

（2）团队应采取何种二元创新的心智模式共享机制来解决这些悖论？

（3）这种共享机制是通过怎样的团队成员心智互动过程来实现的？

---

① 在当前多变的世界格局和复杂的创新创业环境下，多数企业组织和员工都时刻面对着变革创新与可持续发展的抉择悖论，如柔性还是效率、突破还是渐进、创造还是完善、激情还是规则等，学术界也多次提及当前环境对组织二元性的迫切需要（Gupta et al.，2006；Wang & Rafiq，2014；Jansen et al.，2016）；面对这种外部情境，创新团队需要均衡协调和开展探索式与开发式创新活动，于是本书将处于这种任务情境下的创新团队简称为二元创新团队。

针对上述问题，本书基于二元组织情境及其可能带来的二元创新团队心智共享悖论，尝试推导出团队二元创新的心智共享机制，论证其化解悖论，成功实现情境二元性的组织设计和运转逻辑。结论得出了包括两种组合的选择性耦合机制，并推演出它从个体到团队的动态共享过程。本书通过对二元创新的共享心智悖论、机制和过程的分析，填补了共享心智模式研究在构建环节上的薄弱现状，也对企业在二元创新情境下的团队设计、共享心智培育、人事培训和激励机制等方面有一定的参考价值。

8.2 共享心智模式的四种传统机制

共享心智模式是对高效团队成员的内隐协调机制的一种解释。Klimoski & Mohammed（1994）认为共享心智模式是团队成员对所处环境中的关键要素及其变化的共同认知和诠释，这种心智模式的汇聚在应对复杂动荡的环境中起到最佳的效果。相比个体心智模式的心理学研究视角，共享心智模式更是一种组织行为学现象，或者说机制，它聚焦的重心在“共享”上。迄今学者们提出的共享机制有以下四种：

8.2.1 叠加机制

作为共享心智模式最为传统的实现机制，心智模式的叠加意味着将心智模式近似的组织成员简单地置入同一团队中，共享相同的任务、情境、设备和队友知识，从事相同的工作，属于完全共享型机制。该理论主要强调团队成员的共同知识结构应处于心智共享的中心地位（Mohammed et al.，2010）。例如，传统工业生产线上的操作工人，从理论上说具备叠加的心智模式可以使他们的工作效率最大化。Rentsch & Klimoski（2001）给予叠加机制的定义为“团队成员对事物持有相同的看法和解释，并据此产生相互统一的反馈，如情感、行为和彼此的理解等方面”。过去有不少实证研究从心智模式相似性的角度入手，验证了叠加机制对组织绩效产生的正向影响（Mathieu et al.，2005）。

不过近年来研究陆续指出，过度的心智模式共享可能会导致“群体思维”，有意封闭对外接收信息，使团队在整体上逐渐偏离对环境的客观认知，伤害团队的创新潜质（Davison & Blackman，2005）；另外，完全同质的成员心智模式还会降低团队处理复杂或突变任务的胜任力（Scott et al.，2016）。在当今复杂多变的企业实践中，叠加机制的使用局限性越发明显。

8.2.2 互补机制

互补机制中的共享更多地代指“知识和任务的分担”，强调每个团队成员知识技能对其他成员的补充作用，要求每位成员在某个特定认知领域上处于优势地位，然后通过专业分工来实现团队心智模式整体上的契合。该理念在很大程度上采纳了制度理论和结构分工理论的观点，通过专业化分工来建立异质而有效的团队。例如，军队作战中，步兵、炮兵、坦克部队等各兵种所具有的心智模式各异，但战斗胜利需要他们的协力配合，缺一不可，这就产生了心智模式上的互补运作过程。

但也有研究指出，心智模式互补作为团队心智模式的共享机制仅能在理论上成立（Scott et al.，2016）。互补意味着心智模式的完全异质，只不过以专业化分工视角来有机结合，最后可能导致两个后果：一是每个成员的自我心智不断强化，愈加难以在彼此间协调，势必牵绊团队行为；二是绝对的认知异质性意味着成员间缺乏相互依赖性，共享的终极目标可能无法实现，毕竟团队存在的基础就是共同愿景和通力合作。正因为如此，部分学者也强调团队成员心智模式的共享至少要做到彼此“知道对方懂什么”“以同样的方式看问题”为基准线（Klimoski & Mohammed，1994）。国内学者武欣和吴志明（2006）持有相近的观点，认为分布式心智模式必须存在知识的互赖性，队友间要有充分的相互意识，以此搭建心智互通的“桥梁”，否则过于独立分布的心智模式只能离共享越来越远。

8.2.3 妥协机制

一些学者认为，实践中的团队运作难以避免各种成员观念和行为上的冲突，应采取相互妥协来应付这些矛盾的行动逻辑（McComb，2007）。妥协机制的运行大前提就是团队领导的努力协调，通过设计各方基本满意的组织机制来均衡协调心智各异的组织成员关系，使他们愿意为了共同任务而相互妥协。妥协机制的共享原理是在具体任务上做到共同理解，也即在任务知识、任务沟通等方面做到心智模式共享；但宏观层面的世界观、人生观和价值观等信念上允许存在冲突，依靠同理心和冲突容忍来化解。一个典型的例子就是跨文化团队的心智共享机制，许红军等（2015）提出来自不同文化背景的外资企业员工可以通过组织社会化、心智分享和心智内化三个步骤的妥协机制来共享具体的任务心智，同时缓解跨文化可能带来的信念和思维上的冲突。

当然，基于彼此妥协的共享机制也有它的局限性。这种纯依靠领导协调（包括权力强制）的任务合作机制始终存在成员彼此间“身在曹营心在汉”的风险，各成员或许无法全身心地投入合作，因而产生一定的“态度—行为”失调感，领导也无法完全满足任意一方的利益。从长远预期看，团队领导可能面对“左右不逢源”的局面，尤其当成员价值观和立场完全冲突时，很难进行协调，反会渐渐导致人心离散（Lee et al.，2017）。

8.2.4 兼容机制

Cannon - Bower 等（2001）曾特别指出：“共享心智模式的核心启示就是一群团队成员拥有彼此兼容（compatible）的心理认知，使他们对任务及团队产生共同的期待。”他们重点强调心智模式意识层面的统一，而行动层面的心智可以有所差别。例如，一支管弦乐队，要完成高度和谐优雅的协奏曲，需要弦乐、管乐和打击乐组等的共同演奏，虽然他们彼此在专业技术上并无依赖关系，但必须在精神上有高度的心意相通，才可能成功地演奏。由此可见，心智模式的兼容必然源于思想意识上的统一，借此来容纳行为意识上的差异（Davison & Blackman，2005）；这正好与妥协相反，后者更像是思想意识受到了行为意识统一的束缚，其共享方式是容忍，而非容纳。兼容机制在求同存异的思想指导下，很好地解决了叠加机制的僵化问题、互补机制的隔阂问题和妥协机制的容忍问题。因而不少后期研究均支持采用兼容机制，并提出团队应通过加强成员交互理解、成员交换质量（Willems，2016）和成员交叉培训（Cannon - Bower，2015）等方法来促进思想认知上的共享。

但是否兼容机制比前三种机制更为先进？如思想认识上的统一是否就意味着更高绩效？即便如此，行为意识上的差异是耦合性的，还是随机性的？尚未得到文献充分的证实。高度凝聚的团队意识在从事错误的活动时，只会导致团队共享封闭的心智，最终走向失败（Davison & Blackman，2005）。因此本书认为，团队共享心智模式的机制在很大程度上受情境的影响，如前所述，产业性质、科技环境、团队成员背景结构、分布地域及认知素质等，需要因地制宜地选择。因此，以下将基于上述机制为共享心智模式所带来的内涵启示，厘清它的实质内涵结构，然后专门探讨二元情境下的创新团队（简称二元创新团队）应采用的二元创新的心智模式的共享机制。

8.3 共享心智模式的双层实质内涵

目前，学者们一般把共享心智模式定性为四种平行模式：任务模式、队友模式、交互模式和技术模式。任务模式解释了成员对任务流程、策略及方法的心智共享；队友模式解释了成员对彼此技能和习惯的心智共享；交互模式解释了成员对彼此分工、责任和沟通方式的心智共享；技术模式解释了成员对技术和操作知识的心智共享（Mohammed et al.，2010）。这四种心智模式逐渐被归入任务模式（Task model，TAMM）和团队模式（Team model，TEMM）两大类，Reuveni & Vashdi（2015）比喻 TAMM 为“共同知道做什么”、TEMM 为“共同知道怎么做”。然而，实证研究陆续发现不同类型的心智模式会对团队效能产生较为复杂的差异性影响，甚至出现过不少矛盾的结果。笔者认为这种归类方法值得商榷，因为不论是人们对任务、队友、沟通还是技术的心智共享都局限于特定的工作任务情境当中，其实质就是心智模式中的情境知识共享，反而忽视了个体根深蒂固的信念和思维方式的共享问题。借鉴曹振杰和何红光（2013）、王鉴忠（2015）的观点，本书认为个体层心智模式应由抽象层的思维方式和信念模式（维度）与具体层的知识模式（维度）共同组成，前者相对稳定普适，后者是依赖情境而存在。既然如此，在研究共享心智模式时也应加入抽象层来讨论。抽象层和具体层的共享又是相互独立的，成员间可以在高度共享任务和团队知识的同时，彼此持有不同的观念和思维，反之亦然。反观前人的 TEMM 和 TAMM 划分方法，概念上从未脱离知识模式范畴，对抽象层模式的忽视很可能是导致前期实证研究产生矛盾结果的原因之一。

从现有的四种共享机制的特征也不难发现，学者们对共享心智模式的认识已然隐含了双重内涵，前面提及的“世界观”“思想意识”和“具体任务”等名词分别概括了抽象范畴和具体范畴的共享，这更加佐证了本书的观点。知识是以任务为基础的，而信念和思维方式是更为持久稳定的个体精神特质。用“和而不同”的喻义来解释之，“和”就代指人在抽象精神范畴中的处世观念和准则的一致，“同”就代指人在具体任务范畴中对任务相关要素理解的一致。依此推之，兼容机制就是主张“和而不同”，叠加机制主张“和而相同”，互补机制主张“不和不同”，妥协机制主张“不和而同”。正因为如此，本书提出共享心智模式存在着双层的实质内涵—信念和思维方式维度属于抽象层面，简称抽象模式；知识维度属于具体任务层面，简称知识模式。

具体而言，抽象模式对应着成员作为社会人的为人处世观，如是非善恶、自我价值、处事态度和应变方式等，是相对稳定的信念和思维方式特征（王鉴忠等，2015）；知识模式对应着成员对具体任务情境的共同知识，如对设备、职能、专业知识、沟通方式和任务预期的知识共享，这些会随着情境和特定事件的变化而不同。抽象模式倾向于解释个体间认知素养上的共享，知识模式倾向于解释个体间任务素养上的共享。现今研究大多局限于对具体层的实证测量，鲜有关注抽象层共享的，但本书认为只有将视野拓展至抽象层面，才能更完整地解析共享心智模式。

那么基于上述分析，可以将四种共享机制归类（见图 8－1），叠加要求成员的抽象模式和知识模式均相同；互补要求抽象模式和知识模式均不同，但作为互补；妥协要求抽象模式不同，知识模式相同；兼容要求抽象模式相同，知识模式不同。回到本书的研究主题，究竟哪一种最适合充当二元创新团队在心智共享时应采用的机制呢？由于二元创新情境极易滋生出探索与开发的各种悖论，在心智模式层的共享上也不例外。那么哪种共享机制能有效地克服这些悖论，便会成为共享心智模式暨情境二元性的最佳实现途径。以下首先列举出二元创新的五组心智共享悖论，然后提出对其进行有效管理的共享机制。

图 8-1 四种心智共享机制的分类

8.4 二元创新团队的共享心智模式悖论

8.4.1 共享心智模式的二元性

March（1991）提出探索与开发学习悖论后，组织二元性研究领域激起了持久而热烈的讨论。Mom et al.（2018）指出，任何一级组织间关系都要重视探索与开发之间的协调。组织学习理论也告诉我们，知识学习会优先选择那些与现有知识体系相容的新知识，人的心智模式在加工时可能规避有冲突的信息源，以至于逐渐自我强化。这说明心智模式层面也可能面临二元性悖论。二元性悖论体现在人员心智模式的共享上可能的解释为：首先，心智模式在双层结构上都过于相似可能导致群体过分的开发，封阻外界信息的摄入（Davison & Blackman，2005）；其次，心智模式在双层结构上都过于差异化可能导致群体各自探索，共享形同虚设（Scott et al.，2016）；最后，针对二元创新情境，团队需要突破与效率目标的同步实现，这就要求成员心智模式在双层结构上有选择地共享，通过特定机制协调彼此关系，可能形成均衡促进创新行为的良好状态。

正因为这种“有选择地共享”内容尚不明确，我们必须先厘清抽象模式和具体知识模式需要共享哪些要素，然后探讨这些要素如何选择和匹配，再依此判断哪种机制才是最优。

8.4.2 共享心智模式的结构要素剖析

首先，抽象模式应该由具有二元认知特征的信念和思维方式组成，它们是团队成员的社会认知基础。例如，Gupta（2006）将社会认知解释为组织（含个体）的信息加工导向，抑或是人脑中的心态观念和思维导向。本书所开发的全新二元认知构念就是“二元创新的心智模式”，由三种思维和信念组成，并发现其在二元创新情境中显著预测员工二元创新行为。这个概念也是本章进行理论演绎的抽象层心智基础。其次，知识模式是随外在情境产生的，即在具体任务中“我知道什么”。根据组织学习理论依据，早期 Argyris & Schon（1978）在《组织学习：行动理论之观点》中就指出团队学习是对团队的知识态度和结构安排等要素的调整活动，而这些调整活动借助于正式或非正式的人际沟通互动来实现。这阐明了团队成员的专业知识、任务结构和沟通方式是组织学习的根本性要素。因此知识模式应该由专业知识、任务知识和沟通知识三方面组成。

二元创新过程实质上就是团队二元学习的过程，成员共享对以上要素的认知显然十分重要，这些都为本书的研究进一步整理提供了基础（见图 8－2）。

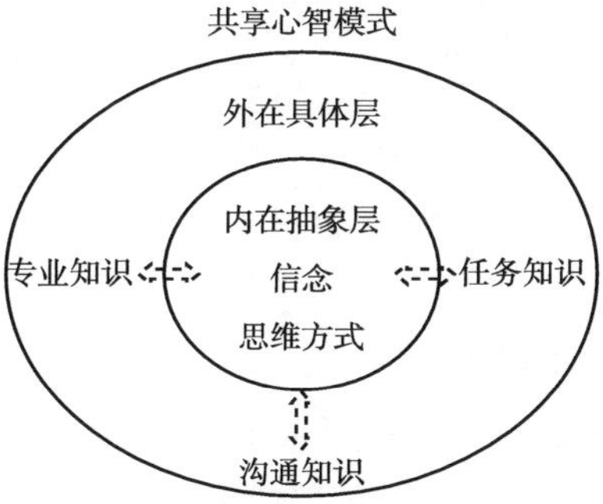

图 8－2 共享心智模式的双层结构要素

8.4.3 共享心智模式的五组悖论

根据前面提出的五个结构要素以及选择性共享理念，我们发现个体二元创新的心智模式所包含的思维和信念是抽象概念，具有普适性，但应用于特定任务情境共享时，还需要加入具体层的知识模式作为补充，如此也就涉及了抽象层和具体层分别应该如何有选择地耦合的问题。

（1）信念共享：自我超越还是互惠共享？

成员们如何共享自我超越和互惠共享信念？

二元创新的心智模式包括自我超越和互惠共享两种信念维度。自我超越信念体现出创新员工的自信、责任意识和自我管理能力，能同时促进探索式和开发式创新行为，Kauppila et al.（2016）以及本书的实证也支持了这个观点。不过，本书还发现自我超越对开发式创新的影响远比探索式创新要高，从理论上讲，高自我超越的创新员工有强大的自我意识，遇事有主见，不易受环境波动的影响，能专心致志地完善现有创新成果，这显然有助于开发式创新；相反，自我超越感过高也可能意味着逐渐强化的自我意识，在抵御外界骚扰信息时也屏蔽了有用的新信息，养成规避不确定性的习惯（刘追和郑倩，2016），削弱了探索式创新的机会。

互惠共享信念则指的是创新员工乐于互利互惠、资源共享的一种价值理念。这种信念强调人际互惠可以带来显著的正向回报（Perugini et al.，2003）。乐于互惠的创新员工能得到广泛吸收外界多样知识的机会，帮助其不断产生灵感，显著提升探索式创新水平。况且，互惠共享信念赐予了该员工主动分享和寻求新信息（资源）的态度，如果整个团队多数员工都持有这种信念，那么对团队的智慧激荡有很大的帮助。不过，在缺乏自我超越信念的情形下，互惠共享信念也可能导致一系列问题。如过多的创意讨论却无一能落到实处，轻易地变换知识体系，成员间过于彼此依赖，却缺乏自我效能和责任感（汤超颖和伊丽娜，2017）。可见，互惠共享信念更倾向于影响探索式创新行为。

由此可知，无论是自我超越还是互惠共享信念，过度强化都不利于二元创新，这就要求个体在认知当中均衡掌控两种信念，形成二元信念。

（2）思维共享：专家还是发散？

成员们如何共享矛盾创新思维？

矛盾创新思维包含发散思维和专家思维。在创新领域中，专家思维是一种科学思考专业问题的系统性思维方式，以实用、稳健和完整的思路来看待创新问题（An et al.，2016）。由于这种思维重点关注的是知识点的市场应用和长期价值，其思维方式必然倾向于优化创新，是知识创造后的精炼过程

(Sok et al., 2015)，自然激励开发式创新行为。然而，专家思维擅长的是凌乱知识的整理和价值提炼，却无法对原始信息的创造产生效用，这个环节需要发散思维给予补充。An et al.（2016）指出，完整的创新思维应该是一个由创造力产生到创新应用的思维过程，无论是专家思维还是发散思维都不能单独解释创新思维，更无法解释两者的交互均衡关系，换言之，真正的二元创新行为的激发就在于两种思维的衔接水平，不然会因缺乏创意而制约应用，或因缺乏应用而将灵感滞留在脑海之中。无论团队过于共享哪一种思维方式，都不利于任何实质创新的产生，只有兼容才能产生效用。

(3) 知识共享：同质还是异质？

成员们是共享同质的专业知识还是异质的专业知识？

团队成员的专业知识同质性指的是他们彼此十分了解对方的知识体系和专长，这对他们共同的开发式创新起到了积极的作用。吸收理论也指出，同质的知识伙伴更容易彼此吸收对方的知识来完善自我认知体系，加强彼此的信任，因而进一步地加快了知识交换过程（Monks et al., 2016）。不过，正因为长期的同质知识交换，团队成员会不断强化对现有知识的依赖，带来大量的知识冗余，思考范围会逐渐受限（Vasudeva & Anand, 2011），从而损害探索式创新绩效。

相反，团队成员异质知识的共享意味着彼此知道对方有哪些领域的知识，往往呈互补状，但对该知识领域不甚了解。这种机制为团队探索式创新提供了广泛的机会。首先，成员知识虽然是异质的，但都与创新任务有一定的潜在关联，有时互补知识可以激荡出更有价值的新鲜创意（王兴元和姬志恒，2013）。其次，异质知识团队能通过沟通、分享和冲突等团队过程产生多个视角来看待创新任务，在某种程度上激励成员的合作探索意愿（Nissen et al., 2014），这对探索式创新有重要的推动作用。然而知识异质性很可能不利于开发式创新。同样，从吸收理论来看，异质知识使团队成员间相互理解更加困难，提高了解码知识的成本，降低了创新效率，还可能不利于成员间的相处和信任。这就说明了知识异质性的共享更多地促进探索式而非开发式创新。

(4) 任务共享：相近还是互补？

成员们是共享相近的任务知识还是互补的任务知识？

相近任务知识的共享意味着团队成员对彼此从事的任务十分了解，包括技术机理、工作模式和流程等任务内容，实践中他们从事着接近一致的工作职能，往往结构安排紧密，互动频繁，经常性地沟通和协调处理同一创新任务的方案。这会提升员工对彼此熟悉的任务领域的掌控水平，进而促进开发式创新。但无论互动强度和频率多高，也无法产生新的知识创意，因为互动成员总是在狭窄的网络空间内反复探讨现成的工作方法，失去了多方探索的机会（Zhang et al.，2018）。这暗示了相近任务会积极影响开发式创新，却可能不利于探索式创新。

互补任务知识的共享则代指成员知道彼此从事何种互补工作，知道"需要时找谁"，但更多地关注自我专业领域的任务。这是一种松散的任务关系。任务互补往往带来知识的异质性，在领导整合协调过程中，各个任务模块容易产生新的创意，取长补短，不会让整体思维僵化，这些都有利于探索式创新。反过来，随着任务心智模式的自我强化，各个任务模块的成员会越发感受到沟通心理障碍，很难理想地将彼此知识付诸应用，减弱了开发式创新。

（5）沟通共享：规范还是自由？

成员们是共享规范的沟通方式还是自由的沟通方式？

沟通方式包含沟通的类型、频次和渠道等，沟通方式上的心智共享决定了成员们对知识交流类型及程度的共同理解（Mohammed et al.，2010）。共享规范的沟通方式时，团队里共同意识到一种正式的、明确的信息交流机制，并凭此在整个创新过程中交换信息。规范沟通将复杂的人际心理关系做了简单化和标准化处理，大幅度降低了人际不确定性。开发最讲究的就是常规化，其行动关系协调和组织计划都应尽可能地规范化，如用契约、通知、报告或行政指令等手段相互传递。这样可以确保行动效率，满足开发式创新的效率目标。不过，正因为规范沟通限制了员工的沟通渠道，降低了沟通的灵活性，致使员工强化"照章办事"的思维倾向，不太适合在高变化情境下处理探索式创新问题。

另外，共享自由的沟通方式能有效促进探索式创新行为。自由沟通就是沟通方式不限，员工可以因地制宜、因人而异地选择交流方式。自由沟通涵盖了许多非正式沟通，研究已表明非正式沟通在弥补正式沟通不足、处理突发事件和团队变革等方面起到重要的积极作用（Sun et al.，2015；谢永珍等，2015），Chu（2016）对虚拟团队做的一项研究表明各种即时通信工具（如微信、视频聊天等）对团队交流和探索式创新有显著提升作用，并建议应大力提倡自由的沟通方式。诚然，自由的沟通方式有助于员工放松心态，能妥善地处理非常规性问题，在探索未知时尤为有效；但当创新任务明确、团队方向清晰时，沟通方式过于繁杂反而可能导致沟通效率低下，引发不必要的争议，不利于开发式创新的推进。

综合上述悖论，可以看出两种极端情形：当团队心智模式以规范沟通、相近任务、同质知识、自我逾越信念和专家思维为共享内容时，能正向促进现有知识的利用和更新，却不利于全新知识的产生；反之，以自由沟通、互补任务、异质知识、互惠共享信念和发散思维为共享内容时，能正向促进全新知识的创造，却不利于新知识的完善应用（见图 8－3）。换言之，上述两种模式组合分别形成极端的效率导向和突破导向心智模式。很显然，两种模式存在不可忽视的悖论，倘若不加以协调，极易出现团队过分开发或探索的现象，堕入二元陷阱。究竟如何交叉匹配两组导向的心智要素呢？以下通过分析四种传统机制与要素组合的对应关系，来推导出新的共享机制。

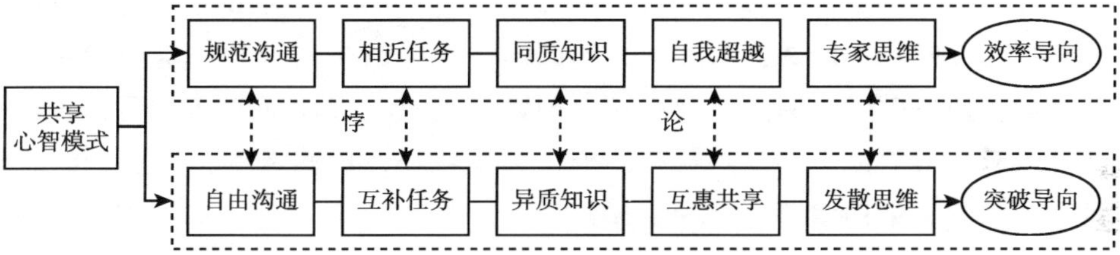

图 8－3 共享心智模式的五组悖论

8.5 新的共享机制：选择性耦合

8.5.1 选择性耦合的提出

回顾四种心智模式的共享机制，究竟哪一种最适合用于二元创新团队呢？叠加机制的共享形式是抽象模式和知识模式都相同，这显然有违二元理念，属于完全的效率导向型共享，可以首先排除。互补机制要求抽象模式和知识模式均不同，这样可能会产生巨大的领导协调成本和成员的核心刚性，团队缺乏真正的共享，亦不可行。妥协机制认为“志不同而道可合”，即规范沟通、相近任务和同质知识的共享加上信念和思维方式各异的成员认知，这样的团队始终缺乏共同愿景和彼此信任，与二元情境的“支持，信任”特征体系背道而驰（Gibson & Birkinshaw，2004）。兼容机制讲究“和而不同”，团队首先统一信念和思维方式，一群抱有同样愿景、彼此信任的员工，被赋予了差异化的任务心智，让他们在共同根本认知的强力支持下，自行选择协调彼此的任务与沟通关系，能均衡地处理探索与开发行为，这既符合情境二元性的理论基础，又与多个共享心智模式与创新绩效的实证研究观点相互印证（Mathieu et al.，2000；Reuveni & Vashdi，2015；Davison & Blackman，2005）。可以说，兼容机制整体上优于其他机制。不过，也不能简单地完全采纳。例如，首先，关于抽象层的信念和思维方式的契合，是完全统一、维度统一还是互补组合？经前面分析发现，抽象层的二元创新的心智模式必须先完全统一，不然会走向意识偏离。其次，具体层知识模式则需要灵活组合。图 8－4 提出了两种共享组合，深色方框相连的是其中一种，椭圆虚线相连的是另一种，这两种组合路径均以抽象模式为原点、专业知识要素为支点，带动任务和沟通知识的两种组合，因为前两者都是持久的个体背景特征，后两者都是灵活的组织设计内容。本书构建的是一种更加细致、更加科学的心智共享机制：选择性耦合（selective coupling）。

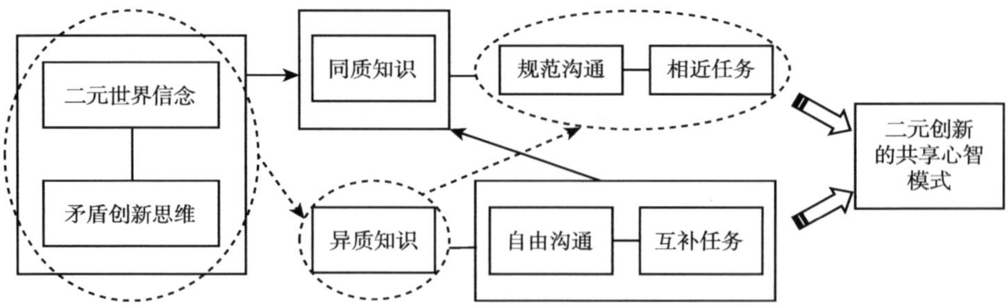

图 8－4 共享心智模式的两种选择性耦合

注：深色方框内的要素组合是组合一，椭圆虚线内的要素组合是组合二。

（1）选择性耦合的组合一。

第一种组合包含统一的二元世界信念假设（自我＋互惠）和矛盾创新思维，加上自由沟通、互补任务和同质知识。首先，思想信念和思维方式是指导人所有行为的出发点，在这个意识层面上的高度契合是知识模式得以共享的根本前提，因此二元创新员工必须先具有同样的二元认知素养。其次是知识模式，同质知识代表成员间的专业知识背景相似，过于相近的知识虽能快速提升团队在某领域的专业水平，但频繁交流必然产生冗余、自我强化和思维局限等弊端（Vasudeva & Anand，2011），如果不佐以互补任务和自由沟通模式，纵然成员都持有二元创新的心智模式，也无处获取充足的异质信息，加上同质信息又过量，仍不免陷入效率导向的共享心智模式。

互补任务能通过任务结构的差异来激发员工对同源知识的差异化认识，将他们适当地分隔，这样会在不同任务模块上产生新的见解。另外，由于这种模式下的员工任务关系松散，可以增强他们的良性竞争意识，从而释放一些精力来进行探索。互补任务还可以更有针对性地奖惩成员，责任到人，这样成员就会有更强的动力去均衡调节自我行为。

自由沟通通过增加彼此沟通的欲望和形式，扩大了互动范围，活跃了团队气氛，缓解了单调乏味的成员间关系。另外，自由沟通是感情交流的良方，能增强成员间的信任，这样会使他们在互补合作中极可能产生新的灵感和创意。Chu（2016）特别指出，虚拟团队成员自由沟通的前提就是拥有同质知识技能，因为知己知彼，所以很容易便会产生最佳的知识交互效应。

著名火锅连锁企业海底捞在管理员工上，就朝着明显的创新化和团队化发展，其很重视基层引领的二元创新。对于工作性质基本相同的基层服务人员，一方面塑造家的氛围，树立员工强大的主人翁意识；另一方面通过频繁的换岗轮岗，多店知识传递，深挖了原有知识，高效应用在不同的工作细节上。创办海底捞大学，内训员工，鼓励他们逐渐掌握一个主攻的专业方向，成为将来企业各岗位的管理接班人。通过“双手改变命运”的核心价值观，大力授权给基层员工，鼓励他们自由地抒发运营上的创意，因地制宜地处理好顾客关系，小到吃火锅用的加长筷子、洗手间内的牙具等，都是员工们的创意杰作。许多员工在餐休时都积极地自由交流，帮企业想点子。整个企业弥漫着浓浓的学习氛围和轻松氛围（郑晓明等，2012）。在海底捞的管理模式下，基层团队纷纷通过异质任务和自由沟通的心智共享，化解了餐饮业最常见的因同质知识带来的重复冗余和工作沉闷，保持了高度的企业创新活力，成为我国连锁餐饮业的一个典型成功代表。

简单地归纳，同质知识本身会诱导开发式创新活动，但用互补任务和自由沟通加以缓和，可以适当地增加探索式创新活动，使之回归均衡。据此提出命题一：

命题一：在二元创新团队中，成员抽象层的二元创新的心智模式必须先统一；在具体层知识模式的专业知识结构相近时，互补任务和自由沟通的共享可以防止团队进入能力“陷阱”，均衡地促进团队二元创新绩效的提升。

（2）选择性耦合的组合二。

第二种组合包含统一的二元信念假设和矛盾创新思维，加上规范沟通、相近任务和异质知识。首先，抽象层的二元创新的心智模式统一是大前提，不再赘述。其次，与组合一相反，异质知识的价值就在于成员知识的差异与整合（Reuveni & Vashdi，2015）。研究表明，异质知识能为创新团队探索提供更大范围的知识机遇，但同时也为知识整合共享设置了障碍（Wang et al.，2018）。如前所提及的悖论，异质知识的心智共享显著激发探索式创新行为，却不利于开发式创新行为。因此，它需要另一种结构和沟通心智上的弥补，以便将异质知识有效整合，高效利用。

以相近任务和规范沟通作为共享心智补充，可以缓和探索倾向，加强开发潜力。相近任务给予了成员切磋异质知识、尝试不同方法的合作机会，成员从不同知识领域入手去解决同一个创新问题，加以讨论，可以显著加深彼此的相互理解，最终整合出更加完善和实用的创新成果。Wang et al.（2018）提出，网络关系中需要经常合作的成员如果是具有异质知识背景的，最有利于联合创新；同时，来自不同背景的创新团队成员需要多参与职业和社会化关系网络，才能有效地将他们的多样化知识整合起来。可见，成员在任务上的紧密联系有助于弥补在异质知识上的生疏。

除相近任务外，规范沟通是另一种加强开发潜力的选择。第一，与异质知识队友共同工作时，每位成员都必须积极响应大量的陌生信息，自由沟通可能将这种相互摸索的过程再次复杂化，反而产生更多的新信息，不利于理清思路，形成创意主线。但当成员都共享某种规范沟通方式时，可以避免许多沟通过程中的疑虑，加速沟通效率，促使成员间抓住主要矛盾进行沟通。第二，如 Chu（2016）所描述的，成员间信任必须基于深度的彼此了解，而异质知识团队最缺乏的就是彼此了解，要加强信任，必须通过规范的沟通方式，简化成员关系，排除猜疑，才能加深彼此的信任。

海尔集团近年来积极采用新的平行团队运作机制来改革企业管理模式，将传统的职能和事业部结构改良成为一个个的异质知识团队，每个团队由相对固定的创新小组成员构成，他们专业背景各异，却每次都总攻一个特定任务，再通过设计规范的沟通和激励机制来约束小组间活动范围，各小组在同等规则下竞争有限的资源和项目（王凤彬等，2008）。这种组织模式不但发挥了异质知识团队的突破创造力（异质知识），也促使每位成员在专业领域上的根越扎越深，稳固了知识开发基础（相近任务和规范沟通）。

简单地归纳，异质知识本身会诱导探索式创新活动，但用相近任务和规范沟通加以缓和，可以适当地增加开发式创新活动，使之回归均衡。据此本章提出命题二：

命题二：在二元创新团队中，成员抽象层的二元创新的心智模式必须先统一；在具体层知识模式的专业知识结构相异时，相近任务和规范沟通的共享可以防止团队进入创新“陷阱”，均衡地促进团队二元创新绩效的提升。

8.5.2 本节归纳

尽管本部分是通过理论演绎提出的两组选择性耦合机制，其实在思想上仍沿袭了前人关于二元悖论处理的“均衡交织”方法（Andriopoulos & Lewis，2009），认为两组共享心智模式必须交织存在，才能中和探索与开发的倾向，同时令个体二元创新的心智模式得到最大化的价值发挥。而且，作为共享原点，二元创新的心智模式的历练具有普适性；选择具有同质还是异质专业知识的团队，更多地受产业环境、创新要求等因素影响，但有些情境可以兼用。另外，此处提出的新共享机制只是一个静态框架，还欠缺一个心智共享过程的驱动。共享不是机械地组织安排，而是成员心智渐进交融的动态过程，需要时间的历练。那么二元创新团队成员是如何共享具体知识模式的呢？以下将予以探讨。

8.6 二元创新团队的心智共享过程

8.6.1 团队心智共享过程的概念模型

知识是促进组织创新的重要来源，但知识必然最初产生于个体，最终作用于组织创新绩效，这是一个上升的过程，也即社会化的过程（Newell et al.，2002）。用 Davison & Blackman（2005）的话来形容，就是知识被创造后，必须嵌入某种特定的社会情境中（含时间、地点等）才有实际价值。

Schmidtke & Cummings（2017）提出心智模式是组织与个体创造和分享知识的有效载体，能构造出共同理解和完善知识的群体氛围，而群体心智沟通是核心纽带。作为群体共同理念形成的基础机制，共享心智模式可以充当群体沟通的大熔炉。在这个熔炉中，具体层知识模式是主体内容，包含成员在专业知识和兴趣、任务知识和沟通方式上的知识共享。这种共享意味着各自知道谁擅长什么，谁习惯做什么，谁应该负责什么以及共同的全局观和准确的自我定位。也就是说，解释了成员间如何理解和反馈彼此知识模式的过程，就解释了共享心智模式的过程机理。借鉴组织学习理论，我们发现任何学习的产生都离不开个体接收并感知的外界刺激（感知差异），并且个体对有差异性的心智输入才会做出加工（Pruzan，2001）；加工实质上是信息诠释的过程（认知加工），一旦发现契合的心智模式，就会选择将其内化（心智内化），为原有心智模式添加新内容；改变心智模式后，通过团队交互过程中的分享（修正后的心智沟通），引发成员间交互诠释（交互认知加工），有些模式被保留，有些则被删除（共同心智内化），最终共同内化出新的团队心智模式（共享心智形成）。上述过程又可能因为成员新的提议或新成员加入等原因而发生再次循环（见图 8－5）。

以汽车产业的研发团队为例。作为高精密科技产业的研发机构，汽车研发团队需要一方面不断地完善现有车型质量；另一方面直面新能源更替和竞争者创新带来的强大威胁，是典型的二元创新团队（熊立等，2017）。以下阐释了这种团队共享心智模式的过程。

（1）感知差异。在二元创新团队运行过程中，每位成员都会感知到彼此在心智模式上的差异，一些汽车研发团队中，产品经理是理工科背景，车型经理是商科背景，设计和策划人员可能是艺术或营销类背景，他们对任务的认知和处理方式会有显著的不同，此时就需要先相互感知，厘清差异所在。

（2）认知加工。这里指的是对有差别的心智模式注入理性的思考和加工，尝试去理解和兼容这些差异。例如，汽车团队中的产品经理较为重视汽车材料配件的精密和质量，这就涉及较高成本；车型经理则会注重该汽车的市场前景，自然涉及压缩成本；此时若能换位思考，尝试思索一种最具顾客价值导向的适当品质标准，再加以商讨，则会有更理想的创新成果。

（3）心智内化。这一步是基于认知加工的信息筛选。例如，在车型经理接受了产品经理对产品的知识模式后，就会开始尝试思考产品质量与顾客喜好之间的最佳匹配。此时车型经理或能归纳出更精确的新车市场定位，突出产品经理和顾客都最在乎的汽车品质，这样就可以将研发创新的性价比达到最高。

（4）修正后的心智沟通。从个体层上升到团队层需要经过持续的沟通。由于修正后的心智模式加入了沟通对象的知识模式，这样沟通起来更加顺畅。例如，车型经理在了解了设计师的专长并加以考虑后，与设计师沟通自己的新车定位，设计师就很容易产生新的灵感，设计出顾客喜爱的汽车款型来。

（5）交互认知加工。成员们开始吸收和接受彼此的知识模式，潜移默化地加深了对彼此工作方式、沟通习惯和专业水平的理解，逐渐萌生出对团队整体氛围上的一种新认知。例如，汽车研发团队开始感受到一种新的共享心智模式产生，一般表现为团队文化初现，不同角色的成员们开始诠释和认可这种集体心智，彼此选择和适应最佳的知识结构共享方式，有了整体意识。

(6) 共同心智内化。此时成员们开始统一消化所吸收的知识模式，内化成整个团队的心智模式。经过时间的磨合，成员们绝大部分的知识模式都为彼此所熟知。例如，汽车研发过程中，遇到任何疑难，成员们都能第一时间找到对口的队友，以对方习惯的或都能接受的方式进行沟通，快速解决问题；成员们都积极适应团队对创新任务、市场和人际关系上的一种整体假设和预期。

(7) 共享心智形成。当这种心智内化过程持续了一段时间后，成员都习惯于已有的互动模式，新的共享心智模式就正式形成了。需注意的是，新的共享心智模式不是一成不变的，会随着持续的沟通互动而渐变。例如，即使汽车研发团队已形成了共享心智模式，只要对某个创新问题有人持有不同看法，一旦会上讨论，就有可能激发新一轮从个体感知差异到团队心智变化的循环过程。

值得注意的是，在现代信息技术支持下，沟通随时可能发生，团队的共享心智模式剧变可能是无数次团队心智渐变穿插而成的。不过，每次渐变都经历了图 8 -5 诠释的学习过程。其原因是，个体在接收任何一次差异刺激后，都必须完成一次阶段性心智内化（选择接纳或排斥），否则是无法产生后续反应的（即沟通）。就像消费者购买行为，小到买一瓶水，大到买一栋房，都必须经历问题识别到决策和购后的完整过程，只是认知加工速度不一致而已。

8.6.2 基于二元创新的概念模型应用评价

前面模型的聚焦点是具体层心智模式，应用于二元创新时，一个重要前提就是团队的心智系统必须是开放的，也就是说，二元创新的心智模式是团队成员长期共享不变的抽象模式，然后具体知识模式是随着环境刺激的变化而循环渐变的。进一步说，团队成员共享的不是任务内容本身，也不是完成创新的“最优”方案，而是迎接变化、和而不同的二元理念。成员普遍更多地相信“适应变化”，而非“过去经验”，探索“什么方法更好”，而非“什么方法最好”。例如，设计思维团队的核心共享心智应该是“我们要适应市场不断变化的品味，这意味着设计方案也需要因地制宜地更新”（Mahmoud - Jouini et al. ，2016），根本不存在“最佳方案”或“成功范式”的共享可言。

另有一点值得注意，由于选择性耦合认为知识模式可以互异，成员只需要领会彼此的知识模式，而不必要深入掌握这些知识，这说明他们更为重要的是共享意愿。二元创新团队的共享意愿就体现在二元创新的心智模式上。首先，互惠共享信念促使成员们愿意接受分歧，耐心地进行认知加工和内化；其次，自我超越信念在心智内化后，能确保高效地付诸应用，减少团队中的“搭便车”；最后，矛盾创新思维在整个过程中维护着成员知识交流的创新性和二元性，以保证该共享心智系统的开放性。可以想象，二元创新的心智模式对加速选择性耦合机制下的心智模式共享有着显著的“催化”作用。除此之外，本章还提出了另一种具体知识层的“润滑剂”，可以显著地提升团队心智模式的共享效果。

8.6.3 过渡心智模式

二元创新团队成员或多或少会存在知识差异，而知识差异越大，心智共享过程越艰难，为了让个体间更好地磨合，需要在知识模式之间添加适当的“润滑剂”。本章把这种“润滑剂”称为过渡心智模式，简称过渡模式。过渡模式是个体知识模式的一部分，指在知识模式中加入一部分衔接关联对象的知识模式，作为彼此心智交织的缓冲带，双方通过相通的过渡模式来缓解彼此可能冲突的整体知识模式。也就是说，一名员工的知识模式中除了包含对自身专业、任务和沟通知识的认识外，还应包含对队友的知识专长、任务期待、交接方式和冲突处理等方面的知识思考和预期。举例来说，软件开发团队中的开发人员心智中除了包含对自身任务的深刻认知外，还应思考如何与设计师、市场调研员、测试人员等下游对象对接的问题，考虑对方可能存在的诉求和利益，形成与他们有效互动达成一致的过渡模式；设计师等人反之亦然。就像空客飞机每次创新设计都要派驻设计师长期辅助生产部门，边生产边改良，逐渐把研发部门的心智模式完全融入生产部门的心智模式中，最终结果就是两个部门的沟通越来越顺畅，彼此心智上达到了真正的共享（Mahmoud－Jouini et al.，2016）。

如图 8－5 所示，过渡心智模式分别在个体层感知到差异刺激后，以及团队心智交互作用过程中起到润滑效果。

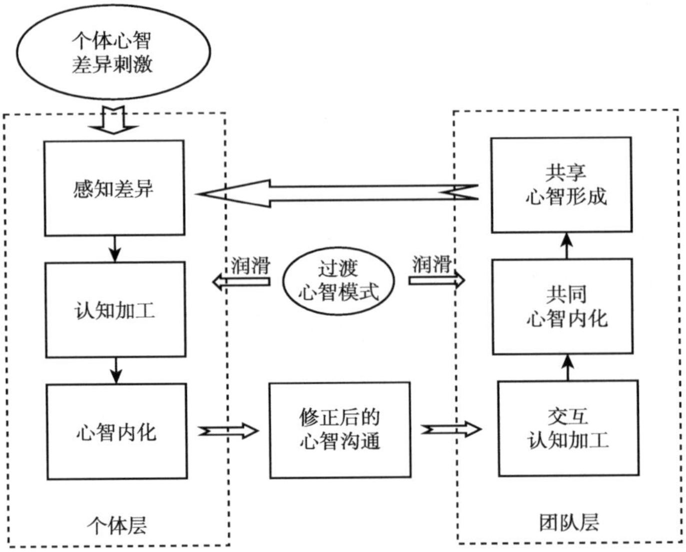

图 8-5　团队心智共享过程的概念模型

8.7　讨论与小结

本章旨在构建全新的员工二元创新的心智模式共享机制，即二元创新团队的心智共享机制。通过理论演绎和举例说明的方法，回答了本章开篇提出的三个问题。为了更加清晰地梳理本章的框架内容，笔者做了几点综合评价：

（1）二元创新团队的心智共享机制是选择性耦合，它为以二元个体为基本单位的创新团队设计了组织框架、人事结构和基本原则。首先，因为情境是动态多变的，团队抽象层的二元创新的心智模式就必须统一，这是选择性耦合机制的根本驱动力；其次，在知识模式上讲究“均衡交织”的思想理念，这样的人事结构安排可以让团队保持创新活力，将个体二元行为成功地转化为情境二元性。

（2）有效的心智共享过程是选择性耦合机制的动态演绎。心智模式的共享并非一蹴而就的，仅靠科学的静态机制框架是无法真正解决共享问题的。因此本书根据组织学习过程机理，总体上把一个“感知—加工—

内化—修正—沟通”的心智模式循环过程展示出来。个体间真正的心智共享是经过长时间磨合后的“心意相通”，不是简单地知道“什么”“谁”，而是深刻地明白“怎么”“为什么”。这是一种对彼此工作习惯、行为方式和知识结构的难以言表的共同默会，需要持续的互动过程来实现。

（3）二元创新的心智模式在共享过程中本身扮演了“催化剂”的角色，过渡心智模式在共享过程中扮演了“润滑剂”的角色。如果说二元创新的心智模式从抽象层注入了催化要素，那么过渡心智模式则从具体层添加了润滑要素。

9 研究结论与展望

9.1 主要研究结论

近十余年来，学术界见证了组织二元性理论的长足发展。其中，情境学派主张构建一种基于绩效管理和人性支持交互作用的组织情境，让员工能够自觉地调节开发与探索行为，反过来上升聚合成企业整体二元创新能力（Gibson & Birkinshaw，2004）。由于其颠覆了二元组织必须将探索和开发行为隔离处置的前主流观点，将聚焦点转移到个体思维转换能力上，愈加受到学术界的重视。时至今日，情境二元性已逐步向个体二元性方向演变发展，尤其在创新领域。回答个体如何有效地均衡探索与开发活动，多数学者都热衷于谈论组织如何提供丰富的资源和柔性的工作环境（Parker，2014；Prietor – Pastor et al.，2015；Mom et al.，2018；Zhang et al.，2018），抑或是领导垂直影响（Lewis et al.，2014；Lin & McDonough Ⅲ，2014；Alghamdi，2018），不自觉地将员工视为被动个体。然而在当今复杂多变的社会竞争环境下，职场上更加讲究工作自主、身兼数职等新法则，被动“打工赚钱”“唯命是从”思想已离时代要求越来越远，对职场人士“自我雇用”能力的要求也达到了前所未有的高度——这些在创新工作中显得尤为突出。鉴于此，本书着力思考的关键问题就是能同时从事全新领域探索与现有技能开发的创新人才应具有何种社会认知素养。基于心智模式理论、社会认知理论和自我决定理论等，本书提出了二元创新的心智模式这个构念，发现它是由自我超越信念、互惠共享信念和矛盾创新思维这三个“元心智”维度组成的高阶抽象层心智模式，并验证了其通过改善创新人员工作状态（工作沉浸）来激励他/她们二元创新的认知传导机制。本书通过扎根理论的质性方法、问卷开发、实证检验和理论演绎等方法相辅相成，进一步完善了前人对二元个体的认知前因的猜想和论证（Chang & Hughes, 2012；Good & Michel, 2013；Lee, 2016；Kauppilla et al., 2016；Scheepers et al., 2018；Klonek et al., 2020）。以下是各项子研究的综合结论与讨论。

9.1.1 研究一和研究二的结论

研究一和研究二共同构造了二元创新的心智模式的内容结构和测量工具。这部分研究得出，企业员工创新的二元创新的心智模式是由 8 个副范畴和 3 个主范畴的内容结构组成。主范畴自我超越信念包含目标信念、自我调节、自我担当和超越承诺四个范畴，互惠共享信念包含团队精神和互惠互信两个范畴，矛盾创新思维包含探索未知和持续改进两个范畴。以 689 名创新员工为样本的量表开发也得到了支持性的结果，开发出三维度 11 个题项的测量问卷。

研究者注意到，这个心智模式的内容结构从某种程度上呼应了 Mom et al.（2009）提及的多面手、冲突容忍、持续学习和 Lee et al.（2017）归纳的社会技能、认知技能、关系技能这三种个体胜任力特征。同时，部分内容佐证了 Good & Michel（2013）、Wilms et al.（2019）学者提出的有关初级概念。这使本书更为系统地展示了一个完整的认知特征体系。此外，不难发现自我超越、互惠共享和矛盾创新三维度在某种程度上隐射出了自主、关系和胜任三种个体需要。从自我决定理论视角看，自我超越（自主）为创新者提供了自信、自觉和自知的信念基础，使之凭借内在动力稳固前行，无须外在动机的刺激；互惠共享（关系）从利他面弥补了自我超越的利己面，扩充了个体认知资源，使创新者拥有更加积极和权变的心智潜能；矛盾创新（胜任）为创新者同步处理探索与开发事务带来足够的胜任力，使之善于均衡、替换和调节两种创新行为。三维度共同孕育起多样心智的转换和共生，构成了心智模式的二元性，提升个体二元行为能力。值得注意的是，三种元心智均内隐了动态调节属性，也即二元创新的心智模式并非固化行动准则，而是一种持续调节自身的动态心智素养，通过持续供应认知资源来化解创新者的“稳健与激进”“利己与利他”“发散与聚合”三组认知悖论，让他/她处于平衡的心理和情绪状态。简而言之，本书已从理论论证和实证检验的双重途径验证了二元创新的心智模式构念与测量工具。

质性访谈发现的另一个要点是：拥有高二元创新心智模式素养的个体往往具有强大的意识，会主动地规避习惯性的探索思维或开发思维，能高度自我监控，不易陷入任何自我强化状态。回顾认知心理学，人的意识包含了自我意识和对象意识的二重化统一。前者是个体对自我生存状态的主观认识，由自我认知、自我体验和自我调节组成，有关“我是怎样的人”，尊重、自爱、责任感、应对变化等。后者则代表个体对他人及世界的各种现象、规律和事物关系的认知反映（肖旭，2013）。两者指向不同却相互强化、相互制约。强自我意识可以帮助人降低社会失调感，强烈地维护自我同一性，使人更清晰地认知对象世界；强对象意识则培养人对世界的科学全面认知，反过来促使自我意识水平的进一步提高，不会轻易随波逐流（邓韵娜，2015）。两种意识交互作用产生了灵活性，能使人高度自省自律，矛盾地思考问题（班杜拉，2015），达到精神分析学派所形容的“超我”人格阶段。二元创新的心智模式相信“开发以探索为始，探索为开发所用”的理念，可以想象，人没有完整的意识二重化统一是无法均衡掌控的。因此，本书认为二元创新的心智模式与个体强大的意识紧密相关，期待未来意识和心智模式关系的后续探讨。

最后，研究者观察发现，尽管中国文化是以“中庸”“辩证”“修齐治平”等特点著称，但在实践中许多人并不能准确地认知和操控这些准则，反而容易对经验性认识产生强化和条件性反射（即强化），逐渐形成非此即彼的刚性思维。也就是说，要长期和谐地处理探索与开发中的思维悖论，个体必须具有自我反思和包容协调的意识特征。结合中国道家哲学来看，这种能矛盾认识事物、善晓二元运行规律的人可谓之“善为道者”。其实，“善为道者”未必如字面上理解的“圣人”“道士”“隐者”这样的“高贵神秘”，他/她可以是社会各领域中的遵循自然规律办事的职场人，就如善于谐和处理二元创新、按创新规律行动的创新人员。

9.1.2 研究三的结论

研究三讨论和验证了二元创新的心智模式对员工二元创新的作用机制。研究先构建了一个以工作沉浸为中介变量、网络知识异质性和权力距离为调节变量的“心智模式—行为绩效”传导机制模型。通过412名创新人员的实证检验得出，二元创新的心智模式正向影响员工二元创新行为，其中工作沉浸产生部分中介作用，网络知识异质性对探索式和开发式创新分别产生正向和负向的调节作用，权力距离对探索式创新产生负向的调节作用，对开发式创新无显著调节作用。尽管少数子假设未通过验证，但并不影响本书达成的核心目标，即二元创新的心智模式及其各维度对二元创新行为的预测效度，并发现了它能带来挑战—技能平衡的沉浸状态。研究者归纳出以下几点结论：

第一，与多数前人研究不同的是，此项研究关注组织二元性的个体层行为与心理认知之间的联系，用实证完善了前人在技能层面对个体二元性特征体系的理论假设（如冲突包容、多面手等）（Mom et al. , 2009；Lee et al. , 2016），也支持了矛盾理论学派用认知二元性来探究个体二元性前因的文献观点（Greenberg et al. , 2013；Scheepers et al. , 2018）。结构方程模型显示，二元创新的心智模式对二元创新行为产生显著的总体影响。同时，回归分析显示，个体网络知识异质性正向调节其对探索式创新行为的影响，负向调节对开发式创新行为的影响，暗示了人脉结构在个体二元性形成中起到“双刃剑”效果，通过所供应的知识类型来激励或抑制“认知—行为”传递过程。权力距离负向调节其对探索式创新行为的影响，却不影响开发式创新行为，暗示了阶级关系同样对“认知—行为”传递过程有影响，即领导给予下属更近的心理距离感会有助于该下属形成个体二元性，例如支持型和开放型的领导风格。

第二，数据结果显示，创新人员的自我超越信念与开发式创新、互惠共享信念与探索式创新的积极关系更为显著，而矛盾创新思维与两种创新行为均呈现高相关关系。可以推测高自我超越信念更容易激发个体不断完善现有知识技能的行为取向，高互惠共享信念更容易使人受异质知识的吸引，高矛盾创新思维则引导个体对远近知识做同步吸收，使探索与优化均衡提升。这种结果暗示我们二元创新的心智模式的信念和思维维度产生不同的功效，并隐含着一定的交互关系。例如，高自我超越信念的个体往往更加自信，自信带来胸怀，胸怀意味着兼容，兼容即能强化互惠共享信念；互惠共享信念带来额外知识补充，知识补充增强个体专业自信，反过来又能提高自我超越信念——这样可能形成良性循环。又如，思维和信念也可能存在更复杂的关系，创新员工的矛盾思维就体现在兼顾发散和专家思维的矛盾创新思维上，而信念是思维方式的认知根源（Senge，2006），前者是静态持久的认知结构，后者是动态渐变的加工程序（王鉴忠等，2015）。缺乏自我超越信念补充的互惠共享信念很容易使员工过度发散思维，吸收来自八方的异质知识，却无法用专家思维去整合，因为缺乏“自己是专家”的信念；反之亦然。这进一步解释了二元创新的心智模式存在的整体意义。

第三，中介机制研究表明，二元创新的心智模式不仅与创新绩效相关，还与工作幸福感相关。工作沉浸变量的介入，解释了二元创新的心智模式发挥效能的重要方式，也反向解释了为什么创新人员会发生工作沉浸，为创新工作沉浸及行为绩效建立了较为清晰的认知传导机制。回顾文献不难发现，前人虽然已经建立起了认知与沉浸的联系（Beard & Hoy，2010；Salanova et al.，2006；Bakker et al.，2017）、沉浸与创新行为的联系（Larche & Dixon，2020；王忠等，2017），但都未能从二元视角做更深的思考，本书更进一步地诠释了二元创新的心智模式带来工作沉浸感和二元创新行为的过程。一方面，作为主动寻求挑战与技能平衡的心智系统，二元创新的心智模式通过启用自我决定策略，使员工具有“沉浸特质”，这与 Bakker（2017）提出的观点相一致；另一方面，工作沉浸感会因为享乐适应和积极情绪的拓展—建构功能而产生可持续效果，均衡推进探索式和开发式创新行为。从工作沉浸本身看，二元性认知从本质上解释了沉浸发生的原理，使我们搭建起二元性理论与沉浸理论之间的桥梁，揭示了二元认知与工作幸福感的积极关系，为未来幸福组织和幸福管理理论研究做出了一定的贡献。

第四，从研究模型的整体意义来说，这是一个较为系统的交互决定框架下的认知影响行为过程，也即五因子的个体知识流动模型。简单归纳，二元创新的心智模式及其三维度对员工二元创新均呈现积极的影响，而这种影响可能是通过工作沉浸状态来实现的，同时该员工应具有适中的异质知识人脉和较低的阶层距离感，这样才能最优化地激励探索式与开发式创新行为的均衡实施。

9.1.3 研究四的结论

研究四进一步探讨了个体二元创新的心智模式如何在创新团队中共享的问题。研究发现，团队共享不仅需要个体二元创新的心智模式统一，而且需要结合具体层的知识模式的权变契合来考虑。研究得出了两种可选的共享机制，并深入推导出创新团队成员共享这种心智的全过程以及相应“催化”和“润滑”策略。

就其理论贡献来言：①首次将二元性视角引入共享心智模式构建的研究中，将“均衡交织”的理念应用于共享悖论的处理上，为二元情境的形成路径提供了理论参考，也延展了管理悖论问题的研究边界；②基于心智模式理论和组织学习理论，创新地提出共享心智模式的双层实质内涵，比以往更有逻辑性地理解各种共享机制的内在原理；③构建了全新的二元创新的心智共享机制，不仅比传统机制更加贴近当前实践，还从某种程度上使我们对传统机制的适用性和局限性有了更深刻的了解，补充了前人的研究成果；④通过深入探讨二元创新的心智模式的动态共享过程机理，从微观视角打开了共享心智模式的认知“黑箱”，揭示了个体二元心智向团队转化和汇聚的直观过程，并创新地提出了该过程中的“催化剂”和“润滑剂”要素；⑤过去研究一直忽视了抽象层心智模式在团队共享中起到的关键作用，本书警示了二元情境中的创新团队必须先叠加二元创新的心智模式，再对知识模式进行选择性耦合，如此才可能最有效地共享心智模式。

就其实践意义而言，将 Gibson & Birkinshaw（2004）的情境二元性理念和共享心智模式相结合，鼓励企业通过共享二元创新的心智模式这条路径来实现情境二元性，继而推动可持续的创新发展；为企业创造和共享员工二元性这种人力资本提供了参考路径，如选聘具有二元创新的心智模式的员工，或给予相应的素质培训，同时设计“选择性耦合”的组织机制，更好地带动心智模式的共享；最后则为创新团队提供了成员心智共享的“手把手”指导方案。

9.2 管理启示与建议

随着中国快速步入创新导向的“新常态”经济发展时代，中国人的“创业创新”“人人共享”等实践活动需要相应的素质来驱动。本书从二元创新视角出发，认为可持续的创新发展需要二元性认知素质的支持，并提出二元创新的心智模式构念，发现二元创新的心智模式并非简单的探索式和开发式心智模式，而是动态的信念和思维素质体系，自我超越信念等三种元心智的有机结合使人具有强大的矛盾认知能力。这让我们更深入地理解了认知层二元性的内涵和运作特征，为善于同步探索新领域和改善现有技能的创新人才明确了心智素养，也为企业培育相关人才提供了标杆。以下从二元创新的心智模式三维度的培育和发挥效用两个方面为企业管理实践提出了一些对策建议。

（1）通过一系列的心智训练来（自我）培育员工的自我超越信念、互惠共享信念和矛盾创新思维。

Senge（2006）指出，改善心智模式从本质上讲是对自己的重新审视，以新的方式进行解读、反思、学习和创新的认知过程。Davison et al.（2016）也提到个体心智模式会随着对外界刺激的诠释而逐渐发生改变，最终形成新的信念和思维体系。根据上述观点，本书认为创新员工应首先敢于放弃固有的心智信念和思维，然后通过设计特定的心智训练方法，有效地（自我）改善他/她们的心智模式。具体建议如下：

强化自我超越信念。①有意识地历练员工规划能力和分析能力。在工作中多做规划可以使人养成系统性、结构性的思考方式，逐渐增强个人的责任意识和目标感，而理性分析也能有效地降低任务模糊性，带来更多的自信。这样可以逐渐形成有意识挑战更高任务难度的良性循环。②作为科技创新的探索者，创新人员需要引领科学前沿，企业可以让他/她们肩挑数担，或挑战领域相关的创新思想边界来激发他/她们的潜能，使之逐渐产生更强的自我超越信念。③“一日三省吾身”。这句儒家至理名言背后隐含的是对人性越发贪婪或萎靡的警示，创新人员如果能经常自知自省，就可以很有效地防止进入过度探索或开发的陷阱，以自我为参照对象，然后不断超越自我。

强化互惠共享信念。①在创新初期，员工更需要的是探索，此时应着重历练他/她们的换位思考、诠释能力和模糊容忍力三种素质，有助于强化互惠共享信念。比方说，换位思考能减少本位主义思想，打通彼此间心智渠道；诠释能力能提高对外界知识的理解和容纳；模糊容忍其实为的是减少模糊，但需要时间去遴选，因此员工提高模糊容忍力会使自己心胸更为宽广，降低冲突敏感度，能在异质信息环境下很好地与队友相处。这些都能有效地提升员工的互惠共享信念。②创新人员应该在明确创新愿景的同时广纳善言。首先明确一定时期内的愿景目标是设置“求同存异”中的“求同”部分，然后在这个框架指导下广纳善言，凡是符合愿景的意见和建议，哪怕是与原始对策相冲突的，都应虚心接纳（“存异”），最后努力将它们融为一体。这样可以潜移默化地让人具有互惠偏好。③锻炼认知的统一性和灵活性的把控。具体说是要高度把控好自信、目标导向、责任感和互惠等信念原则的对立统一，在双重信念树立的同时保持矛盾而灵活的思维方式，因地制宜地运转知识模式，与队友、领导保持一种“选择性耦合”的合作模式。

培养矛盾创新思维。①从意识上说，创新人员需要认可矛盾和冲突存在的合理性，管理者也要容忍员工创新初期在一定程度上的“自作主张”，给予他们发散思维的空间，这些是培养矛盾思维的前提。②训练类比思考。根据 Karhu et al.（2016）的观点，类比包含近距类比、中距类比和远距类比，其本质是通过原理或范式比拟，将既有的知识成果演变成全新的知识成果的思维过程。企业实践中，近距类比是同类产品知识的转换，中距类比是异类产品知识的转换，远距类比是非产品知识的引入和转换。可想而知，类比距离越近，越倾向于同质改良，越有助于专家思维的提升和开发式创新绩效；类比距离越远，越倾向于异质突破，越有助于发散思维的提升和探索式创新绩效。也就是说，类比的思考习惯会刺激人去探索与开发，有助于强化矛盾的创新思维。

（2）通过一系列的工作机制设计来培育员工的自我超越信念、互惠共享信念和矛盾创新思维。

强化自我超越信念。①树立榜样。社会学习理论非常重视观察学习的实用价值。企业通过识别具有自我超越信念的员工（或为创新团队领导），为创新团队树立榜样，能潜移默化地带动其他成员提高自身的自我超越信念。已有多项研究表明变革型领导等积极、自信的领导风格能显著带动团队成员的创新二元性（郑晓明等，2016；罗瑾琏等，2017）。员工在受到相应的队友/领导的感染后，也会不自觉地产生强烈的成就欲望，想要突破自我，超越现状。②加强交流机会。企业应设置更多机会，使创新人员能频繁地与高自我超越信念的员工沟通交流，彼此在工作上贴近，这样可能通过认知交互的过程改善创新人员的心智信念。③根据 Gibson & Birkinshaw（2004）等学者的理论观点，情境二元性的实现有“一半”是依靠绩效管理的有效实施（另一半是社会支持），也就是说，建立高绩效 HRM 体系可以促使创新员工不断地自我超越，提升现有绩效。

强化互惠共享信念。①遏制本位主义。企业通过适时的轮岗、跨部门交流会、文化渲染、头脑风暴和素质拓展等方式桥接创新团队与其他部门/团队之间的关系，彼此间形成“过渡心智模式”[①]，潜移默化地加强创新人员的互惠共享信念，同时保持创新人员自身的心智活力。②正如本书所强调的，个体二元创新的心智模式需要汇聚成为二元情境来发挥其终极作用（促进企业创新绩效），那么反言之，塑造二元情境也不失为一种抚育这种心智模式的有效手段（熊立等，2016）。二元情境除了强调绩效管理手段外，还有社会支持。社会支持代表的是企业人性关爱的部分，可以引导创新领导和员工彼此关心交流，强化他/她们的互惠共享信念，碰撞出更多新的灵感。

培养矛盾创新思维。①搭建思维测评体系。根据本书开发的矛盾创新思维的测评指标，企业 HR 可以结合自身实际搭建出适用的人才思维测评体系。思维测评既可以用于甄选人才，也可以用于素质培训和考核员工，能帮助企业精准配置人力资源，发挥人才最大化功效。②重视长效的创新激励机制。管理者不光要奖励员工的创造成果，更应该加大对该成果在商业应用上的奖励。换言之，如果市场绩效与创新人员无关，便可能诱导创新人员做不切实际的发散性思考，同时轻视专家思维的历练。另外，奖励方式应以非经济奖励为主，尤其应关注员工的内在动机（Amabile，1993）。

① 过渡心智模式代指员工 A 的心智模式中包含部分员工 B 的心智模式，反之亦然；彼此间能换位思考，将各自利益和沟通方式等纳入考虑，就像共享心智时的“润滑剂”一样。

因为只有内在的热诚才能最大化地提升员工的创造力，并维持其对成果延续的热情。

综合来看，企业还应提供充足的经济支持和开放的组织环境。资金是任何组织发展的基础命脉。如构建二元导向的人力资源管理系统（HRMS）需要耗费不小的成本，但“自下而上”的心智驱动创新机制是物有所值的，企业领导应充分意识到这种系统的长效价值，将来反而能大幅度降低企业管理成本。最后就是组织应保持一定的开放性，持续对外交流，紧跟行业前沿，如此创新人员才能始终保持“没有最好，只有更好”“适应变化”的心智模式。

（3）充分发挥二元创新的心智模式的积极作用，提供支持性的工作环境，逐渐形成良好的组织创新氛围和可持续的创新绩效。

本部分综合提出企业如何发挥员工二元创新的心智模式的积极效应，“自下而上”地影响组织创新绩效。具体建议如下：

①本书发现二元创新的心智模式是积极心理认知，能引导创新人员主动地平衡挑战与技能，进入工作沉浸状态和激励二元创新行为。这意味着拥有这种心智模式的创新人员会先寻找自身最擅长的创新兴趣点，不懈钻研，而不盲目地“随行业大流搞创造”。在取得一定实验成果后，该人员再运用思维延伸和“网络编织”技能寻找相关但不相似的新突破点，这样既做到了不断挑战，又历练了一技之长，能在“稳健与激进”中往复均衡调节，保持沉浸高峰状态，继而取得较好的创新绩效。企业应提供支持性的工作环境，如科技交流平台可以调节创新人员的网络知识异质性，文化渲染和适当放权可以调节创新人员感知的权力距离，使之充满组织认同感。此外，组织还需要量身设计“力所能及”的任务挑战，释放二元创新的心智模式带来的员工自我领导欲望和主动求助欲望，逐渐形成良性的创新氛围。

②二元创新的心智模式对员工创新的作用机制实质上是一个创造、吸收、转换和利用的知识流过程。二元创新的心智模式是知识创造的认知加工系统，善于调节和平衡二元知识；网络知识异质性为个体持续带来外部异质知识的吸收，丰富了认知加工类型；权力距离显著影响知识数量和类别向行为转换的概率；最后沉浸和创新行为充当知识利用的过程。这个模型清晰地凸显了个体知识发生效用的各环节载体，具有良好的启示价值。

例如，当代创新型企业必须树立二元理念，努力使创业团队成员具有二元创新的心智模式素养，然后设计强度适中的员工网络关系，同时领导应放下“官本位思想”，通过缩短上下级心理距离来成功转换这些知识，使员工创新构想得以均衡实施。又如，过去的应用性研究多侧重于突破式创新研究，容易误导企业和员工陷入一元创新的“陷阱”。本书主张企业员工必须充分意识到创新中突破规则和长远发展的悖论，运用良好的心理调节素养去化解冲突，激发二元增益的一面。最后，当前我国企业创新发展仍存在不少弊病，特别是企业家和创新领导常常存在投机心理和经验主义、过多经济性激励、盲目寻求“抱团”等，正如研究三所示，同质网络关系和过高权力距离都容易造成员工创新行为的偏执化，最终导致企业陷入“创造还是持续”的困局中不能自拔。从政策角度出发，企业除了合理地规划创新网络、培育二元文化氛围外，还应将创新人才心智模式的评价体系纳入人事甄选的标准中，逐步构建一支具有持续活力的二元创新团队。

③前人研究反复表明，内在动机在工作中至关重要（Woolley & Fishbach，2018）。本书赞同 Amabile（1993）的观点，有些外在动机有助于内在动机的提升，另一些则弱化内在动机。考虑到创新人员长期从事强度和难度均较高的工作，从头到尾依靠组织提供外在动机是难以维持员工沉浸感和创造力的，甚至可能扼制他/她们的激情。因此，本书尝试提出一种周期化模式，或可帮助组织适时地运用内外动机来维持创新沉浸感，激励创新行为。不难理解，创新任务的起始是探索，对创造力要求最高，研究已表明外在动机无法提升创造力（Amabile，1993），那么此时对二元创新的心智模式的需要是最高的，因为它能有效带动员工内在动机。而在成果开发的中后期，会更加需要创新人员的职业热情和组织资源来支持，此时支持型的团队互动体验和职业认同训练等方式就显得更为重要。简言之，创新工作的探索期最需要内在动机，开发期最需要外在动机的内化给予支持。

最后，除了上述心智培育和效用发挥的建议以外，企业还可参考本书开发的构念及量表，为其创新人才招聘和绩效考核的指标做进一步的调整和完善，加强对员工自我管理、团队协作和均衡创新三个方面能力的重视，建立充分发挥员工潜能的长效机制。

9.3 研究局限与未来展望

本书立足相关经典理论基础，按照管理学和心理学的研究测量方法，系统地探讨了二元创新的心智模式的构念、测量及机制问题，总体上方法设计合理，结果具有较高的信效度。但本书仍存在一些不足，期待未来研究继续补充，研究者归纳如下：

(1) 整体研究设计方面，本书分为质性探索、量表开发和作用机制三个部分，虽然研究之间紧密关联，逻辑较清晰，但研究方法均有自身的局限性。例如，扎根理论必须深入情境，对研究者的客观性要求较高，却又难以避免编码过程中的主观影响，用于构建新的构念体系时难免存在一定程度的信息损失；结构方程方法虽然有利于对潜变量做多重指标观测，但也有无法处理指定误差的缺陷。总而言之，尽管本书的实证研究和文献反证都得出了支持性的结果，但研究者认为继续延伸这一话题还需要实验、案例等多样方法的填补，以此获取更丰富的信息量。本书开展的是对二元创新的心智模式的基础性研究，期待后续研究继续着手开发其相应的 HR 招聘、培训和考核机制，以及对二元创新的心智模式与领导变量、幸福感变量、工作设计变量、组织情境变量的（跨层）关系进行更多的探索。

(2) 实证取样方面，由于在中国收集大样本数据十分困难，样本主要集中在中、东、南部地区，对于西北地区的数据了解稀少，尽管样本分布已满足科学研究要求，但这些空缺地区是否会因为环境特征或亚文化特征的某种差异而产生结果变异？或许值得继续探索。另外，本书开发的量表主要针对创新人员，是否适用于其他人员、其他工作情境、其他国度尚待证实。

(3) 信息收集方面，限于目标和假设模型，研究的实证部分采集的是同源数据，这就难以完全避免同源偏差问题，尽管研究者通过多种统计方法和分时段测量来弱化该问题，但始终可能存在一定的被试偏差。另外就是某些变量的测量精确度有限，如工作沉浸是状态变量，会存在波动，且目前尚未有足够精确测量沉浸的方法——相对更准确一些的如 ESM（Experience Sampling Method）体验抽样法（Nielsen et al.，2010），让受访人随身携带一个传呼机之类的测量仪器，然后在一定时期内多次即时传呼来应答测项，这样能紧密追踪沉浸状态的变化，但大样本测试时会遇到巨大困难，在中国情境下的实用性较弱，不适合本书情境，不过未来研究或可借此方法做实验研究来佐证本书的观点。

（4）研究内容方面，主要考虑二元创新的心智模式通过工作沉浸对员工二元创新的影响机制，是为了探讨这种心智模式的积极心理功能，即引导个体进入高投入、高享乐的工作状态。结果表明，工作沉浸产生部分中介作用，暗示尚有其他潜在变量的影响存在。例如，互惠共享信念并不通过提升员工沉浸感来促进二元创新行为，提示我们或许还可以从控制焦点、积极情绪、模糊管理等其他视角入手，探讨这些因素可能产生的中介作用。此外，调节变量选择了权力距离和网络知识异质性两种，分别代表垂直和水平的环境影响，是基于知识流动视角的一种考量。未来还可以加入职业认同、组织认同或 HRM 激励机制等变量，从外在动机视角看待它们如何增强或抑制二元创新的心智模式带来的内在动机对创新行为的影响。

（5）本书采用了理论演绎法来完成第四项研究，建议未来使用实验或特殊案例方法，构建起二元创新团队，可参考本书推导的机制模型来做研究设计，进行纵向调查，以求进一步印证它的理论成果。此外，鉴于本书提出了共享心智模式的双层结构，未来可考虑继续开发相应的测量工具，以弥补过去仅仅测量具体层知识模式的局限性，从而得以更准确地测量抽象层和具体层心智共享对一些绩效变量的各自影响及交互效应。最后，从情境二元性理论视角看，共享心智模式很可能是员工个体二元性聚合水平（成为二元情境）的重要边界条件，未来或可考虑用定量方法做“自下而上”的纵向跨层研究来验证这种效应。

（6）其他有待进一步探讨的问题。第一，本书研究二元性的核心理论观点是矛盾理论，主张超越二元冲突，激发探索与开发的协同效应（Papachroni et al.，2015）。这种范式的基本假设就是二元辩证的世界信念：个体首先必须透析和掌握事物二元相悖的共生性，包括纵向地看待事物，然后积极地通过矛盾思维来化取舍为共存，最终实现同步或纵向的二元均衡（Heracleous & Wirtz，2014）。可见，矛盾理论是基于个体矛盾的认知系统来研究组织行为的。未来可以对“二元交互”所产生的动态能力进行更深层次的探讨，提出新的测量方法；或者对二元创新的心智模式三维度的交互关系做进一步研究，兴许会得出有价值的结论。第二，心智模式是稳定而渐变的心理认知（Johnson - Laird，1989），因而可能发生客观上的时间变化和主观上的空间变化。前者可能是因为创新行为对心智模式的回路作用而产生，后者可能是因为领导—成员交换关系变化而产生，未来可以纵向地研究创新对二元创新的心智模式的反向影响，以及领导内隐追随理论的主观影响。

综上所述，个体二元性研究已然是二元性理论愈加重视的研究方向，鉴于它深邃而广博的哲学根源，未来可以期待在社会学各领域上的广泛应用。作为认知二元性在信念和思维上的体现，二元创新的心智模式这个构念可能开辟许多新的路径，除在创新领域应用外，“二元”还可以指领导和追随，利人和利己，或身兼多职的角色二元性等，似乎有无数个视角的解释。当然，不同的领域研究兴许有不同的理论适用边界，对二元认知的测量方法也不尽相同，这些都期待未来研究的不懈探索。

主要参考文献

[1] Abernathy, W. J., Clark, K. B. Innovation: Mapping the winds of creative destruction [J]. Research Policy, 1985, 14 (2): 3 -22.

[2] Abrunhosa, A., Sá, P. M. E. Are TQM principles supporting innovation in the Portuguese footwear industry? [J]. Technovation, 2008, 28 (4): 208 -221.

[3] Abuhamdeh, S., Csikszentmihalyi, M. Intrinsic and extrinsic motivational orientations in the competitive context: An examination of person - situation interactions [J]. Journal of Personality, 2009, 77 (5): 1615 -1635.

[4] Adair, W. L., Hideg, I., Spence, J. R. The culturally intelligent team the impact of team cultural intelligence and cultural heterogeneity on team shared values [J]. Journal of Cross - cultural Psychology, 2013, 44 (6): 941 -962.

[5] Ahammad, M. F., Sang, M. L., Malul, M., et al. Behavioral ambidexterity: The impact of incentive schemes on productivity, motivation, and performance of employees in commercial banks [J]. Human Resource Management, 2015, 54 (S1): s45 -s62.

[6] Alghamdi, F. Ambidextrous leadership, ambidextrous employee, and the interaction between ambidextrous leadership and employee innovative performance [J]. Journal of Innovation & Entrepreneurship, 2018, 7 (1): 1 -14.

[7] Alkerdawy, M. M. A. The relationship between human resource management ambidexterity and talent management: The moderating role of electronic human resource management [J]. International Business Research, 2016, 9 (6): 80 -94.

[8] Amabile, T. M. Motivational synergy: Towards new conceptualization of intrinsic and extrinsic motivation in the workplace [J]. Human Resource Management Review, 1993, 3 (3): 185 -201.

[9] Amabile, T. M., Pratt, M. G. The dynamic componential model of creativity and innovation in organizations: Making progress, making meaning [J]. Research in Organizational Behavior, 2016, 36: 157 -183.

[10] Ambos, T. C., Mäkelä, K., Birkinshaw, J., et al. When does university research get commercialized? Creating ambidexterity in research institutions [J]. Journal of Management Studies, 2008, 45 (8): 1424 -1447.

[11] Amo, B. W., Kolvereid, L. Organizational strategy, individual personality and innovation behavior [J]. Journal of Enterprising Culture, 2005, 13 (1): 7 -19.

[12] An, D., Song, Y., Carr, M. A Comparison of two models of creativity: Divergent thinking and creative expert performance [J]. Personality and Individual Differences, 2016, 90: 78 -84.

[13] Andriopoulos, C., Lewis, M. W. Exploitation - exploration tensions and organizational ambidexterity: Managing paradoxes of innovation [J]. Organization Science, 2009, 20 (4): 696 -717.

[14] Asakawa, K. Flow experience and autotelic personality in Japanese college students: How do they experience challenges in daily life? [J]. Journal of Happiness Studies, 2004, 5 (2): 123 -154.

[15] Aubé, C., Brunelle, E., Rousseau, V. Flow experience and team performance: The role of team goal commitment and information exchange [J]. Motivation & Emotion, 2014, 38 (1): 120 -130.

[16] Bakker, A. B. Flow among music teachers and their students: The crossover of peak experiences [J]. Journal of Vocational Behavior, 2005, 66 (1): 26 -44.

[17] Bakker, A. B. The work - related flow inventory: Construction and initial validation of the WOLF [J]. Journal of Vocational Behavior, 2008, 72: 400 -414.

[18] Bakker, A. B., Woerkom, M. V. Flow at work: A self - determi-

nation perspective [J]. Occupational Health Science, 2017, (1): 1 – 19.

[19] Bandura, A. Social learning theory [M]. General Learning Corporation, 2013.

[20] Barney, J. Firm resources and sustainable competitive advantage [J]. Journal of Management, 1991, 17 (1): 99 – 120.

[21] Barr, P. S., Stimpert, J. L., Huff, A. S. Cognitive change, strategic action, and organizational renewal [J]. Strategic Management Journal, 1992, (13): 15 – 36.

[22] Barrett, J. D. Thinking about applications effects on mental models and creative problem solving [J]. Creativity Research Journal, 2013, 25 (2): 199 – 212.

[23] Beard, K. S., Hoy, W. K. The nature, meaning, and measure of teacher flow in elementary schools: A test of rival hypotheses [J]. Educational Administration Quarterly, 2010, 46 (3): 426 – 458.

[24] Beehar, T. A., Weisbrodt, D. M., Zagumny, M. J. Satisfaction with subordinates: A neglected research issue concerning supervisors [J]. Journal of Applied Social Psychology, 1994, 24 (18): 1665 – 1684.

[25] Bidmon, C. M., Boe – Lillegraven, S. Now, switch! Individuals' responses to imposed switches between exploration and exploitation, Long Range Planning, 2019, Doi: https: // doi. org/10. 1016/j. lrp. 2019. 101928.

[26] Birkinshaw, J., Gupta, K. Clarifying the distinctive contribution of ambidexterity to the field of organization studies [J]. Academy of Management Perspectives, 2013, 27 (4): 287 – 298.

[27] Blamires, M., Peterson, A. Can creativity be assessed? Towards an evidence – informed framework for assessing and planning progress in creativity [J]. Cambridge Journal of Education, 2014, 44 (2): 147 – 162.

[28] Blau, P. M. Exchange and power in social life [M]. New Brunswick, London: Transaction Publishers, 1964.

[29] Bledow, R., Frese, M. A situational judgment test of personal initiative and its relationship to performance [J]. Personnel Psychology, 2009, 62 (2): 229 – 258.

[30] Bonesso, S., Gerli, F., Scapolan A. The individual side of ambidexterity: Do individuals' perceptions match actual behaviors in reconciling the exploration and exploitation trade - off? [J]. European Management Journal, 2014, 32 (3): 392 -405.

[31] Bromley, P., Powell, W. W. From smoke and mirrors to walking the talk: Decoupling in the contemporary world [J]. Academy of Management Annals, 2012, 6 (1): 483 -530.

[32] Caldwell, C., Bischoff, S. J., Karri, R. The four umpires: A paradigm for ethical leadership [J]. Journal of Business Ethics, 2002, 36 (1/2): 153 -163.

[33] Caniëls, M. C. J., Veld, M. Employee ambidexterity, high performance work systems and innovative work behavior: How much balance do we need? [J]. International Journal of Human Resource Management, 2016, (8): 1 -21.

[34] Cannon - Bowers, J. A., Salas, E. Cognitive psychology and team training: Shared mental models in complex systems [C]. Paper presented at the annual meeting of the Society for Industrial and Organizational Psychology, Miami FL, 1990.

[35] Cannon - Bowers, J. A., Salas, E. Reflections on shared cognition [J]. Journal of Organizational Behavior, 2001, 22: 195 -202.

[36] Cannon - Bowers, J. A. Fostering mental model convergence through training [J]. In Multi - Level Issues in Organizations and Time, 2015, (3): 149 -157.

[37] Cantarello, S., Martini, A., Nosella, A. A multi - level model for organizational ambidexterity in the search phase of the innovation process [J]. Creativity and Innovation Management, 2012, 21 (1): 28 -48.

[38] Cao, Q., Gedajlovic, E., Zhang, H. Unpacking Organizational ambidexterity: Dimensions, contingencies, and synergistic effects [J]. Organization Science, 2009, 20 (4): 781 -796.

[39] Carey, S., Lawson, B., Krause, D. R. Social capital configuration, legal bonds and performance in buyer - supplier relationships [J]. Jour-

nal of Operations Management, 2011, 29 (4): 277 -288.

[40] Carrol, J. M., Olsen, J. Mental models and human computer interaction [M]. In Helonder, M (ed.), Handbook of Human—Computer Interactlon, Elsevler, Amsterdam, 1988.

[41] Carsten, M. K., Uhl - Bien, M., West, B. J., et al. Exploring social constructions of followership: A qualitative study [J]. The Leadership Quarterly, 2010, 21 (1): 543 -562.

[42] Cegarra - Navarro, J. G., Dewhurst, F. Linking organizational learning and customer capital through an ambidexterity context: An empirical investigation in SMEs [J]. International Journal of Human Resource Management, 2007, 18 (10): 1720 -1735.

[43] Chang, Y. C., Yang, P. Y., Chen, M. H. The determinants of academic research commercial performance: Towards an organizational ambidexterity perspective [J]. Research Policy, 2009, 38 (6): 936 -946.

[44] Cho, Bonn, Han. Innovation ambidexterity: balancing exploitation and exploration for startup and established restaurants and impacts upon performance [J]. Industry and Innovation, 2020, 31 (2): 356 -368.

[45] Chu, J. The impact of ad hoc, informal communication on virtual team effectiveness: A study of IM usage and team collaboration [D]. Pace University, 2016.

[46] Clercq, D. D., Thongpapanl, N., Dimov, D. Shedding new light on the relationship between contextual ambidexterity and firm performance: An investigation of internal contingencies [J]. Technovation, 2013, 33 (4 -5): 119 -132.

[47] Coyle - Shapiro, J. A. M. A psychological contract perspective on organizational citizenship behavior [J]. Journal of Organizational Behavior, 2002, 23 (8): 927 -946.

[48] Craik, K. J. W. The nature of explanation [M]. Cambridge: Cambridge University Press, 1943.

[49] Csikszentmihalyi, M. Flow: The psychology of optimal experience [M]. New York, NY: Harper and Row, 1990.

[50] Csikszentmihalyi, M. Flow [M]. In S J Lopez (Ed.), the Encyclopedia of Positive Psychology (vol. 1, pp. 394 - 400). Malden MA: Blackwell, 2009.

[51] Curseu, P. L., Brink, T. T. Minority dissent as teamwork related mental model: Implications for willingness to dissent and group creativity [J]. Thinking Skills and Creativity, 2016, 22: 86 - 96.

[52] Davison, G., Blackman, D. The role of mental models in the development of knowledge management systems [J]. Operations Research & Management Science, 2016, 8 (4): 757 - 769.

[53] Deci, E. L., Ryan, R. M. The "what" and "why" of goal pursuits: Human needs and the self - determination of behavior [J]. Psychological Inquiry, 2000, 11 (4): 227 - 268.

[54] Dill, W. R. Environment as an Influence on Managerial Autonomy [J]. Administrative Science Quarterly, 1958, 2 (4): 409 - 443.

[55] Duncan, R. The ambidextrous organization: Designing dual structures for innovation [M]. In R. H. Kilmann, L. R. Pondy & D. Slevin (Eds.), the Management of Organization Design (167 - 188). New York: North Holland, 1976.

[56] Duong, J. Leaders' conceptions and evaluations of followers as antecedents of leadership style, leader - member exchange and employee outcomes [D]. Alliant International University, 2011.

[57] Edwards, B. D., Day, E. A., Arthur, W., et al. Relationships among team ability composition, team mental models, and team performance [J]. Journal of Applied Psychology, 2006, 91 (3): 727 - 736.

[58] Eisenhardt, K. M., Furr, N. R., Bingham, C. B. Microfoundations of performance: Balancing efficiency and flexibility in dynamic environments [J]. Organization Science, 2010, 21 (6): 1263 - 1273.

[59] Ellis, A. P. J. System breakdown: The role of mental models and transactive memory in the relationship between acute stress and team performance [J]. Academy of Management Journal, 2006, 49 (3): 576 - 589.

[60] Engeser, S., Rheinberg, F. Flow, performance and moderators of

challenge – skill balance [J]. Motivation & Emotion, 2008, 32 (3): 158 – 172.

[61] Farjoun, M. Beyond dualism: Stability and change as a duality [J]. Academy of Management Review, 2010, 35 (2): 202 – 225.

[62] Fjeldstad, Ø. D., Snow, C. C., Miles, R. E., et al. The architecture of collaboration [J]. Strategic Management Journal, 2012, 33 (6): 734 – 750.

[63] Fong, C. J., Zaleski, D. J., Leach, J. K. The challenge – skill balance and antecedents of flow: A meta – analytic investigation [J]. Journal of Positive Psychology, 2015, 10 (5): 425 – 446.

[64] Ford, T. G., Van, S. E., Clark, L. V., et al. Teacher self – efficacy, professional commitment, and high – stakes teacher evaluation policy in Louisiana [J]. Educational Policy, 2017, 31 (2): 202 – 248.

[65] Fourné, N., Sebastian, P. L., Rosenbusch, N., Heyden, M. L. M., et al. Structural and contextual approaches to ambidexterity: A meta – analysis of organizational and environmental contingencies [J]. European Management Journal, 2019, 37 (5): 564 – 576.

[66] Franeo, C., Colinvaux, D. Grasping mental models [M]. In Gilbert & Boulter (Eds.), Developing Models in Science Education, Netherlands: Kluwer Academic Publisher, 2000.

[67] Gasda, J. M., Fueglistaller, U. Fostering individual – level ambidexterity in SMEs: A relational – contract perspective on informal external drivers of employees' ambidextrous behavior [J]. International Journal of Entrepreneurial Venturing, 2016, 8 (3): 217 – 236.

[68] Gebert, D., Boerner, S., Kearney, E. Fostering team innovation: Why is it important to combine opposing action strategies? [J]. Organization Science, 2010, 21 (3): 593 – 608.

[69] Ghani, J. A., Deshpande, S. P. Task characteristics and the experience of optimal flow in human – computer interaction [J]. Journal of Psychology, 2016, 128 (4): 381 – 391.

[70] Ghoshal, S., Bartlett, C. A. Linking organizational context and

managerial action: The dimensions of quality of management [J]. Strategic Management Journal, 1994, 15 (S2): 91 - 112.

[71] Gibson, C. B., Birkinshaw, J. The antecedents, consequences, and mediating role of organizational ambidexterity [J]. Academy of Management Journal, 2004, 47 (2): 209 - 226.

[72] Glaser, B., Strauss, A. Thediscovery of grounded theory [M]. Strategies for Qualitative Research, New York: Aldine Pub Co., 1967.

[73] Good, D., Michel, E. J. Individual ambidexterity: Exploring and exploiting in dynamic contexts [J]. The Journal of Psychology, 2013, 147 (5): 435 - 453.

[74] Greca, I. M., Moreira, M. A. Mental models, conceptual models and modeling [J]. International Journal of Science Education, 2000, 22 (1): 1 - 11.

[75] Greenberg, D., McKone - Sweet, K., Wilson, H. J. Entrepreneurial leaders: Creating opportunity in an unknowable world [J]. Leader to Leader, 2013, (67): 56 - 62.

[76] Guchait, P. Examining the influence of shared mental models and transactive memory systems on the effectiveness of service management teams [D]. Dissertations & Theses - Gradworks, 2015.

[77] Gupta, A. K., Smith, K. G., Shalley, C. E. The interplay between exploration and exploitation [J]. Academy of Management Journal, 2006, 49 (4): 693 - 706.

[78] Hannan, M. T., Freeman, J. The population ecology of organizations [J]. American Journal of Sociology, 1977, 82 (5): 929 - 964.

[79] Havermans, L. A., Den - Hartog, D. N., Keegan, A., et al. Exploring the role of leadership in enabling contextual ambidexterity [J]. Human Resource Management, 2015, 54 (S1): 179 - 200.

[80] He, Z. L., Wong, P. K. Exploration vs. Exploitation: An empirical test of the ambidexterity hypothesis [J]. Organizational Science, 2004, 15 (4): 481 - 494.

[81] Heavey, C., Simsek, Z. Distributed cognition in top management

teams and organizational ambidexterity: The influence of transactive memory systems [J]. Journal of Management, 2017, 43 (3): 919 –945.

[82] Heracleous, L. Quantum strategy at Apple Inc [J]. Organizational Dynamics, 2013, 42 (2): 92 –99.

[83] Heracleous, L., Wirtz, J. Singapore airlines: Achieving sustainable advantage through mastering paradox [J]. Journal of Applied Behavioral Science, 2014, 50 (2): 150 –170.

[84] Hill, S. A., Birkinshaw, J. Ambidexterity and survival in corporate venture units [J]. Journal of Management, 2014, 40 (7): 1899 –1931.

[85] Hill, R. C., Levenhagen, M. Metaphors and mental models: Sensemaking and sensegiving in innovative and entrepreneurial activities [J]. Journal of Management, 1995, 21 (6): 1057 –1074.

[86] Hodge, K., Lonsdale, C., Jackson, S. A. Athlete engagement in elite sport: An exploratory investigation of antecedents and consequences [J]. Sport Psychologist, 2010, 23 (2): 186 –202.

[87] Hong, K., Yu, G. J., Hyun, E. Understanding ambidexterity at the individual level: Task assignment perspective [J]. Computational & Mathematical Organization Theory, 2018, 24 (1): 1 –17.

[88] Huang, T. F., Peng, C. The effects of informal networks on R&D team creativity: Take shared mental models as mediating variable [J]. Science of Science & Management of S & T, 2015, 36 (9): 57 –69.

[89] Huang, X., Wright, R. P., Chiu, W. C. K., et al. Relational schemas as sources of evaluation and misevaluation of leader – member exchanges: Some initial evidence [J]. Leadership Quarterly, 2008, 19 (3): 266 – 282.

[90] Ilies, R., Wagner, D., Wilson, K., et al. Flow at work and basic psychological needs: Effects on well – being [J]. Applied Psychology, 2017, 66 (1): 4 –24.

[91] Jackson, S. A., Marsh, H. Development and validation of a scale to measure optimal experience: The flow state scale [J]. Journal of Sport & Exercise Psychology, 1996, 18 (1): 17 –35.

[92] Jansen, J. P., George, G., Van Den Bosch, F. J., et al.. Senior team attributes and organizational ambidexterity: The moderating role of transformational leadership [J]. Journal of Management Studies, 2008, 45 (5): 982-1007.

[93] Jansen, J. P., Kostopoulos, K. C., Mihalache, O. R., et al. A Social-psychological perspective on team ambidexterity: The contingency role of supportive leadership behavior [J]. Journal of Management Studies, 2016, 53 (6): 939-965.

[94] Jansen, J. P., Simsek, Z., Cao, Q. Ambidexterity and performance in multiunit context: Cross-level moderating effects of structural and resource attributes [J]. Strategic Management Journal, 2012, 33 (11): 1286-1303.

[95] Jansen, J. P., Van Den Bosch, F. J., Volberda, H. W. Exploratory innovation, exploitative innovation, and performance: Effects of organizational antecedents and environmental moderators [J]. Management Science, 2006, 52 (11): 1661-1674.

[96] Jasmand, C., Blazevic, V., Ruyter, K. Generating sales while providing service: A study of customer service representatives' ambidextrous behavior [J]. Journal of Marketing, 2012, 76 (1): 20-37.

[97] Joshi, A., Roh, H. The role of context in work team diversity research: A meta-analytic review [J]. Academy of Management Journal, 2009, 52 (3): 599-627.

[98] Jørgensen, F., Becker, K. The role of HRM in facilitating team ambidexterity [J]. Human Resource Management Journal, 2017, 27 (2): 264-280.

[99] Jude, T. A., Locke, E. A., Durham, C. C., et al. Dispositional effects on job and life satisfaction [J]. Journal of Applied Psychology, 1998, 83 (1): 17-34.

[100] Junni, P., Sarala, R. M., Taras, V., et al. Organizational ambidexterity and performance: A meta-analysis [J]. Academy of Management Perspectives, 2013, 27 (4): 299-312.

［101］ Kaplan, S., Henderson, R. Inertia and incentives: Bridging organizational economics and organizational theory [J]. Organization Science, 2005, 16 (5): 509-521.

［102］ Karhu, P., Ritala, P., Viola, L. How do ambidextrous teams create new products? Cognitive ambidexterity, analogies, and new product creation [J]. Knowledge & Process Management, 2016, 23 (1): 3-17.

［103］ Kauppila, O. P., Tempelaar, M. P. The social cognitive underpinnings of employees' ambidextrous behavior and the supportive role of group managers' leadership [J]. Journal of Management Studies, 2016, 53 (6): 1019-1044.

［104］ Keller, J., Bless, H. Flow and regulatory compatibility: An experimental approach to the flow model of intrinsic motivation [J]. Personality & Social Psychology Bulletin, 2008, 34 (2): 196-209.

［105］ Klimoski, R., Mohammed, S. Team mental model: Construct or metaphor? [J]. Journal of Management, 1994, 20 (20): 403-437.

［106］ Knight, E., Harvey, W. Managing exploration and exploitation paradoxes in creative organizations [J]. Management Decision, 2015, 53 (4): 809-827.

［107］ Koryak, O., Lockett, A., Hayton, J., et al. Disentangling the antecedents of ambidexterity: Exploration and exploitation [J]. Research Policy, 2018, 47 (2): 413-427.

［108］ Kostopoulos, K. C., Bozionelos, N., Syrigos, E. Ambidexterity and unit performance: Intellectual capital antecedents and cross-level moderating effects of human resource practices [J]. Human Resource Management, 2015, 54 (1): 111-132.

［109］ Kouftero, X. A., Babbar, S., Kaighobadi, M. A. Paragigm for examining second-order factor models employing structural equation modeling [J]. International Journal of Production Economics, 2009, 120: 633-652.

［110］ Larche, C. J., Dixon, M. J. The relationship between the skill-challenge balance, game expertise, flow and the urge to keep playing complex mobile games [J]. Journal of Behavioral Addictions, 2020, 9 (3): 23-56.

[111] Lee, Y., Lee, J. Knowledge workers' ambidexterity: Conceptual separation of competencies and behavioral dispositions [J]. Asian Journal of Technology Innovation, 2016, 24 (1): 21 -40.

[112] Lee, C. F., Chuang, S. C., Chiu, C. K., et al. The influence of task difficulty on context effect - compromise and attraction effects [J]. Current Psychology, 2017, 36 (3): 392 -409.

[113] Lee - Kelley, L., Blackman, D. In addition to shared goals the impact of mental models on team innovation and learning [J]. International Journal of Innovation and Learning, 2005, 2 (1): 11 -25.

[114] Lewis, M. W. Exploring paradox: Towards a more comprehensive guide [J]. Academy of Management Review, 2000, 25 (4): 760 -776.

[115] Li, M., Zhang, P., Xia, Y., et al. Shaping the shared mental model: How leader humility helps teams to learn [J]. Journal of Management & Organization, 2017, (6): 1 -19.

[116] Lin, H. E., McDonough Ⅲ, E. F. Investigating the role of leadership and organizational culture in fostering innovation ambidexterity [J]. IEEE Transactions on Engineering Management, 2011, 58 (3): 497 -509.

[117] Lo, Y. J., Sun, B. Achieving alliance ambidexterity through managing paradoxes of cooperation [J]. European Journal of Innovation Management, 2013, 17 (2): 144 -165.

[118] Lord, R. G., Foti, R. J., De Vader, C. L. A test of leadership categorization theory: Internal structure, information processing, and leadership perceptions [J]. Organizational Behavior and Human Performance, 1984, 34 (3): 343 -378.

[119] Løvoll, H. S., Vittersø, J. Can balance be boring? A critique of the "challenges should match skills" hypotheses in flow theory [J]. Social Indicators Research, 2014, 115 (1): 117 -136.

[120] Lucena, A., Roper, S. Absorptive capacity and ambidexterity in R&D: Linking technology alliance diversity and firm innovation [J]. European Management Review, 2016, 13 (3): 159 -178.

[121] Luu, T. T. Ambidextrous leadership, entrepreneurial orientation,

and operational performance: Organizational social capital as a moderator [J]. Leadership & Organizational Development Journal, 2017, 38 (2): 229 - 253.

[122] Mahmoud - Jouini, S. B., Midler, C., Silberzahn, P. Contributions of design thinking to project management in an innovation context [J]. Project Management Journal, 2016, 47 (2): 144 - 156.

[123] Mäkikangas, A., Bakker, A. B., Aunola, K., et al. Job resources and flow at work: Modelling the relationship via latent growth curve and mixture model methodology [J]. Journal of Occupational & Organizational Psychology, 2011, 83 (3): 795 - 814.

[124] Marsh, H. W., Hocevar, D. Application of confirmatory factor analysis to the study of self - concept: First and higher order factor models and their invariance across groups [J]. Psychological Bulletin, 1985, 97: 562 - 582.

[125] Matell, M. S. Is there an optimal number of alternatives for Likert scale items? I. Reliability and validity [J]. Educational & Psychological Measurement, 1971, 31 (3): 657 - 674.

[126] Mathieu, J. E., et al. The influence of shared mental models on team process and performance [J]. Journal of Applied Psychology, 2000, 85 (2): 273 - 283.

[127] Mathisen, G. E., Einarsen, S., Jorstad, K., et al. Climate for work creativity and innovation: Norwegian validation of the team climate inventory [J]. Scandinavian Journal of Psychology, 2004, 45 (5): 383 - 392.

[128] McCarthy, I. P., Gordon, B. R. Achieving contextual ambidexterity in R&D organizations: A management control system approach [J]. R & D Management, 2011, 41 (3): 240 - 258.

[129] Meyer, J. W., Rowan, B. Institutionalized organizations: Formal structure as myth and ceremony [J]. American Journal of Sociology, 1977, 83 (2): 340 - 363.

[130] Miron - Spektor, E., Erez, M., Naveh, E. The effect of conformist and attentive - to - detail members on team innovation: Reconciling the innovation paradox [J]. Academy of Management Journal, 2011, 54 (4):

740 – 760.

[131] Mohammed, S., Ferzandi, L., Hamilton, K. Metaphor no more: A 15 – year review of the team mental model construct [J]. Journal of Management, 2010, 36 (4): 876 – 910.

[132] Mom, T. J. M., Van Den Bosch, F. J., Volberda, H. W. Understanding variation in managers' ambidexterity: Investigating direct and interaction effects of formal structural and personal coordination mechanisms [J]. Organization Science, 2009, 20 (4): 812 – 828.

[133] Mom, T. J. M., Chang, Y. Y., Cholakova, M., et al. A multilevel integrated framework of firm hr practices, individual ambidexterity, and organizational ambidexterity [J]. Journal of Management, 2018, DOI: 10.1177/0149206318776775.

[134] Mom, T. J. M., Fourné, S. P. L., Jansen, J. J. P. Managers' work experience, ambidexterity, and performance: The contingency role of the work context [J]. Human Resource Management, 2015, 54 (S1): 133 – 153.

[135] Moneta, G. B. Opportunity for creativity in the job as a moderator of the relation between trait intrinsic motivation and flow in work [J]. Motivation & Emotion, 2012, 36 (4): 491 – 503.

[136] Monks, K., Conway, E., Fu, N., et al. Enhancing knowledge exchange and combination through HR practices: Reflexivity as a translation process [J]. Human Resource Management Journal, 2016, 26 (3): 304 – 320.

[137] Mumford, M. D., Hester, K. S., Robledo, I. C., et al. Mental models and creative problem solving the relationship of objective and subjective model attributes [J]. Creativity Research Journal, 2012, 24 (4): 311 – 330.

[138] Nakamura, J., Tse, D. C. K., Shankland, S. Flow: The experience of intrinsic motivation [M] The Oxford Handbook of Human Motivation. 2019.

[139] Newell, S., Robertson, M., Scarborough, H. Managing knowledge work [M]. London: Palgrave, 2002.

[140] Nielsen, K., Cleal, B. Predicting flow at work: Investigating the activities and job characteristics that predict flow states at work [J]. Journal of Occupational Health Psychology, 2010, 15 (2): 180 – 190.

[141] Nissen, H. A., Evald, M. R., Clarke, A. H. Knowledge sharing in heterogeneous teams through collaboration and cooperation: Exemplified through public – private – innovation partnerships [J]. Industrial Marketing Management, 2014, 43 (3): 473 – 482.

[142] Norman, D. Some observations on mental models [M]. Hillale, NJ: Lawrence Earlbaum, 1983.

[143] Nyilasy, G., Canniford, R., Kreshel, P. J. Ad agency professionals' mental models of advertising creativity [J]. European Journal of Marketing, 2013, 47 (10): 1691 – 1710.

[144] Ojha, D., Acharya, C., Cooper, D. Transformational leadership and supply chain ambidexterity: Mediating role of supply chain organizational learning and moderating role of uncertainty [J]. International Journal of Production Economics, 2018, (3): 197 – 201.

[145] O'Connor, J., Medermott, I. The art of system thinking: Essential skill for creativity and problem solving [M]. San Francisco CA: Thorsons Publish Co., 1997.

[146] O'Reilly, C. A., Tushman, M. L. Organizational ambidexterity in action: How managers explore and exploit [J]. California Management Review, 2011, 53 (4): 5 – 22.

[147] Papachroni, A., Heracleous, L., Paroutis, S. Organizational ambidexterity through the lens of paradox theory: Building a novel research agenda [J]. The Journal of Applied Behavioral Science, 2015, 51 (1): 71 – 93.

[148] Papachroni, A., Heracleous, L. Ambidexterity as practice: Individual ambidexterity through paradoxical practices [J]. The Journal of Applied Behavioral Science, 2020, 56 (2), Doi: 10.1177/0021886320913048.

[149] Parker, S. K. Beyond motivation: Job and work design for development, health, ambidexterity, and more [J]. Annual Review of Psychology, 2014, 65 (65): 661 – 691.

[150] Perugini, M., Gallucci, M., Presaghi, F., et al. The personal norm of reciprocity [J]. European Journal of Personality, 2003, 17 (4): 251-283.

[151] Peteraf, M. A. Thecornerstones of competitive advantage: A resource-based view [J]. Strategic Management Journal, 1993, 14 (3): 179-191.

[152] Phillips, J. M., Gully, S. M. Role of goal orientation, ability, need for achievement and locus of control in the self-efficacy and goal-setting process [J]. Journal of Applied Psychology, 1997, 82 (5): 792-802.

[153] Pineau, T. R., Glass, C. R., Kaufman, K. A., et al. Self- and team-efficacy beliefs of rowers and their relation to mindfulness and flow [J]. Journal of Clinical Sport Psychology, 2014, 8 (2): 142-158.

[154] Podsakoff, P. M., Mackenzie, S. B., Lee, J. Y., et al. Common method biases in behavioral research: A critical review of the literature and recommended remedies [J]. Journal of Applied Psychology, 2003, 88 (5): 879-903.

[155] Porter, M. E. Competitive Advantage [M]. N. Y. Free Press, 1985.

[156] Prieto-Pastor, I., Martin-Perez, V. Does HRM generate ambidextrous employees for ambidextrous learning? The moderating role of management support [J]. The International Journal of Human Resource Management, 2015, 26 (5): 589-615.

[157] Primus, D. J., Sonnenburg, S. Flow experience in design thinking and practical synergies with lego serious play [J]. Creativity Research Journal, 2018, 30 (1): 104-112.

[158] Pruzan, P. The question of organizational consciousness: Can organizations have values, virtues and visions? [J] Journal of Business Ethics, 2001, 29 (3): 271-284.

[159] Rafailidis, A., Trivellas, P., Polychroniou, P. The mediating role of quality on the relationship between cultural ambidexterity and innovation performance [J]. Total Quality Management & Business Excellence, 2017,

(2): 1 -15.

[160] Raisch, S., Birkinshaw, J. Organizational ambidexterity: Antecedents, outcomes, and moderators [J]. Journal of Management, 2008, 34 (3): 375 -409.

[161] Raisch, S., Birkinshaw, J., Probst, G., et al. Organizational ambidexterity: Balancing exploitation and exploration for sustained performance [J]. Organization Science, 2009, 20 (4): 956 -974.

[162] Ratcheva, V. Redefining multidisciplinary team boundaries in resolving heterogeneous knowledge dilemmas [J]. International Journal of Intelligent Enterprise, 2007, 1 (1): 81 -97.

[163] Rentsch, J. R., Klimoski, R. J. Why do great minds think alike? Antecedents of team member schema agreement [J]. Journal of Organizational Behavior, 2008, 22 (2): 107 -120.

[164] Resnick, L. B. Shared cognition: Thinking as social practice [M]. Perspectives on Socially Shared Cognition, 1991.

[165] Revilla, E., Rodríguez - Prado, B. Building ambidexterity through creativity mechanisms: Contextual drivers of innovation success [J]. Research Policy, 2018, 48: 1611 -1625.

[166] Rodan, S. Innovation and heterogeneous knowledge in managerial contact networks [J]. Journal of Knowledge Management, 2002, 6 (2): 152 -163.

[167] Rodriguez, R. P., Hechanova, M. R. M. A study of culture dimensions, organizational ambidexterity, and perceived innovation in teams [J]. Journal of Technology Management & Innovation, 2014, 9 (3): 21 - 33.

[168] Rogan, M., Mors, M. L. A network perspective on individual - level ambidexterity in organizations [J]. Organization Science, 2014, 25 (6): 1860 -1877.

[169] Rosch, E. Principles of categorization [M]. In E. Rosch & Lloyd B. B. (Eds.), Cognition and Categorization. Hillsdale, NJ: Erlbaum, 1978.

[170] Rothaermel, F. T., Alexandre, M. T. Ambidexterity in technology

sourcing: The moderating role of absorptive capacity [J]. Organization Science, 2009, 20 (4): 759 - 780.

[171] Rouse, W. B., Morris, N. M. On looking into the black box: Prospects and limits in the search for mental models [J]. Psychological Bulletin, 1986, 100 (3): 349 - 363.

[172] Sadeghi, M. T., Derakhshan, R., Sanaei, M. R., et al. The mediating role of ambidextrous organisational culture on absorptive capacity and innovative performance [J]. European Journal of International Management, 2020, 1 (1): 21 - 35.

[173] Salanova, M., Bakker, A. B., Llorens, S. Flow at work: Evidence for an upward spiral of personal and organizational resources [J]. Journal of Happiness Studies, 2006, 7 (1): 1 - 22.

[174] Santos, C. M., Utidewilligen, S., Passos, A. M. A temporal common ground for learning: The moderating effect of shared mental models on the relation between team learning behaviors and performance improvement [J]. European Journal of Work and Organizational Psychology, 2015, 24 (5): 710 - 725.

[175] Scharmer, C. Self - transcending knowledge: Sensing and organizing around emerging opportunities [J]. Journal of Knowledge Management, 2001, 5 (2): 137 - 151.

[176] Scheepers, M. J. V., Boshoff, C., Oostenbrink, M. Entrepreneurial women's cognitive ambidexterity: Career and cultural influences [J]. South African Journal of Business Management, 2018, 48 (4): 21 - 33.

[177] Schmidtke, J. M., Cummings, A. The effects of virtualness on teamwork behavioral components: The role of shared mental models [J]. Human Resource Management Review, 2017, 12 (1): 328 - 341.

[178] Scott, R. J., Cavana, R. Y., Cameron, D. Mechanisms for understanding mental model change in group model building [J]. Systems Research and Behavior Science, 2016, 33: 100 - 118.

[179] Senge, P. M. The fifth discipline: The art and practice of the learning organization 2nd edition [M]. USA: Currency, 2006.

［180］ Simsek, Z., Heavey, C., Veiga, J. F., et al. A typology for aligning organizational ambidexterity's conceptualization, antecedents, and outcomes [J]. Journal of Management Studies, 2009, 46 (5): 864 -894.

［181］ Smith, W. K., Lewis, M. W. Towards a theory of paradox: A dynamic equilibrium model of organizing [J]. Academy of Management Reviews, 2011, 36 (2): 381 -403.

［182］ Smith, W. K., Tushman, M. L. Managing strategic contradictions: A top management model for managing innovation streams [J]. Organization Science, 2005, 16 (5): 522 -536.

［183］ Sok, P., Sok, K. M., Luca, L. M. D. The effect of "can do" and "reason to" motivations on service - sales ambidexterity [J]. Industrial Marketing Management, 2016, 55 (3): 144 -155.

［184］ Solís - Molina, M., Hernández - Espallardo, M., Rodríguez - Orejuela, A. Performance implications of organizational ambidexterity versus specialization in exploitation or exploration: The role of absorptive capacity [J]. Journal of Business Research, 2018, 91: 181 -194.

［185］ Somboonpakorn, A., Kantabutra, S. Shared leadership and shared vision as predictors for team learning process, synergy and effectiveness in healthcare industry [J]. International Journal of Innovation & Learning, 2014, 16 (4): 384 -408.

［186］ Stoke, P., Moore, N., Moss, D., et al. The micro - dynamics of intra - organizational and individual behavior and their role in organizational ambidexterity boundaries [J]. Human Resource Management, 2015, 54 (S1): s63 - s86.

［187］ Subramaniam, M., Youndt, M. A. The Influence of intellectual capital on the types of innovative capabilities [J]. Academy of Management Journal, 2005, 48 (3): 450 -463.

［188］ Sumaya, I. C., Darling, E. Procrastination, flow, and academic performance in real time using the experience sampling method [J]. Journal of Genetic Psychology, 2018, 179 (3): 123 -138.

［189］ Sun, W., Mollaoglu, S., Miller, V., et al. Communication behaviors to implement innovations: How do aec teams communicate in IPD projects? [J]. Project Management Journal, 2015, 46 (1): 84 - 96.

[190] Swan, J., Scarborough, H., Robertson, M. The construction of communities of practice in the management of innovation [J]. Management Learning, 2002, 33 (4): 477 - 496.

[191] SY, T. What Do You Think of followers? Examining the content, structure, and consequences of implicit followership theories [J]. Organizational Behavior and Human Decision Processes, 2010, 113 (2): 73 - 84.

[192] Tempelaar, M. P., Rosenkranz, N. A. Switching Hats: The effect of role transition on individual ambidexterity [J]. Journal of Management, 2017, (4): 1 - 23.

[193] Tiwana, A. Do bridging ties complement strong ties? An empirical examination of alliance ambidexterity [J]. Strategic Management Journal, 2008, 29 (3): 251 - 272.

[194] Tramquon, S. An exploratory study on the development of an implicit measure of implicit followership theory using the implicit association test [D]. University of California, 2013.

[195] Turner, N., Swart, J., Maylor, H. Mechanisms for managing ambidexterity: A review and research agenda [J]. International Journal of Management Reviews, 2013, 15: 317 - 332.

[196] Tushman, M. L., O'Reilly, C. A. Ambidextrous organizations: Managing evolutionary and revolutionary change [J]. California Management Review, 1996, 38 (4): 8 - 30.

[197] Vasudeva, G., Anand, J. Unpacking absorptive capacity: A study of knowledge utilization from alliance portfolios [J]. Academy of Management Journal, 2011, 54 (3): 611 - 623.

[198] Wang, C. L., Rafiq, M. Ambidextrous organizational culture, contextual ambidexterity and new product innovation: A comparative study of UK and Chinese high - tech firms [J]. British Journal of Management, 2014, 25 (1): 58 - 76.

[199] Wang, M. C., Chen, P. C., Fang, S. C. A critical view of

knowledge networks and innovation performance: The mediation role of firms' knowledge integration capability [J]. Journal of Business Research, 2018, 88: 220 - 233.

[200] Webber, S. S., Chen, G., Payne, S. C., et al. Enhancing team mental model measurement with performance appraisal practices [J]. Organizational Research methods, 2000, (3): 307 - 322.

[201] Willems, J. Building shared mental models of organizational effectiveness in leadership teams [J]. Nonprofit & Voluntary Sector Quarterly, 2016, 45 (3): 568 - 592.

[202] Wilms, R., Winnen, L. A., Lanwehr, R. Top managers' cognition facilitates organisational ambidexterity: The mediating role of cognitive processes [J]. European Management Journal, 2019, 37 (5): 589 - 600.

[203] Woolley, K., Fishbach, A. It's about time: Earlier rewards increase intrinsic motivation [J]. Journal of Personality & Social Psychology, 2018, 114 (6): 877 - 889.

[204] Wright, J. J., Sadlo, G., Stew, G. Challenge - skills and mindfulness: An exploration of the conundrum of flow process [J]. Otjr Occupation Participation & Health, 2006, 26 (1): 25 - 32.

[205] Yan, Y., Davison, R. M., Mo, C. Employee creativity formation: The roles of knowledge seeking, knowledge contributing and flow experience in web 2.0 virtual communities [J]. Computers in Human Behavior, 2013, 29 (5): 1923 - 1932.

[206] Yoshida, I., Hirao, K., Nonaka, T. Adjusting challenge - skill balance to improve quality of life in older adults: A randomized controlled trial [J]. American Journal of Occupational Therapy Official Publication of the American Occupational Therapy Association, 2018, 72 (1): 12 - 33.

[207] Yu, Y. T. Ambidexterity: The simultaneous pursuit of service and sales goals in retail banking [D]. Australia: The University of New South Wales Sydney, 2010.

[208] Zacher, H., Rosing, K. Ambidextrous leadership and team innovation [J]. Leadership & Organization Development Journal, 2015, 36 (1):

54 – 68.

[209] Zhang, H., Fam, K. S., Goh, T. T., et al. When are influentials equally influenceable? The strength of strong ties in new product adoption [J]. Journal of Business Research, 2018, 82: 160 – 170.

[210] Zhang, L., Li, X. How to reduce the negative impacts of knowledge heterogeneity in engineering design team: Exploring the role of knowledge reuse [J]. International Journal of Project Management, 2016, 34 (7): 1138 – 1149.

[211] Zhang, Y. I., Wei, F., Horne, C. V. Individual ambidexterity and antecedents in a changing context [J]. International Journal of Innovation Management, 2018, DOI: 10.1142/S136391961950021X.

[212] Zhou, J., George, J. M. When job dissatisfaction leads to creativity: Encouraging the expression of voice [J]. Academy of Management Journal, 2001, 44 (4): 682 – 696.

[213] Zoogah, D. B., Noe, R. A., Shenkar, O. Shared mental model, team communication and collective self – efficacy: An investigation of strategic alliance team effectiveness [J]. International Journal of Strategic Business Alliances, 2015, 4 (4): 244 – 270.

[214] Zubair, A., Kamal, A. Work related flow, psychological capital, and creativity among employees of software houses [J]. Psychological Studies, 2015, 60 (3): 321 – 331.

[215] 班杜拉. 社会学习理论 [M]. 北京：中国人民大学出版社，2015.

[216] 彼得·圣吉. 第五项修炼：学习型组织的艺术与实践 [M]. 张成林译. 北京：中信出版社，2009.

[217] 曹磊. 国外虚拟现实的现状与趋势 [J]. 竞争情报，2017，13 (2)：51 – 58.

[218] 曹元坤，李志成，徐红丹. 国外人性化管理研究的新进展 [J]. 中国人力资源开发，2014，(21)：50 – 57.

[219] 曹振杰，盖玉妍. 员工和谐心智模式、创新绩效与组织公平：基于浙江服务业的实证研究 [J]. 华东经济管理，2015，29 (12)：19 – 25.

[220] 曹振杰，何红光. 中国企业员工和谐心智模式的概念模型与问

卷开发［J］. 管理学报，2013，10（2）：171－178.

［221］陈浩，惠青山．社会交换视角下的员工创新工作行为——心理所有权的中介作用［J］. 当代财经，2012，(6)：69－79.

［222］陈佳乐．组织二元性的结构基础及其对绩效的影响研究［D］. 杭州：浙江大学，2015.

［223］陈学中，张娜，李光红．基于企业心智模式优化视角的流程再造［J］. 科学学与科学技术管理，2007，(3)：141－145.

［224］陈艳艳，王萌．共享心智模式对团队创新绩效的影响机制研究［J］. 华东经济管理，2014，28（1）：133－137.

［225］陈逸雨，黄波，刁怡衡．工作沉浸的研究现状及展望［J］. 中国管理信息化，2016，19（2）：104－108.

［226］邓今朝，王重鸣．团队多样性对知识共享的反向作用机制研究［J］. 科学管理研究，2010，26（6）：25－27.

［227］邓韵娜．杰弗里·哈特曼的自我意识理论探究［J］. 西南民族大学学报（人文社会科学版），2015，(3)：197－203.

［228］方杰，张敏强，邱皓政．中介效应的检验方法和效果量测量：回顾与展望［J］. 心理发展与教育，2012，28（1）：105－111.

［229］戈黎华．企业知识创造路径探讨——基于共享心智模式的分析［J］. 科学学与科学技术管理，2008，(6)：94－97.

［230］葛卫芬．企业家心智模式与自主创新的文献综述［J］. 贵州财经学院学报，2008，(5)：62－66.

［231］郭睿．内隐认知：沉浸式语言教学的主要认知机制［J］. 语言教学与研究，2015，(5)：12－21.

［232］韩炜，杨婉毓．创业网络治理机制、网络结构与新企业绩效的作用关系研究［J］. 管理评论，2015，27（12）：65－79.

［233］何自力，戈黎华．论心智模式和企业知识创造［J］. 天津师范大学学报（社科版），2008，(1)：27－32.

［234］侯烜方，卢福财．新生代工作价值观、内在动机对工作绩效影响——组织文化的调节效应［J］. 管理评论，2018，30（4）：157－168.

［235］胡象岭，田春凤，孙方尽．中文版一般自我效能量表的信度和效度检验［J］. 心理学探新，2014，34（1）：53－56.

[236] 胡京波，欧阳桃花，曾德麟，冯海龙．创新生态系统的核心企业创新悖论管理案例研究：双元能力视角 [J]．管理评论，2018，30(8)：291－305.

[237] 胡宇辰，詹宏陆．基于心本管理的企业员工幸福感提升分析 [J]．江西社会科学，2014，(6)：234－239.

[238] 黄亮，彭璧玉．工作幸福感对员工创新绩效的影响机制——一个多层次被调节的中介模型 [J]．南开管理评论，2015，18 (2)：15－29.

[239] 黄同飞，彭灿．非正式网络对研发团队创造力的影响研究——以共享心智模型为中介变量 [J]．科学学与科学技术管理，2015，36(7)：57－69.

[240] 焦豪．双元型组织竞争优势的构建路径：基于动态能力理论的实证研究 [J]．管理世界，2011，(11)：76－91.

[241] 乐国安，纪海英，班杜拉．社会认知观的自我调节理论研究及展望 [J]．南开学报（哲学社科版），2007，(5)：118－121.

[242] 李柏洲，徐广玉．共享心智模式，组织学习空间与创新绩效关系的研究 [J]．科学学与科学技术管理，2013，34 (10)：171－180.

[243] 李柏洲，徐广玉，苏屹．团队知识转移风险对知识转移绩效的作用路径研究——知识网络的中介作用和团队共享心智模式的调节作用 [J]．科研管理，2014，35 (2)：127－135.

[244] 李贵卿，井润田，玛格瑞特·瑞德．儒家工作伦理与新教工作伦理对创新行为的影响：中美跨文化比较 [J]．当代财经，2016，(9)：66－76.

[245] 李永周，王月，阳静宁．自我效能感、工作投入对高新技术企业研发人员工作绩效的影响研究 [J]．科学学与科学技术管理，2015，(2)：173－180.

[246] 林晓敏，白新文，林琳．团队心智模型相似性与正确性对团队创造力的影响 [J]．心理学报，2014，46 (11)：1734－1746.

[247] 林筠，王蒙．交互记忆系统对团队探索式学习和利用式学习的影响：以团队反思为中介 [J]．管理评论，2014，26 (6)：143－150，176.

［248］林昭文，张同建，张利深．互惠性知识型团队技术创新能力培育机制研究［J］．科学学研究，2013，31（8）：1275－1280.

［249］刘洋，魏江，应瑛．组织二元性：管理研究的一种新范式［J］．浙江大学学报（人文社会科学版），2011，41（6）：132－142.

［250］刘追，郑倩．不确定性规避与员工创新行为：创新自我效能感的中介作用［J］．科技进步与对策，2016，（4）：149－155.

［251］柳洲，陈士俊，王洁．论跨学科创新团队的异质性知识耦合［J］．科学学与科学技术管理，2008，29（6）：188－191.

［252］龙飞，戴昌钧．基于组织共享心智模型的组织知识创新成果内部传播效率分析［J］．研究与发展管理，2008，20（4）：58－65.

［253］罗瑾琏，管建世，钟竞，等．基于团队双元行为中介作用的双元领导与团队创新绩效关系研究［J］．管理学报，2017，14（6）：814－822.

［254］陆欣欣，孙嘉卿．领导—成员交换与情绪枯竭：互惠信念和权力距离导向的作用［J］．心理学报，2016，48（5）：566－577.

［255］吕晓俊．组织中员工心智模式的理论与实证研究［D］．上海：华东师范大学心理学院，2002.

［256］聂峰英．基于共享心智模型的学科服务团队效能研究［J］．情报理论与实践，2017，40（9）：77－81.

［257］欧阳桃花，崔争艳，张迪，等．多层级双元能力的组合促进高科技企业战略转型研究——以联想移动为案例［J］．管理评论，2016，28（1）：219－228.

［258］彭坚，王震．做上司的“意中人”：负担还是赋能？追随原型—特质匹配的双刃剑效应［J］．心理学报，2018（2）：216－225.

［259］齐义山．知识型员工创新行为的心智模式研究［J］．中国科技论坛，2010，（1）：122－127.

［260］邱江，张庆林．创新思维中原型激活促发顿悟的认知神经机制［J］．心理科学进展，2011，19（3）：312－317.

［261］翟雪松，董艳，詹巧巧．形塑学习（Solid Learning）教学环境下大学生创新能力影响机制研究［J］．远程教育杂志，2017，35（3）：40－47.

[262] 饶异．互惠利他理论：历史、问题与趋势［J］．广东社会科学，2016，（1）：69－74.

[263] 施俊琦，王垒．一般性自我效能量表的信效度检验［J］．中国心理卫生杂志，2005，19（3）：191－193.

[264] 孙婧，沈志渔．企业知识吸收与技术创新二元性：基于认知视角的多层次研究［J］．学术研究，2014，（5）：58－64.

[265] 孙宁娜，张露．心智模型在产品创新设计中的应用策略研究［J］．包装工程，2018，39（20）：212－216.

[266] 孙彦玲，杨付，张丽华．创造力自我效能感与员工创新行为的关系：一个跨层分析［J］．经济管理，2012，（11）：84－92.

[267] 汤超颖，邹会菊．基于人际交流的知识网络对研发团队创造力的影响［J］．管理评论，2012，24（4）：94－100.

[268] 陶咏梅．组织创新气氛、个体学习能力和组织承诺、个体创新行为关系研究［D］．长春：吉林大学，2013.

[269] 万云波，李红燕．适度思想在现代管理中的应用价值［J］．山东师范大学学报（人文社会科学版），2010，55（3）：157－160.

[270] 汪凤炎，郑红．中国文化心理学［M］．广州：暨南大学出版社，2006.

[271] 王保健，贾林祥．员工心理资本和职业认同在组织公正感与工作倦怠间的多重中介效应［J］．中国心理卫生杂志，2017，31（7）：577－579.

[272] 王凤彬，陈公海，李东红．模块化组织模式的构建与运作——基于海尔“市场链”再造案例的研究［J］．管理世界，2008，（4）：122－139.

[273] 王海花，谢萍萍，熊丽君．创业网络，资源拼凑与新创企业绩效的关系研究［J］．管理科学，2019，32（2）：50－66.

[274] 王鉴忠．酒店管理人员成长型心智模式对职业生涯成功的影响实证研究［D］．天津：南开大学商学院，2009.

[275] 王鉴忠，宋君卿，曹振杰，齐善鸿．企业管理人员成长型心智模式对职业生涯成功影响的研究［J］．管理学报，2015，12（9）：1319－1336.

[276] 王世波，王铁男，王成，等．个体差异中创新意识与自我价值对IS创新行为影响的实证研究 [J]．科学管理研究，2013，31（1）：25-28.

[277] 王双龙．员工的时间压力对个体双元性的影响机制研究 [J]．软科学，2018，32（10）：62-66.

[278] 王兴元，姬志恒．跨学科创新团队知识异质性与绩效关系研究 [J]．科研管理，2013，34（3）：14-22.

[279] 王寅，张英华，王饶，等．组织双元性创新模式演化路径研究——两种“次优”能力陷阱讨论 [J]．科技进步与对策，2016，33（8）：93-100.

[280] 王颖，彭灿．知识异质性与研发团队知识创新绩效——以共享心智模型为中介变量 [J]．情报杂志，2011，30（1）：113-116.

[281] 王朝晖．悖论式领导如何让员工两全其美？——心理安全感和工作繁荣感的多重中介作用 [J]．外国经济与管理，2018，40（3）：107-120.

[282] 王朝晖，冷晓君．KHRM、情境双元型创新与企业绩效关系研究 [J]．科学学与科学技术管理，2012，33（9）：44-54.

[283] 王忠，齐涛，邵金虎．IT企业知识员工玩趣人格对其创新行为的影响——工作沉浸的中介作用与职业承诺的调节作用 [J]．软科学，2017，31（5）：90-93.

[284] 吴岩．创业团队的知识异质性对创业绩效的影响研究 [J]．科研管理，2014，35（7）：84-90.

[285] 肖旭．社会心理学 [M]．成都：电子科技大学出版社，2013.

[286] 谢洪明，赵薇，陈盈，程聪．网络互惠程度与企业管理创新——基于知识流出视角的实证研究 [J]．科学学研究，2012，30（10）：1584-1592.

[287] 解学梅，吴永慧．企业协同创新文化与创新绩效：基于团队凝聚力的调节效应模型 [J]．科研管理，2013，34（12）：66-74.

[288] 谢永珍，张雅萌，张慧，郑源．董事会正式、非正式结构对董事会会议频率的影响——非正式沟通对董事会行为强度的调节作用 [J]．外国经济与管理，2015，37（4）：15-28.

[289] 熊立，刘彪文，谢奉军．二元企业文化：研究情境二元性的新视角 [J]. 外国经济与管理，2016，38 (6)：51 - 62.

[290] 熊立，谢奉军，潘求丰，李永忠．柔性机制与二元创新驱动力构建 [J]. 科学学研究，2017，35 (6)：940 - 948.

[291] 熊立，谢奉军，祝振兵．双元文化与创新升级——先进制造业和传统制造业的数据对比研究 [J]. 软科学，2017，31 (5)：43 - 46.

[292] 熊学兵．交互理解影响团队成员共享心智模式的机理 [J]. 财经科学，2011，(4)：118 - 124.

[293] 徐桂红．试析企业家心智模式创新的途径 [J]. 华东经济管理，2002，16 (5)：65 - 67.

[294] 许红军，刘立明，田俊改，张雷．跨文化团队共享心智模式构建影响因素研究 [J]. 中国人力资源开发，2015，(19)：24 - 29.

[295] 许科，韩雨卿，于晓宇，王炜．快速信任与临时团队绩效：共享心智模型与团队互依性的角色 [J]. 管理评论，2016，28 (9)：238 - 249.

[296] 姚凯，陈曼．企业家心智模式对企业多元化战略决策的影响 [J]. 经济理论与经济管理，2009，(12)：60 - 65.

[297] 游兆和．辩证法本质辨识——论唯物辩证法与唯心辩证法对立的意义 [J]. 清华大学学报（哲学社会科学版），2014，29 (5)：90 - 96.

[298] 张柏楠，徐世勇，王继新．矛盾思维对创新绩效的影响：员工跨界行为与关系冲突的作用 [J]. 科技进步与对策，2020，(1)：83 - 91.

[299] 张典，曹春明．二元理论视角下的领导内隐追随原型——基于创新团队的实证研究 [J]. 软科学，2020，242 (2)：102 - 106，127.

[300] 张同健，蒲永健．互惠性偏好、隐性知识转化与技术创新能力的相关性研究——基于研发型团队的数据检验 [J]. 管理评论，2010，22 (10)：100 - 106.

[301] 张素雅，顾建平．共同愿景能提高员工的创造力吗 [J]. 贵州财经大学学报，2016 (1)：70 - 78.

[302] 张晓棠，安立仁．双元创新搜索、情境分离与创新绩效 [J]. 科学学研究，2015，33 (8)：1240 - 1250.

[303] 张燕红，李永周，周勇，邹琼．关系资源视角的新员工组织社

会化过程机制［J］．心理科学进展，2018，26（4）：584－598.

［304］张燕君，庄海燕．新生代知识型员工心智模式对其组织公民行为的影响研究［J］．天津商业大学学报，2017，37（4）：32－37.

［305］章凯，林丛丛．员工幸福感的心理目标实现进程说［J］．管理学报，2018，15（6）：818－826.

［306］赵斌，栾虹，李新建，等．科技人员主动创新行为：概念界定与量表开发［J］．科学学研究，2014，32（1）：148－157.

［307］赵晨，陈国权，高中华．领导个人学习对组织学习成效的影响：基于情境型双元平衡的视角［J］．管理科学学报，2014，（10）：38－49.

［308］赵辉，张建卫，张振等．心智模式及其与创造力相关概念关系研究评述［J］．科技进步与对策，2020，37（11）：159－166.

［309］郑晓峰．变革型领导形成机理及其对创新二元性的影响研究［D］．合肥：中国科学技术大学，2016.

［310］郑晓明，丁玲，欧阳桃花．双元能力促进企业服务敏捷性——海底捞公司发展历程案例研究［J］．管理世界，2012，（2）：131－148.

［311］郑晓明，刘鑫．互动公平对员工幸福感的影响：心理授权的中介作用与权力距离的调节作用［J］．心理学报，2016，48（6）：693－709.

［312］钟竞，罗瑾琏，韩杨．知识分享中介作用下的经验开放性与团队内聚力对员工创造力的影响［J］．管理学报，2015，12（5）：679－686.

［313］周双喜．科研实践共同体中共享心智模型对团队绩效的影响研究［J］．西南民族大学学报（人文社科版），2018，39（1）：230－234.

［314］周文杰，宋继文，李浩澜．中国情境下追随力的内涵、结构与测量［J］．管理学报，2015，12（3）：355－363.

［315］祝彩云．关于我国道家阴阳互动与黑格尔辩证法差异的思考［J］．自然辩证法研究，2005，21（8）：107－112.

附录1：质性研究的访谈提纲

序号	问　　题
1	贵公司目前在多大程度上从事全新领域、技术、市场或产品上的突破和探索活动？又在多大程度上从事现有领域、技术、市场或产品上的改善和开发活动？
2	您对突破性的创新活动和渐进性的创新活动分别是什么看法？请对比分析。
3	您的团队成员/同事是如何处理不同阶段、不同类型的创新要求的？
4	创新工作当中是否会遇到一些矛盾的任务要求，致使心理焦虑或绩效下滑？一般如何处理这种情况？
5	团队成员是如何面对创新失败的？有何后果？
6	请举例说明，您或您的同事依靠什么样的心理素质来调和上述提及的矛盾任务和创新失败带来的消极情绪？
7	创新成功的关键的人性因素是什么？
8	开发新产品既要有创意，又要能在市场上站稳脚跟，您和您的团队以什么样的心理素养来面对这种挑战？
9	为什么在您的团队里，成员的创新绩效会存在差距，这和人的思维方式和信念有关吗？您认为是何种不同的思维方式和信念带来这种差距的？请分别从探索全新领域和改善现有技能这两类创新活动来思考和分析。
10	请您描述，能同时从事全新领域探索与现有技能开发的创新人才应拥有何种认知素质？
11	请您从人的思维方式、价值取向或思想信念等角度回答，一个善于同时探索全新领域和改善现有工作绩效的员工应具有哪些特征？（开放式问卷）

注：以上是访谈提纲中的核心问题节选，访谈对象的背景调查等基础问题省略。

附录 2：研究使用的主要问卷量表

二元创新的心智模式量表

请您对自己在创新工作中的信念和思维方式进行评价，根据您对自身的判断，选择下列相应的等级（7 = 完全符合，6 = 比较符合，5 = 有点符合，4 = 不确定，3 = 有点不符合，2 = 比较不符合，1 = 完全不符合。），并用“√”标示。

由 1 至 7，符合程度逐级递增

1. 有自信保持高绩效地完成任务	1	2	3	4	5	6	7
2. 完成个人创新目标并非难事	1	2	3	4	5	6	7
3. 有自信挑战和克服多样的创新难题	1	2	3	4	5	6	7
4. 相信创新的同时应当遵守规则	1	2	3	4	5	6	7
5. 对自身的状态和处境时刻保持警醒	1	2	3	4	5	6	7
6. 保持怀疑的态度，愿意在现有工作上持续改进	1	2	3	4	5	6	7
7. 喜欢跳出常规思考，也愿意持续地改进这些思考	1	2	3	4	5	6	7
8. 把变化的到来看作机遇，而非威胁	1	2	3	4	5	6	7
9. 团队人际互助会比竞争带来更有利的回报	1	2	3	4	5	6	7
10. 对队友保持公平和信任的态度，愿意主动分享个人资源	1	2	3	4	5	6	7
11. 创新团队绩效比个人绩效更为重要	1	2	3	4	5	6	7

工作沉浸量表

请您对自己的创新工作状态进行评价，根据您的切身感受，选择下列相应的等级（7 = 完全符合，6 = 比较符合，5 = 有点符合，4 = 不确定，3 = 有点不符合，2 = 比较不符合，1 = 完全不符合。），并用“√”标示。

由1至7，符合程度逐级递增

1. 当我在创新工作时，我不会想任何其他事情	1	2	3	4	5	6	7
2. 我被我的工作所吸引	1	2	3	4	5	6	7
3. 我在创新工作时会忘记所有的其他事情	1	2	3	4	5	6	7
4. 我完全沉浸在工作当中	1	2	3	4	5	6	7
5. 创新工作给予了我非常好的感受	1	2	3	4	5	6	7
6. 创新工作伴随着许多的乐趣	1	2	3	4	5	6	7
7. 我在创新工作中感受到了幸福	1	2	3	4	5	6	7
8. 我在创新工作的时候感到很快乐	1	2	3	4	5	6	7
9. 即使薪酬减少，我也会继续这份工作	1	2	3	4	5	6	7
10. 即使是业余时间，我发现自己也想工作	1	2	3	4	5	6	7
11. 我工作是因为我享受它	1	2	3	4	5	6	7
12. 我的创新工作是为了工作的本身	1	2	3	4	5	6	7
13. 我工作的动机来源于工作本身，而不是它的薪酬	1	2	3	4	5	6	7

网络知识异质性量表

请描述您目前的工作网络特征。工作网络在这里指的是与您的创新工作相关的人脉特征，不包含彼此无工作信息交流的熟人/同事，请您尽可能地客观判断，并选择下列相应的等级（7 = 完全符合，6 = 比较符合，5 = 有点符合，4 = 不确定，3 = 有点不符合，2 = 比较不符合，1 = 完全不符合。），并用“√”标示。

由1至7，符合程度逐级递增

1. 工作网络的学历背景差异很大	1	2	3	4	5	6	7
2. 工作网络所学专业差异很大	1	2	3	4	5	6	7
3. 工作网络的专业技能差异很大	1	2	3	4	5	6	7
4. 工作网络对工作的认知观念差异很大	1	2	3	4	5	6	7
5. 工作网络的工作经验差异很大	1	2	3	4	5	6	7
6. 工作网络的学历背景差异很大	1	2	3	4	5	6	7

权力距离量表

请对您和直接上级之间的权力距离进行评价。权力距离是组织中权力分配不平等的程度，可能表现为您与您上级之间的心理距离。请根据您的切身感受，选择下列相应的等级（7 = 完全符合，6 = 比较符合，5 = 有点符合，4 = 不确定，3 = 有点不符合，2 = 比较不符合，1 = 完全不符合。），并用“√”标示。

由1至7，符合程度逐级递增

1. 上级做决策时一般不与我商量	1	2	3	4	5	6	7
2. 上级一般不与我一起讨论问题	1	2	3	4	5	6	7
3. 上级尽量避免与我有私人来往	1	2	3	4	5	6	7
4. 作为下级，我不该反对上级的意见	1	2	3	4	5	6	7
5. 上级一般不把重要任务交给我来代理	1	2	3	4	5	6	7

二元创新行为量表

在本公司您多大程度上从事以下创新活动，选择7（完全符合）代表您最大限度地从事该活动，选择1（完全不符合）代表您最小限度地从事该活动，依此类推。请您根据切身感受，选择下列相应的等级（7 = 完全符合，6 = 比较符合，5 = 有点符合，4 = 不确定，3 = 有点不符合，2 = 比较不符合，1 = 完全不符合。），并用“√”标示。

由1至7，符合程度逐级递增

1. 寻找关于产品、服务、市场和流程等方面的全新机遇	1	2	3	4	5	6	7
2. 评估关于产品、服务、市场和流程等方面的多样选择	1	2	3	4	5	6	7
3. 强烈关注产品、服务、市场和流程等方面的更新换代	1	2	3	4	5	6	7
4. 从事产出或成本不太清晰的创新活动	1	2	3	4	5	6	7
5. 从事对适应能力要求很高的创新活动	1	2	3	4	5	6	7
6. 从事需要学习全新知识和技术的活动	1	2	3	4	5	6	7
7. 从事尚未纳入公司政策和制度的活动	1	2	3	4	5	6	7
8. 从事已经积累了丰富经验的创新活动	1	2	3	4	5	6	7
9. 执行常规化的工作	1	2	3	4	5	6	7
10. 改良现有产品或服务来满足现有顾客的活动	1	2	3	4	5	6	7
11. 从事为达成短期目标的创新活动	1	2	3	4	5	6	7
12. 从事用现有知识即可正确执行的活动	1	2	3	4	5	6	7
13. 从事公司现有政策和制度已有明确要求的工作	1	2	3	4	5	6	7
14. 从事你完全有能力掌控的创新活动	1	2	3	4	5	6	7